普及类国家古籍整理图书专项资助项目

中华传统价值观丛书

# 知书达礼

袁媛 詹福瑞 —— 编注

人民文学出版社

图书在版编目(CIP)数据

知书达礼/袁媛,詹福瑞编注.—北京:人民文学出版社,2018
(中华传统价值观丛书)
ISBN 978-7-02-013703-9

Ⅰ.①知… Ⅱ.①袁…②詹… Ⅲ.①社会主义建设—价值论—中国—通俗读物 Ⅳ.①D616-49

中国版本图书馆 CIP 数据核字(2018)第 013670 号

责任编辑　葛云波
装帧设计　黄云香
责任印制　徐　冉

出版发行　人民文学出版社
社　　址　北京市朝内大街 166 号
邮政编码　100705
网　　址　http://www.rw-cn.com
印　　刷　三河市西华印务有限公司
经　　销　全国新华书店等
字　　数　246 千字
开　　本　880 毫米×1230 毫米　1/32
印　　张　10.875　插页 3
印　　数　1—5000
版　　次　2018 年 10 月北京第 1 版
印　　次　2018 年 10 月第 1 次印刷
书　　号　978-7-02-013703-9
定　　价　36.00 元

如有印装质量问题,请与本社图书销售中心调换。电话:010-65233595

# 目 录

前言 …………………………………………………… 1

## 博 学 于 文

文明以止 ……………………………………《周易》3
多识前言往行 ………………………………《周易》5
《易》之为书也 ……………………………《周易》6
学于古训 ……………………………………《尚书》8
抑 ……………………………………………《诗经》10
文献不足故也 ………………………………《论语》16
陈亢问于伯鱼 ………………………………《论语》17
兴观群怨 ……………………………………《论语》19
博学而笃志 …………………………………《论语》20
人不可以不学 ………………………………《国语》21
劝学 …………………………………………《荀子》23
贤不肖可学乎 ……………………………《晏子春秋》32
玉不琢不成器 ………………………………《礼记》33
教学相长 ……………………………………《礼记》34
六经之教 ……………………………………《礼记》35
子夏论《书》 ………………………………《孔丛子》37
不可不知《春秋》 …………………………司马迁 39

| | | |
|---|---|---|
| 大人之学也为道 | 扬　雄 | 42 |
| 赞学 | 王　符 | 44 |
| 治学 | 徐　幹 | 51 |
| 崇学章 | 刘　昼 | 56 |
| 何惜数年勤学 | 颜之推 | 60 |
| 犹为一艺 | 颜之推 | 63 |
| 贵能博闻 | 颜之推 | 65 |
| 博学以成其道 | 吴　兢 | 67 |
| 选人以德行学识为本 | 吴　兢 | 69 |
| 进学解 | 韩　愈 | 71 |
| 答洪驹父书 | 黄庭坚 | 78 |
| 合仁与智 | 张　载 | 81 |
| 徽州婺源县学藏书阁记（节选） | 朱　熹 | 84 |
| 读书已是第二义 | 朱　熹 | 86 |
| 读书处铭 | 揭傒斯 | 87 |
| 读书乐并引 | 李　贽 | 90 |
| 与友人论学书 | 顾炎武 | 93 |
| 博文 | 程瑶田 | 98 |

## 读 书 之 道

| | | |
|---|---|---|
| 讲贯习复 | 《国语》 | 103 |
| 君子深造之以道 | 《孟子》 | 104 |
| 尽信《书》不如无《书》 | 《孟子》 | 105 |
| 观书譬诸观山及水 | 扬　雄 | 106 |
| 颐情志于典坟 | 陆　机 | 107 |
| 五经为本，正史为先 | 萧　绎 | 109 |
| 古之学者为己 | 颜之推 | 110 |

| | | |
|---|---|---|
| 夫文字者坟籍根本 | 颜之推 | 111 |
| 说苑目录序(节选) | 曾 巩 | 113 |
| 答曾子固书 | 王安石 | 115 |
| 盖书以维持此心 | 张 载 | 117 |
| 格物致知 | 程 颐 | 119 |
| 与王庠五首(其五) | 苏 轼 | 122 |
| 书陶渊明诗后寄王吉老 | 黄庭坚 | 124 |
| 读书须知出入法 | 陈 善 | 125 |
| 答刘仲则 | 朱 熹 | 126 |
| 答李守约闳祖 | 朱 熹 | 128 |
| 与魏应仲 | 朱 熹 | 130 |
| 朱子语类(节选) | 朱 熹 | 132 |
| 赠武川陈童子序 | 陈 亮 | 137 |
| 学辨 | 方孝孺 | 139 |
| 为学须有本原 | 《传习录》 | 143 |
| 教约 | 王守仁 | 145 |
| 原学 | 焦 竑 | 148 |
| 读书之轻重缓急 | 陆世仪 | 152 |
| 须是切实 | 张履祥 | 155 |
| 必于学问 | 顾炎武 | 158 |
| 远流俗 | 王夫之 | 160 |
| 与是仲明论学书(节选) | 戴 震 | 163 |
| 目录之学 | 王鸣盛 | 167 |
| 涵泳体察 | 曾国藩 | 169 |

## 好 学 故 事

| | | |
|---|---|---|
| 孔子于学 | 司马迁 | 173 |

| | | |
|---|---|---|
| 学无迟暮 | 刘 向 | 176 |
| 士别三日即更刮目相待 | 虞 溥 | 177 |
| 愿朝阳之晖与时并明 | 刘义庆 | 180 |
| 古人勤学 | 颜之推 | 182 |
| 魏文帝甄后喜书 | 白居易 | 184 |
| 东斋记 | 欧阳修 | 185 |
| 平生所作文章多在三上 | 欧阳修 | 187 |
| 上欧阳内翰第一书(节选) | 苏 洵 | 189 |
| 李氏山房藏书记 | 苏 轼 | 191 |
| 书不可不成诵 | 朱 熹 | 193 |
| 王贻孙博闻 | 脱 脱 | 194 |
| 送东阳马生序 | 宋 濂 | 196 |
| 日知录序 | 潘 耒 | 199 |
| 庭训 | 康熙帝 | 204 |

## 约之以礼

| | | |
|---|---|---|
| 君子之道 | 《论语》 | 209 |
| 相鼠 | 《诗经》 | 214 |
| 晏子知礼 | 《礼记》 | 215 |
| 礼之在人 | 《礼记》 | 216 |
| 中庸之道 | 《礼记》 | 217 |
| 君子所以异于人者 | 《孟子》 | 220 |
| 四心 | 《孟子》 | 222 |
| 求其放心 | 《孟子》 | 223 |
| 仁义礼智根于心 | 《孟子》 | 224 |
| 礼论(节选) | 《荀子》 | 225 |
| 丧亲之礼 | 《孝经》 | 230 |

| | | |
|---|---|---|
| 孔子南游适楚 | 《韩诗外传》 | 232 |
| 《礼》之流传 | 班　固 | 234 |
| 奖训学徒诏 | 虞　溥 | 236 |
| 学者求益 | 颜之推 | 239 |
| 张玄素问礼 | 《中说》 | 240 |
| 礼论 | 李　觏 | 241 |
| 学者且须观礼 | 张　载 | 246 |
| 行笃敬 | 程　颢 | 250 |
| 养心莫大于礼义 | 程　颐 | 253 |
| 礼论 | 杨万里 | 256 |
| 博文为约礼功夫 | 《传习录》 | 260 |
| 礼乐不可斯须去身 | 陆世仪 | 262 |
| 少年习礼 | 张履祥 | 264 |

## 诗 礼 治 国

| | | |
|---|---|---|
| 夔典乐 | 《尚书》 | 269 |
| 治民以礼 | 《左传》 | 271 |
| 唯礼可以已之 | 《左传》 | 275 |
| 孔子应对田赋 | 《左传》 | 278 |
| 设为庠序学校 | 《孟子》 | 280 |
| 儒效(节选) | 《荀子》 | 281 |
| 礼之八经 | 《管子》 | 284 |
| 礼之于正国也 | 《礼记》 | 286 |
| 劝学行礼诏 | 隋文帝 | 287 |
| 谏太子承乾书 | 张玄素 | 290 |
| 尊儒重道 | 吴　兢 | 293 |
| 救学者之失 | 白居易 | 297 |

| | |
|---|---|
| 论风俗札子 …… | 司马光 300 |
| 明良论 …… | 龚自珍 305 |

## 知 行 合 一

| | |
|---|---|
| 君德 …… | 《周易》313 |
| 吾十有五而志于学 …… | 《论语》314 |
| 子以四教 …… | 《论语》315 |
| 大学之道 …… | 《礼记》316 |
| 学之所知,施无不达 …… | 颜之推 319 |
| 答朱载言书(节选) …… | 李 翱 322 |
| 学者言入乎耳 …… | 程 颐 325 |
| 与丁提刑书(节选) …… | 胡 宏 326 |
| 知之与行 …… | 朱 熹 327 |
| 励学文 …… | 孙奇逢 330 |
| 学解 …… | 陈 确 332 |

| | |
|---|---|
| 关键词 …… | 335 |

# 前　言

　　知书达礼,在日常生活中我们常常会听到这个词,这是对人很高的一个评价。知书,是说文化修养高;达礼,则是说对人有礼貌,很懂礼节。

　　乍看起来,这个词是在说两件事情。其实不然。知书和达礼在我国传统价值观中是紧密结合在一起的。往上追溯,可一直追到两千多年前的孔子。孔子说:"君子博学于文,约之以礼,亦可以弗畔矣夫。"(《论语·雍也》)他谈到君子的修养,应该饱读诗书,博学多闻,并用礼来约束自己的行为,这样才能合乎正道。稍晚的《礼记·大学》是讲君子如何修身的经典篇章,里面提到八条培养道德、实现大道的途径,分别是格物、致知、诚意、正心、修身、齐家、治国、平天下。格物、致知可谓知书,诚意、正心与达礼相近,这四点又构成修身、齐家、治国、平天下的前提。宋代理学家朱熹对《大学》十分推重,受其影响,这一思想被南宋以降的读书人普遍接受,对自身道德培养、人格塑造产生了深刻的作用。明末清初的大学者同时也是大思想家的顾炎武,在国家覆亡、道义倾颓之时重新审视读书人的担当,提出了两个要点,一是"博学于文",一是"行己有耻"(《与友人论学书》),仍然未离知书达礼之意。

　　在古人看来,知书与达礼是君子修养的两大要素,彼此之间又相辅相成。知书是达礼的基础和途径,达礼是知书的指导和升华。知书的意义,并不是认得几个字、背得几篇文章便罢了,而是在知识积累的过程中开阔眼界,认识纷繁复杂的万物,进而了解隐藏在万物中的秩序与规律。礼作为规定社会行为的法则、规范、仪式等，其实是万物秩序在人类社会的反映，是人们对人与自然、人与人、人与自我等关系的探索和界定。因此，对世界的了解越丰富、越深入，对礼的理解就来得更透彻、更圆融。反过来，对礼的体认是读书治学的重要参照，借此可以甄别是非、明辨源流。更重要的是，礼中包含着行为，所以达礼还是将书中所得知识与思考运用于现实生活的实践活动。

知书与达礼的内涵往往随着时代、流派、立场的不同而发生变化。比如知书应该从何处入手？在"罢黜百家、独尊儒术"的汉代，人们多将"五经"(《易》、《书》、《诗》、《礼》、《春秋》)视为读书治学的重中之重，甚至是通往正道的唯一途径。西汉学者扬雄便有"舍五经而济乎道，末矣"(《扬子法言·吾子》)的感慨。对儒家经典(包括"五经"以及在其基础上发展起来的"九经"、"十三经")的推重此后便成为历朝历代的主流思想。然而也有不同的声音出现。不少人提出除了儒家经典，还应把其他一些书也视作治学的基础。比如南朝梁元帝萧绎认为"五经之外，宜以正史为先"，因为"正史既见得失成败，此经国之所急"(《金楼子·戒子篇》)。北朝颜之推指出"夫文字者，坟籍根本"，认为读书得从文字、音韵、训诂著作入手。到了宋代，受疑古思潮影响，王安石有"读经而已，则不足以知经"(《答曾子固书》)之论，明确指出治学不能只读五经，因此他广泛涉猎，于诸子百家、先秦医书、历代小说等无所不览。宋代理学家则多将《论语》、《孟子》视为经典之经典，程颐便说"《论语》、《孟子》既治，则六经可不治而明矣"(《伊川先生语》)。《孟子》本不在"五经"、"九经"之列，正是因为理学家的推重，才在宋代上升为经典，后来被列入"十三经"之中。而对于文学创作者而言，根基又不尽相同。韩愈在五经之外还提倡读《庄子》、《离骚》、《史记》等书(《进学解》)；黄庭坚在美学风格上尤重取法陶渊明(《书陶渊明诗后寄王吉老》)；王骥德谈戏曲,强调自《诗经》、《离骚》以下,古乐府、汉魏六朝隋唐诗及宋代词集、金元杂剧都是创作的养分,不可偏废(《曲律》)。从这些论述中,可以窥见不同时代的学术风尚、不同学人的治学路径与志向胸怀,还可以察觉到古代典籍的"经典化"过程。这是一部丰富而有趣的阅读史。

对"礼"的讨论更为复杂。它与个人修身、社会运行、国家管理、哲学思辨等诸多层面相关联,纵横交错,千头万绪。比如孔子教导弟子时尤其重视礼的实践性,故而多谈论"礼"包括哪些行为,比如"入则孝,出则悌,谨而信,泛爱众,而亲仁,行有余力,则以学文"(《论语·学而》)。孟子和荀子则追溯"礼"的起源,但又得出了不同的结论。孟子说礼来自人与生俱来的"恭敬之心"(《孟子·告子上》),这是"性善论"。荀子从"性恶论"出发,认为礼是对人与生俱来的种种欲望的节制,所谓"使欲必不穷于物,物必不屈于欲,两者相持而长,是礼之所起也"(《荀子·礼论》)。这两种观点对后代都有相当深远的影响。北宋理学家则将"礼"与"理"联系起来,提出"礼者理也"(《张子语录》),将礼置于一个更为严密的哲学体系中去探讨其缘起与意义。在另一层面,礼又被历代统治者用作治国的工具,这包括等级制度的建立,对政权、政策及为政者道德上的要求,尊儒重道、重视文教等内容。经历时代的洗淘,"礼"的观念逐渐沉淀下来,成为中华民族最基本的性格之一,成为构筑"礼仪之邦"的基石。

本册书着眼于知书达礼这一重要的价值取向,编选历代关于读书治学、修身复礼的记叙与讨论,并按照内容的不同,将它们归纳为六个部分。因为篇幅有限,所以对部分篇章有所节选。

第一部分"博学于文"入选历代散文、尺牍及语录等35篇,借此集中讨论读书治学、博学多闻的重要意义。通过这些篇章,可以了解到读书不仅可以丰富知识、增广见闻,而且是完善自我、突破个人局限、探索真理的重要途径。

第二部分"读书之道"入选历代散文、尺牍及语录等31篇。这一部分主要是讲应该如何读书,角度各有不同,比如应当勤奋自勉、持之以恒,比如应当保持怀疑精神、探索态度,比如应当将什么书作为治学的基础,比如不同的书应该怎么读,比如读书的"出入法",等等。

第三部分"好学故事"入选历代散文、尺牍等15篇,主要是古人爱学勤学的故事。有些故事短而精辟,比如春秋时师旷用炳烛为喻,形容暮年向学的意义,形象生动,再比如颜之推记述古人好学事例,诸如"握锥投斧"、"照雪聚萤",都是今天耳熟能详的典故。有些故事诙谐有趣,比如欧阳修说平生所作文章多在马上、枕上、厕上,与今人经验颇有相通之处,让人会心一笑。有些故事令人敬仰,比如孔子在明白政治理想难以实现之后,退而修书,整理前代经典,为后世留下了宝贵的精神资源,司马迁引《诗》感叹道"高山仰止,景行行止"(《史记·孔子世家》)。借由这些篇章,或可想见古人遗风,追慕其读书精神。

第四部分"约之以礼"入选历代散文、语录等24篇,集中编选了一些谈论"礼"的重要性,谈论"礼"的起源、内容、作用、意义的文章。借此可以了解古人对"礼"的基本认识。

第五部分"诗礼治国"入选历代散文14篇。这一部分主要谈如何用"礼"来治理国家,谈论"礼"在国家制度中所发挥的作用。

第六部分"知行合一"入选历代散文、语录等11篇。知书和达礼如何相辅相成,如何统一?实践是其中十分重要的环节。这是这一部分集中探讨的问题。

知书达礼是古人精神世界的重要方面,是中华传统价值观的重要组成部分。古代典籍若浩瀚烟海,此处所选不及万一,能呈现的内容十分有限。但如果通过本书一百三十篇选文,引起读者对知书达礼的重视,从中收获能为今日所借鉴的内容,就算达到本书的目的了。

博 学 于 文

地学工支

# 文明以止

〔解题〕题目系据正文拟定。《周易》是我国最古老的典籍之一,被后世奉为儒家经典"五经"、"十三经"之首。它包括《易经》和《易传》两个部分。《易经》由六十四卦组成,记录每卦的卦象、卦名、卦辞和爻辞。据现代学者考证,这部分由整理占卜记录而来,并非一时一人之作,大约在周代前期陆续形成。《易传》是战国以来儒家学者系统解释《易经》的著作,包括七种十篇,包括《彖》上、下,《象》上、下,《文言》,《系辞》上、下,《说卦》,《序卦》,《杂卦》。因为它们对《易经》有辅助的作用,所以被后人称作"十翼"。

本篇出自于《彖》。文中提出"天文"和"人文"两个概念。天文指日月星辰在宇宙间的运行。观察它,可以了解自然运转的规律。人文指人与人之间的彬彬有礼,有节有度。通过它,可以教化天下。二者并举,可见上古之时人们对自然规律与人世礼节的重视。"人文"一词即渊源于此。对人、对人的行为、对人与人关系的观照,从古至今都是人类精神文明的重要组成部分。

彖曰[1]:贲亨,柔来而文刚,故亨。分刚上而文柔,故小利有攸往,天文也[2]。文明以止,人文也[3]。观乎天文,以察时变[4];观乎人文,以化成天下[5]。

——《周易·贲》

[1] 彖:《周易》中统括一卦之辞,分为上下二篇,本为独立成篇,附于经后,后人将之附于相关经文之下,此处"彖曰"即是。

[2] "柔来而文刚"、"分刚上而文柔":解释卦象之辞。金景芳、吕绍纲《周易全解》分析指出,前者指"离明烛物,动无不善,故亨",后者"内有知慧,而外不能行,故小利有攸往"。亨,亨通。攸往,所往,去的地方。天文,日月星辰在宇宙间的运行。曹魏时王弼注在"天文"前添"刚柔交错"四字,指日月交替运行,天行不息。

[3] 文明以止:解释贲卦之辞。贲卦离上艮下,离谓文明,艮为止。《周易正义》解释说:"以此文明之道裁止于人,是人之文、德之教化。"人文:贲卦的外在表现,指人们之间保持彬彬有礼的关系,遵从道德的教化。

[4] 时变:春夏秋冬四时的变化。

[5] "观乎人文"二句:意谓观察卦中人文之义,用诗书礼乐来教化人们,使天下常变常新,日久成俗。化,教化。成,完成,成为习俗。

# 多识前言往行

〔**解题**〕题目系据正文拟定。这段象辞是对《大畜》卦的解释。君子重在修身养德,如何做到呢?作者提出的方法是"多识前言往行",观察前人言语行动,以之为鉴,取其精华,培养自己的品德。

象曰[1]:天在山中,大畜[2]。君子以多识前言往行[3],以畜其德[4]。

——《周易·大畜》

[1] 象:《周易》"十翼"之一,是对爻象的解释。
[2] 大畜:乾上艮下,乾为天,艮为山,故曰"天在山中"。
[3] 前:前人的。往:过去的。
[4] 畜:畜聚,充实。

# 《易》之为书也

　　[解题]题目系据正文拟定。这段选文揭示出《周易》一书的核心思想和现实意义。易,即变化之意。世间万物都在不停的变化中,《周易》正是一部记录并解释各种不同情形、讲事物变易法则的书。它启发读者:因为万物变化,所以知无止尽,需要通过学习增进见识。没有一劳永逸之道,需要因时因地地调整与革新。更要心存敬畏,时刻检点自己的言行举止。

　　《易》之为书也,不可远[1]。为道也屡迁,变动不居[2]。周流六虚[3],上下无常[4],刚柔相易[5]。不可为典要,唯变所适[6]。其出入也以度外内,使知惧[7]。又明于忧患与故[8]。无有师保[9],如临父母。

——《周易·系辞下》

　　[1]不可远:意谓应放在身旁,常常学习参考。

　　[2]不居:不停止。

　　[3]周流:循环变动。六虚:每卦有六爻,即有初、二、三、四、五、上六位。

　　[4]上下无常:指爻的上下位置不一定。

　　[5]刚柔相易:指爻的刚柔性质也可互相变易。

　　[6]"不可"二句:意谓不能把《易》作为标准,遵守而不知变通,《易》就是跟从变化。典要,标准。适,从。

　　[7]"其出入"二句:意谓卦象变化无常,因此要心存敬惧。出入,指爻

时而从内卦出到外卦,时而由外卦入于内卦。度,经过。外内,指外卦和内卦。

［8］故:过去,历史。

［9］师保:《周礼》中所谓的师氏、保氏,掌管教育。

# 学 于 古 训

[解题] 题目系据正文拟定。《尚书》是我国最早的一部历史文献,内容主要为夏、商、周三代最高统治者在政治、军事、文化中形成的一些讲话记录和告示等。相传经由孔子整理编排而成,被后世尊为儒家经典。《说命》是商王武丁任命傅说为相的命辞,也记述了傅说的进言。

说曰[1]:"王,人求多闻,时惟建事[2]。学于古训,乃有获。事不师古,以克永世[3],匪说攸闻[4]。惟学逊志[5],务时敏[6],厥修乃来[7]。允怀于兹[8],道积于厥躬[9]。惟教学半[10],念终始典于学[11],厥德修罔觉[12]。监于先王成宪[13],其永无愆[14]。"

——《尚书·说命下》

[1] 说(yuè月):即傅说,殷商时著名的贤臣。
[2] "人求多闻"二句:意谓大家都追求博学多闻,是因为想有所作为。时,是。
[3] 克:能够。永世:传之后世,永垂不朽。
[4] 匪:不是。说:傅说自称。攸:所。
[5] 逊志:谦逊其志。
[6] 务:致力于。时敏:无时不敏捷。
[7] 厥:于是。修乃来:指有所收获、有所修养。
[8] 允:相信。怀:记怀。兹:此。

[9] 躬:自身,亲力亲为。

[10] 惟敩(xiào 孝)学半:指教学是学习的一半。《尚书正义》云:"教人然后知困,知困必将自强。惟教人乃是学之半。"敩,教学。

[11] 念终始典于学:指对于求学自始至终念念不忘。典,常。

[12] 厥德修罔觉:于是道德修养便在不知不觉中得到提升。

[13] 监:同"鉴",借鉴。成宪:现成的规则方法。

[14] 愆(qiān 千):过失。

# 抑

[解题] 本文出自《诗经·大雅》。《诗经》为我国最早的一部诗歌总集,收录了自西周初年至春秋中叶(约前11世纪—前6世纪)大约五百年间的三百零五篇作品。全书分为风、雅、颂三部分。其中,雅是周天子都城附近的乐曲,大部分为贵族文人的作品。

《抑》的作者相传是卫武公。因为不满周天子沉湎酒色,昏庸骄逸,所以写作此诗强调修身养德的重要性,用来讽刺劝告君王,同时也警示自己。诗中多次提到"威仪",也就是礼节。作者认为它是道德的表现形式,因此无论是在日常生活里,还是在与人交往中,抑或处理国家大事之时,都应该谨慎宽和,遵守礼节,这样才能培养自身的品德,成为他人表率,才能治理国家,安定人民。

抑抑威仪,维德之隅[1]。人亦有言:"靡哲不愚[2]"。庶人之愚,亦职维疾[3]。哲人之愚,亦维斯戾[4]。

无竞维人[5],四方其训之[6]。有觉德行[7],四国顺之[8]。訏谟定命,远犹辰告[9]。敬慎威仪,维民之则[10]。

其在于今,兴迷乱于政[11]。颠覆厥德[12],荒湛于酒[13]。女虽湛乐从,弗念厥绍[14]。罔敷求先王[15],克共明刑[16]。

肆皇天弗尚[17],如彼泉流,无沦胥以亡[18]。夙兴夜寐,洒扫庭内,维民之章[19]。修尔车马,弓矢戎兵,用戒戎作,用遏蛮方[20]。

质尔人民[21],谨尔侯度[22],用戒不虞[23]。慎尔出话[24],敬尔威仪[25],无不柔嘉[26]。白圭之玷,尚可磨也;斯言之玷,不可为也[27]!

无易由言,无曰"苟矣,莫扪朕舌",言不可逝矣[28]。无言不雠[29],无德不报。惠于朋友[30],庶民小子[31]。子孙绳绳[32],万民靡不承[33]。

视尔友君子[34],辑柔尔颜[35],不遐有愆[36]。相在尔室,尚不愧于屋漏[37]。无曰"不显,莫予云觏"[38]。神之格思[39],不可度思[40],矧可射思[41]!

辟尔为德[42],俾臧俾嘉[43]。淑慎尔止[44],不愆于仪。不僭不贼[45],鲜不为则[46]。投我以桃,报之以李[47]。彼童而角,实虹小子[48]。

荏染柔木[49],言缗之丝[50]。温温恭人,维德之基[51]。其维哲人,告之话言,顺德之行[52]。其维愚人,覆谓我僭[53],民各有心。

於乎小子[54],未知臧否[55]。匪手携之,言示之事。匪面命之,言提其耳[56]。借曰未知,亦既抱子[57]。民之靡盈,谁夙知而莫成[58]?

昊天孔昭[59],我生靡乐。视尔梦梦[60],我心惨惨[61]。诲尔谆谆,听我藐藐[62]。匪用为教,覆用为虐[63]。借曰未知,亦聿既耄[64]。

於乎小子,告尔旧止[65]。听用我谋,庶无大悔[66]。天方艰难,曰丧厥国[67]。取譬不远,昊天不忒[68]。回遹其德,俾民大棘[69]。

——《诗经·大雅·抑》

[1]"抑抑"二句:意谓端严的举止礼节,是与道德相匹配的,礼节是道德的表现形式。抑抑,严密谨慎貌。威仪,容止礼节。维,句首语气词。隅,通"偶",匹配。

[2]靡哲不愚:即"大智若愚"之意。靡,没有。哲,哲人,知识渊博者。

[3]亦:助词。职:主要。疾:毛病。

[4]斯:这。戾:罪。东汉郑玄解释此句云"贤者而为愚,畏惧于罪也"。

[5]无:发语词。竞:通"倞",强大。维:因为。人:指贤人。

[6]四方:指各诸侯国。其:语气词,表示希望、祈使。训:顺从。

[7]有觉:高大正直。

[8]四国:与上章"四方"意同。

[9]"讦谟定命"二句:意谓有宏大的计划就确定下来号令(天下),有长远的政策就随时宣布。讦,大。谟,谋划,计划。远,长远的。犹,同"猷",政策。辰,时,随时。告,宣布。

[10]"敬慎威仪"二句:意为敬重谨慎地保持礼节,然后才能成为天下人的模范。则,法则,规范。

[11]兴迷乱于政:指其政治混乱。兴,语气词。迷乱,混乱。于政,其政。

[12]颠覆:败坏。厥:代词,指周天子。

[13]荒湛:沉耽,沉湎。

[14]"女虽湛乐从"二句:意谓你只顾着喝酒玩乐,而忘记自己是王位继承者。女,通"汝",指周天子。虽,通"唯",唯独。从,从事。弗,不。绍,继承。

[15]罔:不。敷:广泛。先王:指先王之道。

[16]克:能。共:通"拱",执持,执行。刑:法。

[17]肆:语助词,相当于"既然"。尚:保佑。

[18]无:句首助词。沦胥以亡:相率牵连而遭受败亡。

[19]"夙兴夜寐"三句:早起晚睡,洒扫庭院和室内,为民表率。夙,早上。夙兴,早起。夜寐,晚睡。内,室内。维,做。章,楷模。

[20]"修尔车马"四句:意谓修整车马兵器,以防备战事,征服蛮夷。

戎兵,兵器。用,以。戒,戒备。戎,战事。作,兴起。遏,剪除、征服。蛮方,远方的其他部落。

[21] 质:告诫。

[22] 谨:谨守,遵循。侯:君侯。度:法度。

[23] 不虞:不测。

[24] 慎:慎重。出话:发布的号令。

[25] 敬:敬重,重视。

[26] 柔嘉:柔和而美善。

[27] "白圭之玷"四句:意谓白圭上的斑点尚可磨去,然而说错的话却是无法补救的。白圭,白玉礼器。玷,斑点。磨,治玉的一种方法,磨去。为,补救、弥补。

[28] "无易由言"三句:意谓说话需谨慎。易,轻易。由,于。苟,苟且随便。扪,捂住。朕:我,先秦时是一般人的自称。逝,追,及。"言不可逝"与"一言既出,驷马难追"之意类似。

[29] 雠:通"酬",回应。

[30] 惠:仁爱,宽厚。朋友:指群臣。

[31] 小子:子弟,年轻的一辈。

[32] 子孙:周王的子孙后代。绳绳:戒慎貌。

[33] 靡不:没有不。承:顺从。

[34] 视:看。友:招待。君子:亦指群臣。

[35] 辑柔:和悦。

[36] 不遐有愆:反省之辞。不遐,岂不。愆,过错。

[37] 尚不愧于屋漏:无愧于神明,无愧于天。尚,通"上"。屋漏,从屋顶漏下的天光。

[38] 显:明亮。莫予云觏:即莫觏予,没有人看得见我。云,语助词。觏,看见。

[39] 格:至,来。思:语气词。

[40] 度:揣度,猜测。

[41] 矧(shěn审):况且。射:通"斁",厌弃。

[42] 辟:彰明。为:语助词。

[43]俾:使得。臧、嘉:美好善良。

[44]淑:美好。慎:谨慎。止:言行举止。

[45]僭:差错。贼:过失。

[46]鲜不为则:很少不被人作为榜样。

[47]"投我以桃"二句:意谓礼尚往来,成语"投桃报李"即源出于此。投,投赠。报,报答。

[48]"彼童而角"二句:意谓把没有角的羊硬说成有角,他们实在是在惑乱你的统治。童,指牛羊无角或未生角。而,以为。虹,通"讧",惑乱。小子,指周天子。

[49]荏染:柔貌。柔木:指可以做琴瑟乐器的树木,比如桐、漆、梓、椅等。

[50]言缗(mín 民)之丝:安上琴弦。言,语气词。缗,安装。

[51]"温温恭人"二句:温和谦恭的人是道德的楷模。温温,温和柔缓貌。恭人,谦恭的人。基,根本,此处引申为标准。

[52]"其维哲人"三句:只有渊博的人,才会告诉你古老的典训,依照道德而行事。维,只有。话,"诂"之讹字。诂言,古之善言。

[53]覆:反而。僭:过错。

[54]於乎:即呜呼。小子:指周王。

[55]臧:好、善。否:坏、恶。

[56]"匪手携之"四句:意谓(我)非但用手把手告诉他应该如何行事,(我)非但面对面提着他的耳朵(教他)。匪,非但。携,携挈。面,当面。命,教诲。提其耳,形容认真急切。

[57]"借曰未知"二句:假如有人说周王还小,所以不懂事,但他已经为人之父,并非幼小。借曰,假如说。既,已经。抱子,抱上孩子,有了后代。

[58]"民之靡盈"二句:意谓青年时代如果没有知识,今后就更难有成就了。(程俊英《诗经注析》)盈,盈满,完美。靡盈,不完美,有缺点。夙知,早知早慧。莫,同"暮",晚年。成,有所成就。

[59]昊天:苍天。孔:非常。昭:明亮。

[60]梦梦:昏沉糊涂貌。

[61]惨惨:忧闷貌。

14

[62] 藐藐:轻视貌。

[63] 虐:同"谑",戏谑玩笑。

[64] 聿:语助词。耄:年老。

[65] 旧:指先王典章。止:语气词。

[66] 庶:庶几,也许可以。

[67] "天方艰难"二句:意谓老天认为您作恶,降下灾难,将要灭亡您的国家。方,正在。曰,语气词。丧,毁灭。

[68] "取譬不远"二句:就浅近打个比方,上天的赏惩是不会有偏差的。(《诗经注析》)取譬,打比方。不远,指浅近的事物道理。忒,偏差。

[69] "回遹(yù玉)其德"二句:意谓王邪僻无常,使百姓陷入灾难。回遹,邪僻。棘:通"急",危急、灾难。

# 文献不足故也

[**解题**] 题目系据正文拟定。《论语》是以记载孔子言行为主,并兼记孔子弟子言行的一部书。全书共分为二十篇,以记言为主,因此称之为"语"。"论"是论纂的意思。孔子(前551—前479)年,名丘,字仲尼,鲁国人,春秋时著名的思想家、教育家。他的思想对后代影响深远。本章中孔子谈到文献的重要意义,通过它可以追溯过去的史实和制度。

子曰[1]:"夏礼吾能言之[2],杞不足征也[3];殷礼吾能言之[4],宋不足征也[5]。文献不足故也[6],足则吾能征之矣。"

——《论语·八佾》

[1] 子:孔子。
[2] 夏:大禹所建的夏朝。
[3] 杞:国名,夏禹的后代所建,故城在今河南杞县。征,证明、说明。
[4] 殷:殷商,汤所建的商朝。
[5] 宋:国名,为商汤后代所建,故城在今河南商丘南。
[6] 文:典籍。献:贤也,指通晓历史的人。

# 陈亢问于伯鱼

〔解题〕题目系据正文拟定。本章记录了孔子弟子陈亢与孔子儿子孔鲤的一段对话。从对话中,可以看到孔子对《诗》和礼的重视。贵族们在交际场合常常通过赋《诗》来表达自己的意志,得当与否成为衡量一个人水准的标尺,一旦失当便会被他人鄙视。这在记载春秋历史的《左传》中多有反映。因此对《诗经》文本的熟悉、对内容的融会贯通,成为当时贵族必须具备的基本素养。礼,既指礼节、礼仪,也指礼乐中蕴含的思想态度。孔子把"礼"视作人立身的根本,对它的推重在《论语》中俯拾即是。

陈亢问于伯鱼曰[1]:"子亦有异闻乎[2]?"

对曰:"未也。尝独立[3],鲤趋而过庭[4]。曰:'学《诗》乎?'对曰:'未也。''不学《诗》,无以言[5]。'鲤退而学《诗》。他日,又独立,鲤趋而过庭。曰:'学礼乎?'对曰:'未也。''不学礼,无以立。'鲤退而学礼。闻斯二者。"

陈亢退而喜曰:"闻一得三,闻《诗》,闻礼,又闻君子之远其子也。"

——《论语·季氏》

[1] 陈亢(gāng 刚):孔子弟子,字子禽。伯鱼:孔子儿子,名鲤,伯鱼为其字。

[2] 子:对对方的尊称。异闻:指与众不同的传授。

[3]尝:曾经。
[4]趋:快步走。
[5]无以言:不能说出优雅得体的话。

# 兴观群怨

〔解题〕题目系据正文拟定。本章道出了《诗经》在当时的现实作用,既可以借之增长见识,了解自然、了解社会、了解历史,又可以用来与人交往唱和,表达自己的意志,达成政治使命。

子曰:"小子何莫学夫《诗》[1]?《诗》可以兴,可以观,可以群,可以怨[2]。迩之事父[3],远之事君;多识于鸟兽草木之名。"

——《论语·阳货》

[1] 小子:弟子。何:为什么。莫:没有。

[2] 兴:感发志意。观:观察了解政治得失。群:合群,指与他人相处。怨:讽刺上政。

[3] 迩:近。

# 博学而笃志

〔解题〕题目系据正文拟定。"仁"是孔门思想中最为重要的概念之一,基本含义为仁爱。在《论语》中,孔子及其弟子从不同的侧面对"仁"进行论述。本章是孔子弟子子夏针对修习学业方面而言的。

子夏曰[1]:"博学而笃志,切问而近思[2],仁在其中矣。"

——《论语·子张》

[1]子夏:孔子的学生,姓卜,名商,字子夏。"孔门十哲"之一,以文学(即文章学问)著称。
[2]切问:恳切求教。近思:思考习见易知的事情。

# 人不可以不学

〔**解题**〕 题目系据正文拟定。《国语》是我国最早的一部国别体史书,记录西周中期到春秋末年之间周王室和鲁、齐、晋、郑、楚、吴、越等国的历史。"语"是古代一种记言的史书。《礼记·玉藻》:"动则左史书之,言则右史书之。"反映了古代史官记言的传统。本文出自《晋语》,说的是范献子不了解鲁国国君名讳以致唐突的故事。避讳是我国古代特有的礼俗。为了表示尊敬,古人对于君主或尊长的名字,避免直接说出写出,而是或改用其他说法,或在书写中缺漏笔画等。范献子在闹了笑话之后,深感自己学识的匮乏,感叹博学的重要。

范献子聘于鲁[1],问具山、敖山[2],鲁人以其乡对[3]。献子曰:"不为具、敖乎?"对曰:"先君献、武之讳也[4]。"献子归,遍戒其所知曰[5]:"人不可以不学。吾适鲁而名其二讳[6],为笑焉,唯不学也[7]。人之有学也,犹木之有枝叶也。木有枝叶,犹庇荫人,而况君子之学乎?"

——《国语·晋语》

[1] 范献子:春秋时晋国大臣,名士鞅,献为其谥号。聘:诸侯间通问修好。

[2] 具山、敖山:鲁国境内的两座山,前者在山东蒙阴县东北,后者在蒙阴县西北。

[3] 以其乡对:以什么乡的山来回答(而不直接提具山、敖山之名)。

[4]先君献、武之讳也:鲁献公名具,鲁武公名敖,因此说"先君献、武之讳"。

[5]所知:所认识的人。

[6]适:去往。名:称呼。

[7]为笑:被笑话。唯不学也:这是不学的缘故。三国韦昭注:"礼,入境而问禁,入门而问讳。"范献子出访鲁国却忽略了这些,是不学而无礼。

# 劝　学

〔**解题**〕荀子,名况,赵国人,战国末期的思想家和教育家。他的思想集中体现在《荀子》一书中。《劝学》是《荀子》的第一篇。所谓劝学,就是鼓励学习。在文中,荀子系统地论述了学习的重要性和方法。

本文的前半段被选入中学教材,其中通过学习发展自身能力、学习贵在持恒等观点早已为大家所熟悉;而诸如"青取之于蓝而青于蓝"、"君子生非异也,善假于物也"、"不积跬步,无以至千里"等句子也成为大家朗朗上口的警句。

在文章的后半段,荀子对求学的具体途径加以论述,提出"其数则始乎诵经,终乎读礼;其义则始乎为士,终乎为圣人"。一方面指出典籍是提升学识的必备途径,比如《尚书》、《诗经》让人了解自然万物、各地风俗、史实制度,《春秋》使人体会微言大义。然而学习并不止于此,它最终要落实到自己的行为中。另一方面强调学习必须善始善终,不断磨砺,才能臻于完善。

君子曰:学不可以已[1]。

青,取之于蓝而青于蓝[2];冰,水为之而寒于水。木直中绳[3],𫐓以为轮[4],其曲中规[5]。虽有槁暴,不复挺者[6],𫐓使之然也。故木受绳则直,金就砺则利[7],君子博学而日参省乎己[8],则知明而行无过矣[9]。

故不登高山,不知天之高也;不临深溪,不知地之厚也;不闻先王之遗言,不知学问之大也。干越、夷貉之子[10],生而同声,长而异俗,教使之然也。《诗》曰:"嗟尔君子,无恒安息。靖共尔位,好是正直。神之听之,介尔景福[11]。"神莫大于化道,福莫长于无祸。[12]

吾尝终日而思矣,不如须臾之所学也[13];吾尝跂而望矣[14],不如登高之博见也。登高而招,臂非加长也,而见者远;顺风而呼,声非加疾也,而闻者彰。假舆马者,非利足也,而致千里[15];假舟楫者,非能水也,而绝江河[16]。君子生非异也,善假于物也。

南方有鸟焉,名曰蒙鸠[17],以羽为巢,而编之以发,系之苇苕[18],风至苕折,卵破子死。巢非不完也,所系者然也。西方有木焉,名曰射干[19],茎长四寸,生于高山之上,而临百仞之渊[20],木茎非能长也,所立者然也。蓬生麻中,不扶而直;白沙在涅[21],与之俱黑。兰槐之根是为芷[22],其渐之滫[23],君子不近,庶人不服[24]。其质非不美也,所渐者然也。故君子居必择乡,游必就士[25],所以防邪辟而近中正也。

物类之起,必有所始[26];荣辱之来,必象其德[27]。肉腐出虫,鱼枯生蠹;怠慢忘身,祸灾乃作。强自取柱[28],柔自取束;邪秽在身,怨之所构[29]。施薪若一[30],火就燥也[31];平地若一,水就湿也。草木畴生[32],禽兽群焉,物各从其类也。是故质的张而弓矢至焉[33],林木茂而斧斤至焉,树成荫而众鸟息焉,醯酸而蚋聚焉[34]。故言有招祸也,行有招辱也,君子慎其所立乎[35]!

积土成山,风雨兴焉;积水成渊,蛟龙生焉;积善成德,而神明自得[36],圣心备焉。故不积跬步[37],无以至千里;不积小流,无以成江海。骐骥一跃[38],不能十步;驽马十驾[39]，功在不舍。锲而舍之[40]，朽木不折；锲而不舍，金石可镂[41]。蚯蚓无爪牙之利[42]，筋骨之强，上食埃土[43]，下饮黄泉，用心一也。蟹六跪而二螯[44]，非蛇鳝之穴无可寄托者，用心躁也。是故无冥冥之志者[45]，无昭昭之明；无惛惛之事者[46]，无赫赫之功。行衢道者不至[47]，事两君者不容。目不能两视而明，耳不能两听而聪。螣蛇无足而飞[48]，梧鼠五技而穷[49]。《诗》曰："尸鸠在桑，其子七兮。淑人君子，其仪一兮。其仪一兮，心如结兮。"[50]故君子结于一也。

昔者瓠巴鼓瑟而流鱼出听[51]，伯牙鼓琴而六马仰秣[52]。故声无小而不闻，行无隐而不形[53]。玉在山而草木润，渊生珠而崖不枯[54]。为善不积邪？安有不闻者乎？[55]

学恶乎始[56]？恶乎终？曰：其数则始乎诵经，终乎读礼；其义则始乎为士，终乎为圣人。真积力久则入[57]，学至乎没而后止也[58]。故学，数有终，若其义则不可须臾舍也。为之，人也；舍之，禽兽也。故《书》者，政事之纪也；《诗》者，中声之所止也[59]；《礼》者，法之大分[60]，类之纲纪也[61]。故学至乎礼而止矣。夫是之谓道德之极。《礼》之敬文也[62]，《乐》之中和也，《诗》、《书》之博也，《春秋》之微也[63]，在天地之间者毕矣。

君子之学也，入乎耳，著乎心[64]，布乎四体，形乎动静[65]，端而言，蠕而动，一可以为法则[66]。小人之学也，入乎耳，出乎口[67]，口耳之间则四寸，曷足以美七尺之躯哉[68]！古之学者为己，今之学者为人[69]。君子之学也，以美其身；小人之学也，以为禽犊[70]。故不问而告谓之傲[71]，问一而告二谓之囋[72]。傲、囋，非也，君子如响矣[73]。学莫便乎近其人[74]。《礼》、《乐》法而不说[75]，

25

《诗》、《书》故而不切[76],《春秋》约而不速[77]。方其人之习[78],君子之说则尊以遍矣[79],周于世矣[80]。故曰:学莫便乎近其人。

学之经莫速乎好其人[81],隆礼次之。上不能好其人,下不能隆礼,安特将学杂识志[82],顺诗书而已尔[83],则末世穷年,不免为陋儒而已。将原先王,本仁义,则礼正其经纬蹊径也[84]。若挈裘领,诎五指而顿之,顺者不可胜数也[85]。不道礼宪[86],以《诗》《书》为之,譬之犹以指测河也,以戈舂黍也[87],以锥餐壶也[88],不可以得之矣。故隆礼,虽未明法,士也;不隆礼,虽察辩,散儒也[89]。

问楛者[90],勿告也;告楛者,勿问也;说楛者,勿听也。有争气者,勿与辨也。故必由其道至,然后接之;非其道则避之。故礼恭,而后可与言道之方;辞顺,而后可与言道之理;色从,而后可与言道之致[91]。故未可与言而言,谓之傲;可与言而不言,谓之隐;不观气色而言,谓之瞽。故君子不傲、不隐、不瞽,谨顺其身。《诗》曰:"匪交匪舒,天子所予。"[92]此之谓也。

百发失一,不足谓善射;千里跬步不至,不足谓善御;伦类不通[93],仁义不一[94],不足谓善学。学也者,固学一之也。一出焉,一入焉,涂巷之人也[95];其善者少,不善者多,桀纣盗跖也[96];全之尽之,然后学者也[97]。

君子知夫不全不粹之不足以为美也,故诵数以贯之[98],思索以通之,为其人以处之[99],除其害者以持养之[100]。使目非是无欲见也[101],使耳非是无欲闻也,使口非是无欲言也,使心非是无欲虑也,及至其致好之也。目好之五色[102],耳好之五声,口好之五味,心利之有天下。是故权利不能倾也,群众不能移也,天下不能荡也。生乎由是,死乎由是,夫是之谓德操[103]。德操然后能定,能定然后能应[104],夫是之谓成人[105]。天见其明[106],地见其光[107],君子贵其全也。

——《荀子》

[1] 已:停止。

[2] 青:靛青。蓝:蓼蓝草,是制作靛青的原料,所以说"取之于蓝"。靛青的颜色又深于蓼蓝草,即"青于蓝"。

[3] 中(zhòng重):符合。绳:木工使用的墨线。

[4] 輮:通"揉",使木头弯曲。

[5] 规:圆规。

[6] "虽有槁暴"二句:意谓(弯曲的轮子)即使暴晒,也不会再变直。槁,枯。暴(pù瀑),晒。挺,直。

[7] 砺:磨刀石。

[8] 日参省乎己:即《论语·学而》"吾日三省吾身"之义。参,三。省,省察。

[9] 知:同"智"。

[10] 干越:即吴越。夷貉:我国东北的少数民族。

[11] "嗟尔君子"六句:出自《诗经·小雅·小明》。嗟,叹词。靖,恭敬,谨慎。共,同"恭"。好,爱好。是,这。正直,正直的人。神之听之,前一个"之"是衬词,无实义,即神听之意。介,帮助。景,大。

[12] "神莫"二句:唐代杨倞注:"为学则自化道,故神莫大焉。修身则自无祸,故福莫长焉。"

[13] 须臾:片刻。

[14] 跂:踮起脚尖。

[15] "假舆马"三句:利用车马的人,并不能让他的腿变得更强健,然而却能到达千里之远。假,凭借。致,到达。

[16] 绝:横渡。

[17] 蒙鸠:即鹪鹩。

[18] 苕(tiáo条):芦苇的花。

27

［19］射干：一名乌扇，花白茎长，如射人之执竿。

［20］仞：长度单位，古代以七尺或八尺为一仞。

［21］涅：一种矿物，古代用作黑色染料。

［22］兰槐：香草。其根即白芷。

［23］渐：浸染。滫（xiǔ朽）：沤过的臭米汁。

［24］服：佩戴。

［25］就士：与仁人贤士交往。

［26］始：本，缘由。

［27］象：同"像"，相称、相随。

［28］柱：通"祝"，折断。

［29］构：构结、构成。

［30］施：布置。薪：柴火。若一：均平。

［31］就：趋向。

［32］畴生：依类而生。群焉：分群而居。

［33］质的：鹄的、箭靶。张：设立。

［34］酰（xī西）：醋。蚋（ruì锐）：蚊类害虫。

［35］所立：立身处世。

［36］神明自得：指自通于神明。

［37］跬（kuǐ愧上声）步：古人把举足一次称"跬"，举足两次称"步"。

［38］骐（qí其）：青黑色的马。骥：千里马。二者均为良马。

［39］驽马：劣马。驾：清晨受驾，至暮脱之，一日所行称为一驾。十驾：即十天的行程。《荀子·修身》云"夫骥一日而千里，驽马十驾则亦及之"，与此句之意类似。

［40］锲（qiè切）：刻。舍：放弃。

［41］镂：雕刻。

［42］螾：同"蚓"。

［43］埃土：泥土，尘土。

［44］跪：足。六跪，六条腿。螯（áo熬）：蟹钳。

［45］冥冥：形容专心致志的状态。

［46］惛惛：与"冥冥"意同。

[47] 衢:交叉路口。不至:不能有所至。

[48] 螣(téng 腾)蛇:传说中能腾飞的蛇。

[49] 梧:为"鼯"字之误。鼯:《说文》云"五技鼠",杨倞注云"五技,谓能飞不能上屋,能缘不能穷木,能游不能度谷,能穴不能掩身,能走不能先人"。

[50] "尸鸠在桑"六句:出自《诗经·曹风·鸤鸠》。鸤鸠:即布谷鸟。春秋时期有鸤鸠养子平均的传说。《毛传》云:"鸤鸠之养其子,朝从上下,莫从下上,平均如一。"七,虚数,言其多。淑,美好的。仪,言行。一,言行一致。结,固结。

[51] 瓠巴:传说中善于鼓瑟之人。流鱼:即游鱼。

[52] 伯牙:春秋时人,以琴技闻名。秣:饲料。仰秣,仰头吃饲料,以听琴声。

[53] "故声"二句:意谓声音无论多微小都会被听到,行为无论多隐蔽也会显露出来。

[54] "玉在山"二句:东汉高诱注云"玉,阳中之阴也,故能润泽草木;珠,阴中之阳也,有光明,故岸不枯"。

[55] "为善"二句:意谓为善怎么能不积德!若积德又怎么会不被人知道呢?

[56] 恶乎:从哪里。

[57] 真:诚也。力:力行。入:入于学。

[58] 没:通"殁",死亡。

[59] "《诗》者"二句:杨倞注:"《诗》,谓乐章,所以节声音,至于中而止,不使流淫也。"

[60] 分:界限。

[61] 类:事理。

[62] 敬:内在的慎重、尊敬。文:外在的礼节、仪式。

[63] 微:精深奥妙,指《春秋》具有微言大义的特点。

[64] 著:明白,知晓。

[65] 动静:举止。

[66] "端而言"三句:意谓言行或急或缓,都可以成为法则。"喘而言"

形容疾忙的样子,"蝡而动"形容缓慢的样子,二者互文。端,通"喘",喘气。蝡(rú如),微微动。一,全、都。

[67] 入乎耳,出乎口:即道听途说之意。

[68] 七尺之躯:代指人的言行仪表。

[69] 为己:为了自己的修身。为人:取悦于他人。《论语·宪问》云"子曰:古之学者为己,今之学者为人"与此类似。三国何晏《论语集解》云"孔曰:为己,履而行之;为人,徒能言之",可作为《荀子》这两句的参考。

[70] 禽犊:馈赠之物。

[71] 傲:傲慢、轻慢。不问而告:是好为人师,自炫其学,故为"傲"。

[72] 囋(zàn赞):多言烦人的样子。

[73] 响:回声。君子如响:有问而告,问一告一。

[74] 便:便利。近:靠近、亲近。其人:贤人、贤师。

[75] 法而不说:有法度而无解说。

[76] 故而不切:高古而不切合现实。

[77] 约而不速:文辞简约而不能使人迅速通晓。

[78] 方:同"仿",仿效。习:学习的方法。

[79] 君子:指孔子。尊以遍:得到普遍的尊崇。

[80] 周于世:于世间周传。

[81] 经:方法、途径。好:喜好。

[82] 安:乃。特:但。杂、志:杂记之书,百家之说。识:识记。

[83] 顺:说解。

[84] 正:使之端正。经纬蹊径:纵横的道路。

[85] "若挈裘领"三句:意谓如同提着毛裘的衣领,弯曲手指抖动,毛裘上的毛很容易就顺好了。挈,举、提。诎,同"屈",弯曲。顿,一上一下抖动。

[86] 道:遵行。礼宪:礼法。

[87] 戈:古代兵器,主要用于勾、啄。壶:古代贮藏粮食的器具。

[88] 以锥餐壶:用锥子到壶里取食。

[89] 散儒:无礼法之儒。

[90] 楛(kǔ苦):恶、粗劣,引申为不合礼法之事。

［91］色从:心诚则貌自然顺从。致:极致。上文"道之方"指为学之道的大纲、"道之理"指条理细密之处,此处更进一步,指极致处。三者为递进关系。

［92］"匪交"二句:出自《诗经·小雅·采菽》,意谓不急切也不怠慢,因此受到天子的赐予。匪,不。交,同"绞",急躁。纾,缓、怠慢。予,赐予。

［93］伦类:人伦事理。

［94］一:全、尽。

［95］"一出焉"三句:意谓(求学之道在于穷尽),一出一入(并非穷尽),这只是道听途说之人。

［96］桀:夏桀。纣:商纣。二人为亡国之君,恶名昭彰。盗跖:春秋时期的盗贼。

［97］"全之尽之"二句:尽心仁义,然后才可谓善学也。

［98］诵数:诵读。

［99］为其人以处之:与贤人相处。为,与。

［100］持养:扶持保养。

［101］是:指上文所言的全粹之学。

［102］之:通"于"。

［103］德操:道德与操守。

［104］应:应变万物。

［105］成人:心智完全成熟的人。

［106］见:同"现",显现。

［107］光:通"广"。

# 贤不肖可学乎

〔**解题**〕题目系据正文拟定。《晏子春秋》是记载春秋时期齐国政治家晏婴言行的一部历史典籍。本文是齐景公和晏子之间的一段对话,主题是学习是否可以改善一个人的天性禀赋。晏子的答案是肯定的,并指出其重点在于"善而不怠",在于"终善"。

景公问晏子曰[1]:"人性有贤不肖[2],可学乎?"晏子对曰:"《诗》云'高山仰止,景行行止'之者[3],其人也!故诸侯并立,善而不怠者为长;列士并学,终善者为师。"

——《晏子春秋·景公问贤不肖可学乎晏子对以勉强为上》

[1] 景公:即齐景公。晏子:名婴,字仲,春秋时齐国大臣,政治才能卓越。
[2] 不肖:不贤。
[3] "高山仰止"二句:出自《诗经·小雅·车辖》。仰,仰望。止,"之"字之讹。景行,宽阔的大路。文中这句诗来形容品德高尚的人。

# 玉不琢不成器

〔解题〕题目系据正文拟定。《礼记》是一部重要的儒家经典,被列入"十三经"之中。它是由西汉学者戴圣对先秦以来礼仪著作加以辑录,整理而成,共四十九篇。它所论涉及社会、政治、伦理、哲学、宗教等方面,反映了战国至西汉时期的社会情况、典章制度及人们思想观念的变化。《学记》一篇是对先秦教育的总结,系统地阐述了教育的目的、原则和方法,及教师的作用。本段选文以琢玉成器为喻,阐明学习对个人塑造、教育对治理百姓的重要意义。

玉不琢[1],不成器;人不学,不知道。是故古之王者建国君民,教学为先。《兑命》曰:"念终始典于学。"[2]其此之谓乎!

——《礼记·学记》

[1] 琢:雕刻玉石。
[2] 《兑命》:即《古文尚书》中的《说命》篇。"念终始典于学"出自《说命下》,相传是殷代贤臣傅说劝勉高宗的话。此句是说始终不要忘记从事学习。典,从事。

# 教 学 相 长

〔**解题**〕题目系据正文拟定。教学相长是我国古代重要的教育思想,时至今日仍颇具影响。本段选文便是对这一思想的阐述,文字平易却扼要,形象地描绘出教与学相互启发、相互促进的过程。"学然后知不足","知不足,然后能自反",这也道出了读书学习之所以能够启人思考、促人进步的原因。

虽有嘉肴[1],弗食,不知其旨也[2];虽有至道[3],弗学,不知其善也。是故学然后知不足,教然后知困[4]。知不足,然后能自反也[5];知困,然后能自强也。故曰:教学相长也。《兑命》曰:"学学半。"[6]其此之谓乎!

——《礼记·学记》

[1] 嘉:善、好。
[2] 旨:甘美。
[3] 至道:至极大道,特别好的学问道理。
[4] 困:困惑,困弊。
[5] 反:同"返"。孔颖达疏云:"凡人皆欲向前相进,既知不足,然后能自反向身而求诸己之困,故反学矣。"
[6] 学学半:是说教学与学习各占一半,与上文"教学相长"相呼应。前一"学"字,《尚书·说命》作"斆",教学之意。

# 六 经 之 教

[解题] 题目系据正文拟定。《诗》、《书》、《乐》、《易》、《礼》、《春秋》很早就被奉为儒家经典,称作"六经"。对于古人来说,它们是教化人民、治理国家的重要途径。各经的内容性质不同,教育的重点、所能达成的效果也各有不同。这段选文即系统地分析了它们的特点和功用。

孔子曰:入其国,其教可知也[1]。其为人也,温柔敦厚,《诗》教也;疏通知远[2],《书》教也;广博易良[3],《乐》教也;絜静精微[4],《易》教也;恭俭庄敬[5],《礼》教也;属辞比事[6],《春秋》教也。故《诗》之失,愚;《书》之失,诬[7];《乐》之失,奢;《易》之失,贼;《礼》之失,烦;《春秋》之失,乱。其为人也,温柔敦厚而不愚,则深于《诗》者[8];疏通知远而不诬,则深于《书》者也;广博易良而不奢,则深于《乐》者也;絜静精微而不贼,则深于《易》者也;恭俭庄敬而不烦,则深于《礼》者也;属辞比事而不乱,则深于《春秋》者也。

——《礼记·经解》

[1] 教:教化,风俗习惯的养成。
[2] 疏通:通达。知远:知晓历史上的事情。
[3] 广博易良:心胸宽广、平易善良。
[4] 絜静精微:纯洁清静、细心深入。絜,同"洁",洁净。

35

［5］恭俭:恭谨,谦逊。

［6］属辞比事:连缀辞令、排比史事。

［7］诬:不实之辞,妄言。

［8］深:深知。

# 子夏论《书》

[解题] 题目系据正文拟定。《孔丛子》旧题为西汉孔鲋撰。孔鲋为孔子八世孙。书中主要记载孔子及其子孙的言行。本段选文为子夏阅读《尚书》后与孔子讨论读书的心得,从中可以看到《尚书》对道德培养的作用。孔子则进一步指出由《尚书》还可见"宗庙之奥、百官之美",可见尧舜治国之道。

子夏读《书》既毕[1],而见于夫子。夫子谓曰:"子何为于《书》?"[2]子夏对曰:"《书》之论事也,昭昭然若日月之代明[3],离离然若星辰之错行[4]。上有尧舜之德,下有三王之义[5]。凡商之所受《书》于夫子者,志之于心[6],弗敢忘也。虽退而穷居河济之间[7]、深山之中,作壤室[8],编蓬户[9],常于此弹琴瑟以歌先王之道,则可以发愤慷喟[10],忘己贫贱。故有人亦乐之,无人亦乐之,上见尧舜之德,下见三王之义,忽不知忧患与死也。"夫子愀然变容[11],曰:"嘻!子殆可与言《书》矣!虽然,其亦表之而已,未睹其里也。夫窥其门而不入其室,恶睹其宗庙之奥、百官之美乎?"

——《孔丛子·论书》

[1] 子夏:孔子的学生,姓卜,名商,字子夏,"孔门十哲"之一,以文学(即文章学问)著称。《书》:即《尚书》。

[2] 何为于《书》:意为为什么读《尚书》。

[ 3 ]昭昭:明亮。代:更替。

[ 4 ]离离:并行有序。错行:交错运行。

[ 5 ]三王:有不同的说法,一说指夏商周三代之君,一说为周代最早的三位君主太王、王季、文王。

[ 6 ]志:识记。

[ 7 ]穷:困顿、困窘。河:黄河。济:济水。

[ 8 ]作:搭建。壤室:土屋。

[ 9 ]编蓬户:用蓬草编造屋子。壤室、蓬户都是贫寒简陋的屋子。

[10]慷喟:感叹。

[11]愀然:神情严肃。

# 不可不知《春秋》

司马迁

〔解题〕题目系据正文拟定。司马迁(？—前110)，字子长，西汉著名的史学家、文学家。其所撰《史记》是我国第一部纪传体通史，对后代史书产生了深远的影响，位列"二十五史"之首。本文选自《史记》最后一篇《太史公自序》。它既是《史记》的自序，也是司马迁的自传，他的生平、撰写《史记》的目的、过程以及思考都备于此，是了解司马迁及《史记》的重要资料。

本段选文反映了司马迁对六经的看法。相较于《荀子·劝学》、《礼记·经解》，他对各经特点的分析更为细致。对于今天阅读经典而言，仍具参考意义。在诸经中，司马迁尤其重视《春秋》，他认为"万物之散聚皆在《春秋》"，"《春秋》者，礼义之大宗也"，因此上至君王、公卿，下至臣子、百姓，都"不可不知《春秋》"。《春秋》作为一部先秦史书，不仅记载了丰富的史事，个中兴亡成败可为后人提供借鉴，而且还包含孔子的微言大义，启人思考。

上大夫壶遂曰[1]："昔孔子何为而作《春秋》哉"？太史公曰："余闻董生曰[2]：'周道衰废，孔子为鲁司寇[3]，诸侯害之，大夫壅之[4]。孔子知言之不用，道之不行也，是非二百四十二年之中[5]，以为天下仪表，贬天子，退诸侯，讨大夫，以达王事而已矣。'子曰:'我欲载之空言,不如见之于行事之深切著明也。'[6]夫《春秋》,上明三王之道,下辨人事之纪[7],别嫌疑,明是非,定犹豫,善善恶恶[8],贤贤贱不肖,存亡国,继绝世,补敝起废,王道之大者也。《易》著天地、阴阳[9]、四时[10]、五行[11],故长于变;《礼》经纪人伦,故长于行;《书》记先王之事,故长于政;《诗》记山川、溪谷、禽兽、草木、牝牡[12]、雌雄,故长于风;《乐》乐所以立,故长于和;《春秋》辩是非,故长于治人。是故《礼》以节人,《乐》以发和,《书》以道事,《诗》以达意,《易》以道化[13],《春秋》以道义。拨乱世,反之正,莫近于《春秋》[14]。《春秋》文成数万,其指数千[15]。万物之散聚皆在《春秋》。《春秋》之中,弑君三十六,亡国五十二,诸侯奔走不得保其社稷者不可胜数。察其所以,皆失其本已。故《易》曰'失之豪厘,差之千里'[16]。故曰'臣弑君,子弑父,非一旦一夕之故也,其渐久矣'[17]。故有国者不可以不知《春秋》,前有谗而弗见,后有贼而不知[18];为人臣者不可以不知《春秋》,守经事而不知其宜[19],遭变事而不知其权[20]。为人君父而不通于《春秋》之义者,必蒙首恶之名;为人臣子而不通于《春秋》之义者,必陷篡弑之诛[21],死罪之名。其实皆以为善,为之不知其义,被之空言而不敢辞。夫不通礼义之旨,至于君不君,臣不臣,父不父,子不子。夫君不君则犯[22],臣不臣则诛,父不父则无道,子不子则不孝。此四行者,天下之大过也。以天下之大过予之,则受而弗敢辞。故《春秋》者,礼义之大宗也。夫礼禁未然之前,法施已然之后;法之所为用者易见,而礼之所为禁者难知。"

——《史记·太史公自序》

[1] 上大夫:汉代沿用古制,分大夫为上、中、下三等。壶遂曾和司马迁一起参加太初改历,官至詹事,位在上大夫之列。

[2] 董生:指董仲舒。

[3] 司寇:春秋时掌管刑法、监狱的官。

[4] 壅:阻塞、阻碍。

[5] 是非:褒贬。二百四十二年:指《春秋》所涵盖的时间段,即起于鲁隐公元年(前722),终于鲁哀公十四年(前481)。

[6] "我欲载之"二句:见《春秋纬》。唐代司马贞《史记索隐》云:"空言谓褒贬是非也。空立此文,而乱臣贼子惧也。孔子言我徒立空言,设褒贬,则不如附见于当时所因之事。人臣有僭侈篡逆,因就此笔削以褒贬,深切著明而书之,以为将来之诫者也。"

[7] 纪:指伦常秩序。

[8] 善善恶恶:前一个"善"和"恶"为动词,分别为表彰、抨击之意。下文"贤贤贱不肖"与此类似。

[9] 阴阳:古人多用阴阳解释世界万物变化。

[10] 四时:指春夏秋冬四季。

[11] 五行:指水、火、木、金、土,古人认为它们是构成各种物质的元素,彼此间相生相克。

[12] 牝(pìn聘):雌性的鸟、兽。牡:雄性的鸟、兽。

[13] 道:通"导",教导、引导。

[14] 近:切合。

[15] 指:同"旨"。

[16] "失之豪厘"二句:见于《易纬·通卦验》,《大戴礼记·保傅》所引《易》。今本《易经》里没有。豪,通"毫"。

[17] "臣弑君"三句:见于《周易·坤卦·文言》,稍有出入。

[18] 贼:叛逆作乱的人。

[19] 经:常,与下文"变"相对。

[20] 权:变通。

[21] 篡弑:弑君篡位。

[22] 犯:被冒犯。

41

# 大人之学也为道

扬 雄

〔解题〕题目系据正文拟定。扬雄(前53—18),字子云,西汉著名的文学家。著有《法言》、《太玄》、《方言》。其中《法言》为仿照《论语》而作,以语录的形式阐述自己的思想。

西汉设立五经博士,大开以学问求取仕进之门。经学因此兴盛,而求学的目的却变得复杂,追求利禄、名声者不在少数。本文便写作于在这一背景之下。通过问答,扬雄指出君子治学应以求道、修身为目的,应是超越功利的。

或曰:"书与经同而世不尚[1],治之[2],可乎?"曰:"可。"或人哑尔笑曰[3]:"须以发策决科[4]。"曰:"大人之学也为道,小人之学也为利。子为道乎?为利乎?"

或曰:"耕不获,猎不飨[5],耕猎乎?"

曰:"耕道而得道,猎德而得德,是获飨已。吾不睹参、辰之相比也[6]。是以君子贵迁善[7]。迁善者,圣人之徒与?百川学海而至于海,丘陵学山不至于山,是故恶夫画也[8]。"

——《扬子法言·学行》

[1] 书:指经之外的儒家书籍,如《论语》、《孟子》、《尔雅》等。经:指汉人所立的儒家经典,即《易》、《书》、《诗》、《礼》、《春秋》。尚:尊崇。

[2] 治:治学,学习研究。

[3] 哑尔:笑出声来的样子。

[4] 以:用来。发策:策问是汉代取士的重要步骤,考试时将问题写在简策上,发给应举者作答,即"发策"。决科:参加策试,决定科第。晋代李轨注云:"射以决科,经以策试,今徒治同经之书,而不见策用,故笑之。"可以参考。

[5] 飨:通"享",这里指以打猎所得祭祀供享。此句是以打猎来比喻学习,意谓为如果治学而无官可做、无利可图,那么还学习干什么。

[6] 参、辰:古人划分的两个星宿,二者一西一东,遥遥相对,此升而彼落,永不相见。文中用来比喻为道为德之学与为利之学不可相提并论。

[7] 迁善:向善。《易·益》:"君子以见善则迁。"迁,归向。

[8] 恶(wù误):憎恶、讨厌。画:界限,停止。

# 赞　学

王　符

〔解题〕王符,字节信,东汉著名的思想家。著有《潜夫论》,共三十六篇,以讨论时政得失为主要内容。《赞学》为此书第一篇。赞学,即劝勉学习。文章彰显学习的重要、劝人勤奋学习,立意与《荀子·劝学》较为接近。大致可以归纳为三个层次:首先,学习对个人成材具有决定性意义,因此要投身于学,勤奋致之。其次,学什么？作者以董仲舒、京房、倪宽、匡衡四人为榜样,提出学习的重点在于"自托于先圣之典经,结心于夫子之遗训",也就是学习儒家之道。最后,怎么学？圣人已逝,其道则载于经典,因此"索道于当世者,莫良于典",即通过钻研存世典籍来追溯圣人之道。本文旁征博引,善用譬喻,显示出作者广博的学识。

天地之所贵者人也,圣人之所尚者义也[1],德义之所成者智也,明智之所求者学问也。虽有至圣,不生而智；虽有至材,不生而能。故《志》曰:黄帝师风后[2],颛顼师老彭[3],帝喾师祝融[4],尧师务成[5],舜师纪后[6],禹师墨如[7],汤师伊尹[8],文、武师姜尚[9],周公师庶秀[10],孔子师老聃[11]。若此言之而信,则人不可以不就师矣[12]。夫此十一君者,皆上圣也,犹待学问,其智乃博,其德乃硕[13],而况于凡人乎？

是故工欲善其事,必先利其器[14];王欲宣其义,必先读其智[15]。《易》曰:"君子以多志前言往行,以畜其德。"[16]是以人之有学也,犹物之有治也。故夏后之璜[17],楚和之璧,虽有玉璞卞和之资[18],不琢不错[19],不离砾石。夫瑚簋之器[20],朝祭之服,其始也,乃山野之木、蚕茧之丝耳。使巧倕加绳墨而制之以斤斧[21],女工加五色而制之以机杼,则皆成宗庙之器、黼黻之章[22],可羞于鬼神[23],可御于王公[24]。而况君子敦贞之质[25],察敏之才,摄之以良朋[26],教之以明师,文之以《礼》、《乐》,导之以《诗》、《书》,赞之以《周易》[27],明之以《春秋》,其不有济乎[28]!

《诗》云:"题彼鹡鸰,载飞载鸣。我日斯迈,而月斯征。夙兴夜寐,无忝尔所生。"[29]是以"君子终日乾乾,进德修业"者[30],非直为博己而已也,盖乃思述祖考之令问[31],而以显父母也。

孔子曰:"吾尝终日不食,终夜不寝,以思,无益,不如学也。"[32]"耕也,馁在其中;学也,禄在其中矣。君子忧道不忧贫。"[33]箕子陈六极[34],《国风》歌《北门》[35],故所谓不忧贫也。岂好贫而弗之忧邪?盖志有所专,昭其重也[36]。是故君子之求丰厚也,非为嘉馔、美服、淫乐、声色也,乃将以底其道而迈其德也[37]。

夫道成于学而藏于书,学进于振而废于穷[38]。是故董仲舒终身不问家事[39],景君明经年不出户庭[40],得锐精其学而显昭其业者,家富也;富佚若彼,而能勤精若此者,材子也。倪宽卖力于都巷[41],匡衡自鬻于保徒者[42],身贫也;贫厄若彼,而能进学若此者,秀士也。当世学士恒以万计,而究涂者无数十焉[43],其故何也?其富者则以赂玷精[44],贫者则以乏易计[45],或以丧乱瘏其年岁[46],此其所以逮初丧功而及其童蒙者也[47]。是故无董、景之才，倪、匡之志，而欲强捐家出身旷日师门者[48]，必无几矣。夫此四子者，耳目聪明，忠信廉勇，未必无俦也[49]，而及其成名立绩，德音令问不已，而有所以然，夫何故哉？徒以其能自托于先圣之典经，结心于夫子之遗训也。

是故造父疾趋[50]，百步而废，而托乘舆，坐致千里；水师泛轴[51]，解维则溺[52]，自托舟楫，坐济江河。是故君子者，性非绝世，善自托于物也。人之情性，未能相百，而其明智有相万也[53]。此非其真性之材也，必有假以致之也。君子之性，未必尽照[54]，及学也，聪明无蔽，心智无滞，前纪帝王，顾定百世，此则道之明也，而君子能假之以自彰尔。

夫是故道之于心也，犹火之于人目也。中穿深室[55]，幽黑无见，及设盛烛，则百物彰矣。此则火之耀也，非目之光也，而目假之，则为明矣。天地之道，神明之为，不可见也。学问圣典，心思道术，则皆来睹矣。此则道之材也，非心之明也，而人假之，则为己知矣。

是故索物于夜室者[56]，莫良于火；索道于当世者，莫良于典。典者，经也，先圣之所制；先圣得道之精者以行其身，欲贤人自勉以入于道。故圣人之制经以遗后贤也，譬犹巧倕之为规矩准绳以遗后工也。

昔倕之巧，目茂圆方[57]，心定平直，又造规绳矩墨以诲后人。试使奚仲、公班之徒[58]，释此四度[59]，而效倕自制[60]，必不能也；凡工妄匠，执规秉矩，错准引绳，则巧同于倕也。是倕以心来制规矩，往合倕心也，故度之工[61]，几于倕矣。

先圣之智，心达神明，性直道德，又造经典以遗后人，试使贤人君子，释于学问，抱质而行，必弗具也，及使从师就学，按经而行,聪达之明,德义之理,亦庶矣[62]。是故圣人以其心来造经典,往合圣心,故修经之贤,德近于圣矣。

《诗》云:"高山仰止,景行行止。"[63]"日就月将,学有缉熙于光明。"[64]是故凡欲显勋绩、扬光烈者,莫良于学矣。

——《潜夫论·赞学》

[1] 尚:尊尚。

[2] 风后:相传为皇帝大臣。

[3] 颛顼:上古"五帝"之一,号高阳氏,相传为黄帝之孙。老彭:传说中的人物,或说为彭祖。

[4] 帝喾:"五帝"之一,颛顼之后,即帝位,号高辛氏。祝融:相传为帝喾火正之官。

[5] 务成:相传尧师,《白虎通·辟雍篇》有"帝师务成子"语。

[6] 纪后:不详。

[7] 墨如:疑为墨台。《路史·后纪四》:"禹有天下,封怡以绍烈山,是为墨台。"

[8] 伊尹:商汤大臣,名伊,尹为官名。

[9] 文、武:周文王与周武王。姜尚:即太公望吕尚,周初人,姜姓,字子牙。

[10] 周公:姬姓,名旦,文王之子,武王之弟,成王之叔,辅佐武王灭商。庶秀:不详。

[11] 老聃:即老子,名耳,字聃。以上几句意谓古来帝王皆拜圣贤为师。

[12] 就:靠近。就师:拜师。

[13] 硕:大。

[14] "工欲善其事"二句:出自《论语·卫灵公》。

[15] 智:疑当作"书"。

[16] "君子以多"二句:见于《易·大畜·象》。志,记识。前言往行,历史上的史事和言论。畜,培养。

[17] 璜:状如半璧的玉器。

47

[18] 卞和：春秋楚人，得玉璞献楚王，楚王理其玉而得宝。

[19] 错：同"厝"，本意为磨刀石，文中指磨玉。

[20] 瑚、簋（guǐ 鬼）：皆为古代祭祀时盛粮食的器皿。

[21] 倕：上古的巧匠。传说他始造耒耜、规矩、准绳。

[22] 黼黻（fǔ fú 抚服）：古代礼服上绘绣的花纹。章：花纹。

[23] 羞：进献。

[24] 御：进用，奉进。

[25] 贞：正直坚定。

[26] 摄：辅佐。

[27] 赞：引导。

[28] 不有：据《群书治要》补。济：成功，成就。

[29] "题彼"六句：出自《诗经·小雅·小宛》。题，通"睇"，视、看。鹡鸰，《诗经》作"脊令"，一种小鸟名。日，日日，每天。斯，语助词。迈，远行。而，你。月，月月。征，远行。夙兴夜寐，早起晚睡。忝，辱没。而所生，指父母。

[30] "君子"二句：出自《易·乾·文言》。乾乾，自强不息貌。

[31] 问：通"闻"，声誉。

[32] "吾尝"五句：出自《论语·卫灵公》。

[33] "耕也"四句：亦出自《论语·卫灵公》。馁，饥饿。禄，俸禄。

[34] 箕子：商纣王诸父，封国在箕，故称箕子。商周暴虐，箕子进谏而不听，于是佯装疯狂，为纣囚禁。周武王灭商，释之。相传《洪范》篇即是箕子为武王所作，文中论述治国之法，而提到"六极"："六极：一曰凶、短、折，二曰疾，三曰忧，四曰贫，五曰恶，六曰弱。"事见《尚书·洪范》。

[35] 《北门》：为《诗经·邶风》中的一篇。《诗序》叙述此篇主旨："刺仕不得志也。言卫之忠臣不得其志尔。"

[36] 昭：显示、彰显。

[37] 底：达到。

[38] 振：振兴。穷：停止，怠惰废弛。

[39] "是故"句：《史记·儒林列传》："董仲舒，广川人也。以治《春秋》，孝景时为博士。下帷讲诵，弟子传以久次相受业，或莫见其面，盖三年

董仲舒不观于舍园,其精如此。进退容止,非礼不行,学士皆师尊之。"

［40］景君明:即京房,"景"与"京"古通用,君明为其字。

［41］"倪宽"句:《汉书·倪宽传》:"贫无资用,尝为弟子都养。时行赁作,带经而鉏,休息辄读诵,其精如此。"据此文中"都巷"疑当作"都养"。都养,为众人做饭的人。

［42］"匡衡"句:《汉书·匡衡传》:"至(匡)衡好学,家贫,庸作供资用。""庸"、"保"意近,指受人雇佣而作役。

［43］究涂:坚持到底,不半途而废。涂,同"途"。

［44］贿:财物。玷:玷污。精:精诚专一。

［45］易:改变。计:计划。

［46］昔:同"期",及,穷极。

［47］逮:疑当作"违"。违初,违背初心。及:疑当作"终"(古字作"夂")。

［48］捐家出身:离开父母、舍弃家室。

［49］俦:同伴。

［50］造父:周时善御者。

［51］水师:掌水者。轴:通"舳",船尾,舵。

［52］维:系船的粗绳。

［53］相:相差。百、万:皆为约数,言其多。

［54］照:明白,通晓。

［55］穽(jǐng 井):陷坑。

［56］索:求索、寻找。

［57］茂:当作"成"。目成方圆:指心中有方圆,以目光定之。

［58］奚仲:相传为夏代的车正,最初造车的人。公班:即鲁班,为公输氏,故称"公班",它是春秋时鲁国的巧匠。

［59］四度:指规、矩、绳、墨。

［60］效:效仿。

［61］度:上疑脱字,或云"信"字,或云"循"字。此句指利用规矩绳墨的工匠。

［62］庶:庶几,差不多。

49

［63］"高山仰止"二句：出自《诗经·小雅·车舝》。

［64］"日就月将"二句：出自《诗经·周颂·敬之》。日、月，日日月月，形容不断。就，成就。将，奉行。缉熙，积渐广大。

# 治　学

徐　幹

[**解题**] 徐幹(170—217),字伟长,"建安七子"之一,汉魏著时期名的文学家。所著《中论》为一部政论性著作。自《荀子·劝学》之后,诸子多有劝学之论,上文所选王符《赞学》,徐幹此篇,以下刘昼《崇学章》、颜之推《勉学》皆是。这些文章的大意都在于强调学习的重要性,只是论述重点各有差异。本文值得注意的有如下几点:其一,学习让人知晓自己的不足;其二,学习不应拘泥于一家一道,而要兼综博采;其三,以道义为先,以继承圣人之道为求学的首要任务,不要斤斤计较于训诂名物。本文语辞典雅,行文流畅,笔力劲健,可一窥徐氏在辞赋上的特色与成就。


昔之君子成德立行,身没而名不朽,其故何哉?学也。学也者,所以疏神达思[1],怡情理性,圣人之上务也。

民之初载[2],其蒙未知。譬如宝在于玄室[3],有所求而不见,白日照焉,则群物斯辨矣。学者,心之白日也。故先王立教官,掌教国子[4],教以六德,曰:智、仁、圣、义、中、和;教以六行,曰:孝、友、睦、姻、任、恤[5];教以六艺,曰:礼、乐、射、御、书、数[6];三教备而人道毕矣[7]。学犹饰也,器不饰则无以为美观,人不学则无以有懿德[8]。有懿德,故可以经人伦;为美观,故可以供神明。故《尚书》曰:"若作梓材,既勤朴斲,惟其涂丹腰。"[9]

夫听黄钟之声,然后知击缶之细[10];视衮龙之文[11],然后知被褐之陋[12];涉庠序之教[13],然后知不学之困。故学者,如登山焉,动而益高;如寤寐焉,久而愈足。顾所由来,则杳然其远,以其难而懈之,误且非矣。《诗》云"高山仰止,景行行止",好学之谓也。倚立而思远,不如速行之必至也;矫首而徇飞[14],不如修翼之必达也;孤居而愿智,不如务学之必达也。故君子心不苟愿[15],必以求学;身不苟动,必以从师;言不苟出,必以博闻。是以情性合人,而德音相继也。孔子曰:"弗学何以行?弗思何以得?小子勉之,斯可谓师人矣。"

马虽有逸足[16],而不闲舆[17],则不为良骏;人虽有美质,而不习道,则不为君子。故学者,求习道也,若有似乎画采,玄黄之色既著[13],而纯皓之体斯亡[19],敝而不渝[20],孰知其素欤[21]?子夏曰:"日习则学不忘,自勉则身不堕,亟闻天下之大言[22],则志益广。"故君子之于学也,其不懈,犹上天之动,犹日月之行,终身亹亹[23],没而后已。故虽有其才,而无其志,亦不能兴其功也。志者,学之师也;才者,学之徒也。学者不患才之不赡[24],而患志之不立。是以为之者亿兆,而成之者无几,故君子必立其志。《易》曰:"君子以自强不息。"[25]

大乐之成,非取乎一音;嘉膳之和,非取乎一味;圣人之德,非取乎一道。故曰学者所以总群道也。群道统乎己心,群言一乎己口,唯所用之。故出则元亨,处则利贞[26],默则立象,语则成文。述千载之上,若共一时;论殊俗之类,若与同室;度幽明之故,若见其情;原治乱之渐,若指已效。故《诗》曰"学有缉熙于光明"[27],其此之谓也。

夫独思则滞而不通,独为则困而不就。人心必有明焉,必有悟焉,如火得风而炎炽[28],如水赴下而流速。故太昊观天地而画八卦[29],燧人察时令而钻火[30],帝轩闻凤鸣而调律[31],仓颉视鸟迹而作书[32],斯大圣之学乎神明,而发乎物类也。贤者不能学于远,乃学于近,故以圣人为师。昔颜渊之学圣人也,闻一以知十,子贡闻一以知二,斯皆触类而长之,笃思而闻之者也。非唯贤者学于圣人,圣人亦相因而学也[33]。孔子因于文武,文武因于成汤,成汤因于夏后,夏后因于尧舜。故六籍者,群圣相因之书也。其人虽亡,其道犹存。今之学者,勤心以取之,亦足以到昭明而成博达矣!

凡学者,大义为先,物名为后,大义举而物名从之。然鄙儒之博学也,务于物名,详于器械,矜于诂训[34],摘其章句[35],而不能统其大义之所极,以获先王之心,此无异乎女史诵《诗》[36],内竖传令也[37]。故使学者劳思虑而不知道,费日月而无成功,故君子必择师焉。

——《中论·治学》

[1] 疏、达:皆为疏通、梳理之意。
[2] 初载:早期阶段。
[3] 玄室:暗室。
[4] 国子:公卿大夫的子弟。
[5] 六行:《周礼·地官·大司徒》:"二曰六行:孝、友、睦、姻、任、恤。"姻:对姻亲亲爱。任:诚笃可信。
[6] 六艺:教育学生的六科。《周礼·地官·大司徒》:"三曰六艺:礼、乐、射、御、书、数。"即礼节、音乐、射箭、驾车、书法、算法等六种技能。
[7] 人道:为人之道。毕:齐备。
[8] 懿德:美好的品德。
[9] "若出梓材"三句:出自《尚书·周书·梓材》。梓材,优质的木

材。勤,勤劳,劳苦。朴斲(piáo zhuó 瓢卓),砍削加工。丹臒(huò 货),红色颜料。

[10] 黄钟:古乐十二律之一,声调最为洪大响亮。缶:陶制的乐器。

[11] 衮:卷龙文。

[12] 被:通"披"。褐:粗毛或粗毛织成的短衣。

[13] 庠序:古代的学校。

[14] 矫:高举。徇:跟从。

[15] 苟:随便。

[16] 逸足:快步,脚力惊人。逸,超绝。

[17] 闲:通"娴",娴熟。舆:车子。

[18] 玄黄:黑色和黄色。著:画上去。

[19] 纯皓:纯白。

[20] 敝:破、坏。渝:改变。

[21] 素:本来、初始的面貌。

[22] 亟(qì 气):屡次,多次。

[23] 亹亹(wěi 委):勤勉不倦。

[24] 赡(shàn 善):富足、广博。

[25] 君子以自强不息:出自《周易·乾卦》。

[26] 元亨、利贞:出自《周易·乾卦》。元,始。亨,通。利,和。贞同,正。

[27] "学有"句:出自《诗经·周颂·敬之》,意为渐积广大以致光明。缉熙,渐积广大。

[28] 炎炽:火光更加炽热。

[29] 太昊:即伏羲,传说中的上古帝王。八卦:《周易》中的八种符号,由阴阳两种线形组成,每卦包含三条线行。八卦各代表一定属性的若干事物。

[30] 燧人:传说中的古代帝王。相传燧人氏钻木取火,百姓悦之,使王天下。

[31] 帝轩:轩辕氏,即黄帝。相传黄帝命伶伦造律,依凤凰之鸣分为十二音阶。

[32] 仓颉(jié 节):传说为黄帝的史官,发明了汉字。
[33] 因:沿袭,承袭。
[34] 诂训:以今天语言解释古语,以通行语解释方言。
[35] 章句:分析文章的章节句读。
[36] 女史:女官名,掌管书写文件。
[37] 内竖:宫内宦官。

# 崇学章

刘 昼

〔**解题**〕 刘昼(514—565),字孔昭,北齐文学家。所著《刘子》,以讨论时政、阐述自己的政治主张为主要内容,涉及哲学、政治、经济、农业、军事等众多方面。《崇学章》大旨为强调学习的重要性。共分为三段,每段集中说一个主题:第一段说人生来具有才智,学习的作用在于让才智发挥出来;第二段说学习使人知晓自己的不足,从而不断增进积累,逐渐进步;第三段说求学之道在于持之以恒,勤奋不倦。

至道无言,非立言无以明其理;大象无形,非立形无以测其奥[1]。道象之妙,非言不传;传言之妙,非学不精。未有不因学而鉴道[2],不假学以光身者也[3]。夫茧缫以为丝[4],织为缣纨[5],绩以黼黻[6],则王侯服之;人学为礼仪,丝以文藻[7],而世人荣之。茧之不缫,则素丝蠹于筐笼[8];人之不学,则才智腐于心胸[9]。海蚌未剖,则明珠不显;昆竹未断,则凤音不彰[10];情性未炼[11],则神明不发[12]。譬诸金木[13],金性苞水[14],木性藏火。故炼金则水出,钻木而火生。人能务学[15],钻炼其性,则才惠发矣[16]。

青出于蓝而青于蓝,染使然也;冰生于水而冷于水,寒使然也;镜出于金而明于金,莹使然也[17];戎夷之子,生而同声,长而异语,教使然也[18]。山抱玉而草木润焉,川贮珠而岸不枯焉,口内滋味而百节肥焉[19],心受典诰而五性通焉[20]。故不登峻岭,不知天之高;不瞰深谷[21],不知地之厚;不游六艺,不知智之深。远而光华者,饰也;近而愈明者,学也。故吴簳质劲[22],非笴羽而不美[23];越剑性利[24],非淬砺而不铦[25];人性谓惠[26],非积学而不成。沿浅以及深,披阎而睹明[27]。不可以传闻称,非得以泛滥善也[28]。

夫还乡者心务见家[29],不可以一步至也;慕学者情缠典素[30],不可以一读能也[31]。故为山者基于一篑之土[32],以成千丈之峭;凿井者起于三寸之坎[33],以就万仞之深[34]。灵珠如豆,不见其长,迭岁而大[35];锋舌如指[36],不觉其损,累时而折。悬岩滴溜,终能穴石[37];规车牵索[38],卒至断轴。水非石之钻,绳非木之锯,然而断穴者,积渐之所成也。耳形完而听不闻者,聋也;目形全而视不见者,盲也;人性美而不监道者[39],不学也。耳之初窒[40],目之始昧[41],必必不悋百金[42],而迎医千里。人不涉学,犹心之聋盲,不知远祈明师[43],以攻心术,性之蔽也。故宣尼临殁[44],手不释卷;仲舒垂卒[45],口不辍诵;有子恶卧[46],自烨其掌[47];苏生患睡[48],亲锥其股[49]。以圣贤之性,犹好学无倦,矧伊佣人而可怠哉[50]?

——《刘子·崇学章》

[1] 测:揣测、测量。奥:高深。

[2] 鉴:照、照亮。

[3] 假:凭借、通过。光:光照、照亮。

[4] 缫(sāo 搔):抽茧出丝。

[5] 缣纨(jiān wán 煎完):细绢。

57

[6] 绩:纺织。黼黻(fǔ fú 抚服):本指华美的花纹,这里引申为华美的礼服。

[7] 丝:通"饰"。文藻:文采、才华。

[8] 蠹(dù 肚):被蛀蚀。

[9] 腐:腐烂、朽坏。

[10] "昆竹未断"二句:相传黄帝的乐官伶伦初创音律,去往昆仑山之北,取竹为器,仿照凤鸟雄雌之鸣叫,而定音制律,事见《吕氏春秋·仲夏纪》与《汉书·律历志》。昆竹,即昆仑竹。凤音,指最初的音律。

[11] 炼:锻炼、培养。

[12] 神明:指智慧精神。发:显露、出现。

[13] 譬诸金木:拿金木打个比方。

[14] 苞:通"包",包含、包蕴。

[15] 务学:从事学习。

[16] 惠:通"慧"。

[17] 莹:通"莹",磨拭。

[18] "戎夷之子"四句:意谓少数民族(和中原人士)刚生下来时呱呱而叫的声音都是一样的,然而长大之后却说不一样的语言,这是教化的缘故。戎,指西边的少数民族。夷,指东边的少数民族。

[19] 内:通"纳",指吃。滋味:美味的食物。百节:全身关节。

[20] 五性:有不同的说法,这里可能指仁、义、礼、智、信。

[21] 瞰(kàn 看):俯视。

[22] 吴簳(gǎn 敢)质劲:相传东吴会稽(今浙江绍兴)产竹,所出竹端直坚硬,可为箭杆。

[23] 筈(kuò 阔)羽:指箭末扣弦处两端装饰的羽毛,用来保持飞行的平衡。

[24] 越:古越国,在浙江绍兴一带。此地盛产利剑。

[25] 淬砺:淬炼,磨砺。铦(xiān 先):锋利。

[26] 㛮(huán 环)惠:智慧,聪慧。

[27] 披阁:驱散黑暗。睹明:看见光明。

[28] "不可以"二句:意谓读书须得务实,不可以道听途说为好,亦须

善于分辨,不可以杂为优。称,颂扬。

[29] 务:务必,一定。

[30] 典素:典籍。

[31] 一读能:一下子读完,一下子读通。

[32] 篑(kuì溃):盛土的竹器。

[33] 三寸之坎:指小坑。

[34] 仞:古代长度单位,具体长度不一,有七尺、八尺等说法。"万仞"与"千尺"都是极言其高。

[35] 迭:更替、轮转。迭年:过了一年。

[36] 铎:古代乐器,形状类似钟。

[37] 穴石:即穿石。

[38] 规车:车轮。

[39] 监:视。

[40] 窒:阻塞。

[41] 昧:遮蔽。

[42] 必必:肯定。悋(lìn吝):同"吝",吝啬。百金:言钱之多。

[43] 祈:求、请。

[44] 宣尼:即孔子,汉平帝元始元年(公元1年)追谥孔子为褒成宣尼公,后世因此称孔子为宣尼。

[45] 仲舒:即董仲舒。垂:快要。

[46] 有子:即有若,孔子弟子。恶卧:不愿意睡觉,觉得睡觉耽误读书。

[47] 焠(cuì脆):灼烧。

[48] 苏生:即苏秦,战国时有名的纵横家,合纵六国抗秦,佩六国相印,盛极一时。

[49] 亲锥其股:《战国策·秦策一》载"(苏秦)乃夜发书,陈箧数十,得太公阴符之谋,伏而诵之,简练得以为揣摩。读书欲睡,引锥自刺其股,血流至足"。

[50] 矧(shěn审):况且。佣:通"庸"。

# 何惜数年勤学

颜之推

[解题] 题目系据正文拟定。颜之推(531—595),字介,历经南梁、北齐、北周、隋四朝,是南北朝时期,著名的文学家。《颜氏家训》是他总结个人经历、思想、学识,以告诫子孙的一部著作,开后世"家训"先河。此书的出现与当时的社会状况关系密切。南北朝时期,南北分据,兵连祸结,社会动荡,政权更迭频繁。生活在这个时代的人常常有着强烈的危机感,社会弥漫着悲观的气氛。而另一方面,世家大族兴起,历经政权兴亡而绵延不绝。在乱世中如何维持家族地位、保护家族利益成为世家忧虑的问题。《颜氏家训》便是颜之推对这些问题思考的结果。本书语言平易,具有很强的现实针对性。本篇即针对士族子弟荒废学业的情况,指出应终身勤学,以为立身之本。

自古明王圣帝,犹须勤学,况凡庶乎[1]!此事遍于经史[2],吾亦不能郑重[3],聊举近世切要[4],以启寤汝耳[5]。士大夫子弟,数岁已上[6],莫不被教[7],多者或至《礼》、《传》[8],少者不失《诗》、《论》[9]。及至冠婚[10],体性稍定[11];因此天机[12],倍须训诱。有志尚者,遂能磨砺,以就素业[13];无履立者[14],自兹堕慢,便为凡人。人生在世,会当有业[15]:农民则计量耕稼,商贾则讨论货贿,工巧则致精器用,伎艺则沉思法术[16],武夫则惯习弓马,文士则讲议经书。多见士大夫耻涉农商,差务工伎[17],射则不能穿札[18],笔则才记姓名[19],饱食醉酒,忽忽无事,以此销日,以此终年。或因家世余绪[20],得一阶半级[21],便自为足,全忘修学;及有吉凶大事,议论得失,蒙然张口,如坐云雾;公私宴集,谈古赋诗,塞默低头[22],欠伸而已[23]。有识旁观,代其入地。何惜数年勤学[24],长受一生愧辱哉!

——《颜氏家训·勉学》

[1] 况:况且,何况。凡庶:凡人庶民,普通人。

[2] 遍:遍见、遍载,比比皆是。

[3] 郑重:频频。不能郑重:不避烦冗、不避啰嗦。

[4] 切要:重点。

[5] 启:开启。寤(wù 误):使人觉悟。汝:此为家训,是写给颜氏子弟的。

[6] 已:通"以"。

[7] 被教:受教。

[8] 《礼》:指《礼经》。《传》:《春秋三传》。

[9] 《诗》:《诗经》。《论》:《论语》。

[10] 冠婚:意指成人成家。冠,行冠礼,古代男子二十岁行成人礼,结发戴冠。

[11] 体性:即体质。

[12] 天机:自然之性。

[13] 素业:家传旧业,多指儒业。

[14] 履立:指操守。

[15] 会当:应当。业:事业、功业。

[16] 沉思:思考钻研。

[17] 差务:无法,难以从事。

[18] 札:铠甲上用皮革或金属制成的叶片。

[19] 才:仅仅。

[20] 余绪:祖先余荫。

[21] 阶、级:均指官员品级。

[22] 塞默:默不作声,如同口嘴堵塞。

[23] 欠伸:打哈欠、伸懒腰。

[24] 惜:吝啬。

# 犹为一艺

颜之推

〔解题〕题目系据正文拟定。整段语言浅近,用意却十分恳切。如"父兄不可常依,乡国不可常保,一旦流离,无人庇荫,当自求诸身耳"一句,道出生在乱世,当以读书谋取生业的沉重心态。古代论学文章多从继承圣人大义、修身养德处立意,颜氏却从现实一面入手告诫子孙,这多少反映出古人对待读书求学的微妙心态,可备一观。

夫明六经之指[1],涉百家之书[2],纵不能增益德行,敦厉风俗,犹为一艺,得以自资。父兄不可常依,乡国不可常保,一旦流离,无人庇荫,当自求诸身耳。谚曰:"积财千万,不如薄伎在身。"伎之易习而可贵者,无过读书也。世人不问愚智,皆欲识人之多,见事之广,而不肯读书,是犹求饱而懒营馔[3],欲暖而惰裁衣也。夫读书之人,自羲、农已来[4],宇宙之下,凡识几人,凡见几事,生民之成败好恶[5],固不足论,天地所不能藏,鬼神所不能隐也。

——《颜氏家训·勉学》

[1] 六经:即《易》、《书》、《诗》、《礼》、《乐》、《春秋》。
[2] 指:同"旨"。涉:涉猎。

[3]营:经营、料理。馔:食物。

[4]羲:即伏羲。农:即神农。传说二人为远古的帝王。已:通"以"。

[5]生民:人民。或作"生人",唐代时避唐太宗李世民讳而改。

# 贵 能 博 闻

颜之推

〔**解题**〕题目系据正文拟定。我国文字形体演变大致经过以下几个阶段:商周时期为甲骨文和金文,战国为大篆,秦统一文字推行小篆,西汉以后隶书逐渐流行,南北朝至唐代楷书大行其道。这不仅是书法风格的嬗变,也带来文字结构笔画的变化,出现了大量的异体字、俗字、误字。到了颜之推的时代,他发现大家已经"不认字"了,对字形的由来与演变多不了解。本文便是针对这一情况而发,指出学者应该懂点文字之学。

夫学者贵能博闻也。郡国山川[1],官位姓族,衣服饮食,器皿制度,皆欲根寻,得其原本;至于文字,忽不经怀[2],己身姓名,或多乖舛[3],纵得不误,亦未知所由。近世有人为子制名:兄弟皆"山"傍立字,而有名峙者[4];兄弟皆"手"傍立字,而有名机者[5];兄弟皆"水"傍立字,而有名凝者[6]。名儒硕学,此例甚多。若有知吾钟之不调[7],一何可笑。

——《颜氏家训·勉学》

[1] 郡、国:均为古代行政区划,历代递有沿革。文中指地方行政区域分布。

[2] 忽:忽略。经怀:经心,在意。

〔3〕 乖舛(chuǎn 喘):错误。

〔4〕 "兄弟皆山"二句:宋本"峕"作"峙",为是。《说文》有"峙"而无"峕",后代俗书多改"止"旁为"山"旁,时人不知此番讹变,误用"峕"字。

〔5〕 "兄弟皆手"二句:"机"字为木旁,后来俗书"木"旁、"扌"旁常互混用,而有作"扤"者。

〔6〕 "兄弟皆水"二句:"凝"为"冫"旁,俗书常误为"氵"旁。

〔7〕 不调:音不准。此句用典见于《淮南子·修务》:"昔晋平公令官为钟,钟成而示师旷,师旷曰:'钟音不调。'平公曰:'寡人以示工,工皆以为调;而以为不调,何也?'师旷曰:'使后世无知音者则已,若有知音者,必知钟之不调。'"

# 博学以成其道

吴　兢

〔解题〕题目系据正文拟定。吴兢(670—749),长期任职于唐代史馆,参与修撰各种"实录"和"国史"。《贞观政要》是他的个人著作,是记载唐太宗贞观年间君臣讨论治国施政的资料汇编,反映了在历史上富有盛名的"贞观之治"的情形,是研究唐初历史的重要文献。本篇旨在论述学习对个人修养、个人完善的意义。

太宗尝谓中书令岑文本曰[1]:"夫人虽禀定性[2],必须博学以成其道[3],亦犹蜃性含水,待月光而水垂[4];木性怀火,待燧动而焰发[5];人性含灵,待学成而为美。是以苏秦刺股[6],董生垂帷[7],不勤道艺,则其名不立。"文本曰:"夫人性相近,情则迁移[8],必须以学饰情[9],以成其性[10]。《礼》云:'玉不琢,不成器;人不学,不知道。'[11]所以古人勤于学问,谓之懿德[12]。"

——《贞观政要·崇儒学》

[1] 中书令:为中书省的长官,属于宰相职。岑文本(595—645):字景仁。新旧《唐书》有传。

[2] 禀:禀赋、天赋。定性:一定的天性。

［3］成:成就。

［4］"蜃性含水"二句:意谓蜃的本性虽然含水,但必须等待有月光的时候才喷出来。传说海上有月光时蜃吐气如楼阁之状。蜃(shèn 甚),蛤蜊。

［5］燧:古代取火的工具。

［6］苏秦(?—前284):战国时期著名的纵横家,提出合纵六国抗击秦国的战略,显盛一时。《战国策》记载他读书刻苦,彻夜不休,每至昏昏欲睡时便用锥子刺自己的大腿,血流至足。

［7］董生:即董仲舒(前179—前104),为西汉重要的经学家。《汉书》记载他授课时要放下帷幕,给几个弟子讲授,然后由弟子转相传授,所以有的弟子从来没见过他的面;为了讲学,他潜心钻研,三年不曾到庭园内游赏。古人多用这个典故形容治学专心致志。

［8］情:感情、性情。迁移:变化,因而相区别。

［9］饰:修养。

［10］成其性:成就完善天性。

［11］"玉不琢"四句:见于《礼记·学记》。

［12］懿德:美好的品德。

# 选人以德行学识为本

吴兢

〔解题〕题目系据正文拟定。文中王珪以西汉隽不疑为例，说明博学是为官任事的重要条件。这个平易的道理，至今仍具有现实意义。

贞观二年，太宗谓侍臣曰："为政之要，惟在得人[1]，用非其才，必难致理。今所任用，必须以德行、学识为本。"谏议大夫王珪曰[2]："人臣若无学业，不能识前言往行，岂堪大任。汉昭帝时，有人诈称卫太子[3]，聚观者数万人，众皆致惑。隽不疑断以蒯聩之事[4]。昭帝曰：'公卿大臣，当用经术明于古义者，此则固非刀笔俗吏所可比拟[5]。'"太宗曰："信如卿言。"

——《贞观政要·崇儒学》

[1] 得人：得到合适的人才。
[2] 谏议大夫：古代负责监督谏言朝政利弊、百官得失的官职。王珪（570—639）：字叔玠，唐初人，官至礼部尚书，曾经参与修定《五礼》。
[3] 卫太子：名据（前128—前91），汉武帝卫皇后之子，本立为太子，后因"巫蛊之乱"而死。而后武帝立其弟弗陵（前94—前74）为太子，即汉昭帝（前87年即位）。
[4] 隽不疑：字曼卿，昭帝时为京兆尹。蒯聩（kuǎi kuì 㧟愧）：春秋时

卫灵公世子,逃亡海外。灵公死后,蒯聩子辄继位。蒯聩回国争夺地位,辄拒而不纳。此事载于《春秋》。断以蒯聩之事,意谓依据蒯聩的先例来处理。隽不疑事,在始元五年(前82),见《汉书》卷七十一。

[5]刀、笔:古代书写工具。刀用来改正刻在简牍上的误字。因此古人惯用"刀笔吏"指代主办文案的官员。

# 进 学 解

韩 愈

[解题] 韩愈(768—824),字退之,唐代著名的文学家,中唐古文运动的倡导者和主将。本文借鉴汉赋传统,用主客问答的形式,表达自己在"进学"方面的见解。进学,即使学业有所进益的意思。全文正面阐述了修身、求学与个人前途的关系,并以自嘲的方式抒发了自己怀才不遇的愤慨。其中一些著名观点,如"业精于勤,荒于嬉;行成于思,毁于随",已成为千古名句。

国子先生晨入太学[1],招诸生立馆下,诲之曰[2]:"业精于勤[3],荒于嬉[4];行成于思[5],毁于随[6]。方今圣贤相逢,治具毕张[7]。拔去凶邪,登崇畯良[8]。占小善者率以录[9],名一艺者无不庸[10]。爬罗剔抉[11],刮垢磨光[12]。盖有幸而获选,孰云多而不扬[13]?诸生业患不能精,无患有司之不明[14];行患不能成,无患有司之不公。"

言未既[15],有笑于列者曰[16]:"先生欺余哉!弟子事先生[17],于兹有年矣[18]。先生口不绝吟于六艺之文[19],手不停披于百家之编[20]。记事者必提其要[21],纂言者必钩其玄[22]。贪多务得,细大不捐[23]。焚膏油以继晷[24],恒兀兀以穷年[25]。先生之业,可谓勤矣。抵排异端,攘斥佛老[26]。补苴罅漏[27],张皇幽眇[28]。寻坠绪之茫茫[29],

独旁搜而远绍[30]。障百川而东之[31],回狂澜于既倒[32]。先生之于儒,可谓有劳矣[33]。沉浸酝郁[34],含英咀华[35],作为文章[36],其书满家。上规姚姒[37],浑浑无涯[38];周《诰》、殷《盘》[39],佶屈聱牙[40];《春秋》谨严,《左氏》浮夸[41];《易》奇而法[42],《诗》正而葩[43];下逮《庄》、《骚》[44],太史所录[45];子云、相如[46],同工异曲。先生之于文,可谓闳其中而肆其外矣[47]。少始知学,勇于敢为;长通于方[48],左右具宜。先生之于为人,可谓成矣[49]。然而公不见信于人[50],私不见助于友。跋前踬后[51],动辄得咎[52]。暂为御史[53],遂窜南夷[54]。三年博士[55],冗不见治[56]。命与仇谋[57],取败几时[58]。冬暖而儿号寒,年丰而妻啼饥。头童齿豁[59],竟死何裨[60]。不知虑此,而反教人为[61]?"

先生曰:"吁,子来前!夫大木为杗[62],细木为桷[63],欂栌侏儒[64],椳闑扂楔[65],各得其宜,施以成室者[66],匠氏之工也[67]。玉札丹砂,赤箭青芝[68],牛溲马勃,败鼓之皮[69],俱收并蓄,待用无遗者,医师之良也。登明选公[70],杂进巧拙[71],纡余为妍[72],卓荦为杰[73],校短量长[74],惟器是适者[75],宰相之方也[76]。昔者孟轲好辩[77],孔道以明[78],辙环天下[79],卒老于行[80]。荀卿守正[81],大论是弘[82],逃谗于楚,废死兰陵[83]。是二儒者,吐辞为经,举足为法,绝类离伦[84],优入圣域[85],其遇于世何如也[86]?今先生学虽勤而不繇其统[87],言虽多而不要其中[88],文虽奇而不济于用,行虽修而不显于众。犹且月费俸钱,岁靡廪粟[89];子不知耕,妇不知织;乘马从徒,安坐而食。踵常途之役役[90],窥陈编以盗窃[91]。然而圣主不加诛[92],宰臣不见斥,兹非其幸欤?动而得谤,名亦随之。投闲置散[93],乃分之宜[94]。若夫商财贿之有亡[95],计班资之崇庳[96],忘己量之所称,指前人之瑕疵[97],是所谓诘匠氏之不以杙为楹[98],而訾医师以昌阳引年[99],欲进其豨苓也[100]。"

——《韩昌黎集》卷十二

［１］国子先生:唐代对国子博士的尊称,文中为作者韩愈自称。太学:指国子监。唐代国子监相当于汉代的太学。

［２］诲:教诲。

［３］业:学业。精:精深。

［４］荒:荒废。嬉:玩乐。

［５］成:成就。思:思考、思索。

［６］随:不经意,随便。

［７］治具毕张:意为法制健全。治具,指法令。毕,全。张,设立、确立。

［８］登崇:选用,提拔。畯(jùn 郡):通"俊"。俊良,指才能杰出者。

［９］占小善者:略有优点的人。率:全。录:录用。

［10］名一艺者:称有一技之长的人。庸:用。

［11］爬罗:搜罗。剔(tī 梯)抉:删除不好的,挑选好的。此句意谓搜罗人才,并加以选择。

［12］刮垢磨光:意谓培养打磨人才。

［13］"盖有幸而获选"二句:意谓只有学问不足而侥幸中选的,谁说还有才学广博而不被选拔的呢?

［14］有司:有关的机构,主管的官吏。

［15］既:完毕。

［16］列:行列,指馆下听讲的诸生。

［17］事先生:跟随先生学习。

［18］于兹有年矣:到现在也有好几年了。

［19］六艺:《易》、《书》、《诗》、《礼》、《乐》、《春秋》六部儒家经典。

［20］披:翻阅。百家之编:先秦诸子百家的著作。

［21］记事者:记述史事的书。提其要:撮取其中纲领。

73

〔22〕纂言者:理论性的著作。钩其玄:探索它深奥的旨意。

〔23〕细大不捐:小的、小的都不抛弃,形容所有的东西都兼收并蓄,毫无遗漏。

〔24〕膏油:指灯烛。晷:日影,指白昼。

〔25〕兀兀:勤勉不懈的样子。穷年:经年。

〔26〕"抵排异端"二句:意谓排斥佛、道。抵排,抵制排斥。攘斥,排斥。异端,指儒家之外的学说,此处佛家和道家。

〔27〕补苴(jū居):补缀、缝补。罅(xià下)漏:裂缝、漏洞。此句意谓弥补事物的缺陷。

〔28〕张皇:张大。幽眇:精深微妙。

〔29〕坠绪:中断了的儒家道统。茫茫:久远。

〔30〕绍:继承。

〔31〕障百川而乐之:摒挡百川的泛滥,使之流入东海,以此比喻引导学风。

〔32〕回:挽回。狂澜:狂涛巨浪,比喻佛老学说。

〔33〕劳:功劳。

〔34〕酖郁:形容儒家典籍内容醇厚。

〔35〕英、华:本指花,这里指文章中的精华、精义。

〔36〕作为:写作。

〔37〕规:取法、效仿。姚、姒:相传虞舜姚姓,夏禹姒姓,此处代指舜和夏时代的典章。

〔38〕浑浑:深远、深广的样子。

〔39〕周《诰》:《尚书》中的《周书》,包括《大诰》、《酒诰》、《召诰》等篇。殷《盘》:《尚书》中的《盘庚》。

〔40〕佶屈聱牙:形容文章艰涩难读。佶(jí吉),曲折。聱(áo熬)牙,拗口,艰深。

〔41〕"《春秋》谨严"二句:意谓《春秋》简约精确,《左传》文辞繁富夸张。

〔42〕法:有法度。

〔43〕正:立意为端正,即所谓"《诗》无邪"之意。葩:形容言辞华美。

[44]逮:及、到。《庄》:即《庄子》。《骚》:《离骚》。

[45]太史所录:指西汉太史公司马迁的《史记》。

[46]子云:即扬雄。相如:即司马相如。二人为西汉著名的辞赋家。

[47]闳其中而肆其外:意谓(写作文章)蕴蓄宏富而笔法豪放。

[48]长:长大。通其方:通晓道理方法。

[49]成:成功、完备。

[50]见:被。

[51]跋:踩踏。疐(zhì 志):绊倒。古人用"跋前疐后"形容狼向前走会踩住自己的颈柔,往后退又会被自己的尾巴绊倒,比喻进退两难。

[52]动辄得咎:动不动就惹祸获罪。

[53]御史:即监察御史。韩愈在唐德宗贞元十九年(803)任此职。

[54]窜:贬逐,流放。韩愈曾被贬至连州阳山(今属广东)。

[55]三年博士:指韩愈在唐宪宗元和元年至四年(806—809)第一次任国子博士。元和七年第三次任此职时,写作此文。

[56]冗不见治:指担任的都是闲散官职,不能表现出政治才能。冗,多余而闲散的官职。见,通"现",表现,显露。

[57]命与仇谋:命运与仇敌相伴。

[58]几时:不一定什么时候,即谓随时。

[59]童:秃发。齿豁:牙齿脱落。

[60]竟:到。裨:补益。

[61]反教人为:为什么反而教诲他人?为,语助词,表示疑问。

[62]宎(máng 忙):房屋的大梁。

[63]桷(jué 绝):方形的屋椽。

[64]欂栌(bólú 博炉):斗拱,柱顶上承托栋梁的方木。侏儒:梁上的短柱。

[65]椳(wēi 威):承托门转轴的臼。闑(niè 聂):古代门中间所竖的短木,用来止门。扂(diàn 店):门闩。楔(xiē 些):门两旁的木柱。

[66]施:用。

[67]工:技术、技巧。

[68]"玉札丹砂"二句:罗列四种延年益寿的补药。玉札,地榆。丹

75

砂,朱砂。赤箭,天麻。青芝,又名龙芝。

[69]"牛溲马勃"二句:罗列三种廉价的药材。牛溲(sōu搜),牛尿,一说车前草。马勃,马屁菌。败鼓之皮,年久败坏的鼓皮。

[70]登明选公:意谓提拔人才眼光明亮,选用人才态度公正。登,指提拔人才。

[71]杂进巧拙:灵巧的和朴拙的一起引进。

[72]纡馀:委婉谦和的人。

[73]卓荦(luò洛):超群出众的人。

[74]校:通"较",比较、衡量。

[75]惟器是适:完全根据人的才能安排适合他的职位。

[76]方:治国的方法、才能。

[77]孟轲:即孟子,战国时期著名的思想政治家。

[78]孔道:孔子之道。以明:因而得到发扬光大。

[79]辙环天下:言周游列国。辙,车轮的轨迹。

[80]卒老于行:最后在奔走中终老。

[81]荀卿:即荀况,战国著名的思想家。守正:恪守儒家学说。

[82]大论:儒家学说。弘:弘扬。

[83]"逃谗于楚"二句:荀卿在齐国时,遭人谗毁,于是逃往楚国,初为兰陵(今山东枣庄)令,后来被削职为民,最终老死兰陵。

[84]绝类离伦:远远超越常人。

[85]优入圣域:进入圣人境地,绰绰有余。优,有余。

[86]"其遇"句:意谓他们世上的遭遇又怎么样呢?

[87]繇:通"由",经由、遵循。其统:儒家学说的纲领。

[88]要:求取。中(zhòng众):切合要旨。

[89]靡:通"糜",耗费。廪(lǐn檩)粟:指仓库里的粮食。

[90]踵:本指脚后跟,这里引申为跟随。常途:世俗常规。役役:劳苦奔走的样子。

[91]"窥陈编"句:意为看看古书而东抄西摘。陈编,古旧典籍。

[92]诛:责备。

[93]投闲置散:安置在闲散的职位上。

[94] 乃分之宜:是理所当然的。

[95] 商、计:计较。财贿:利禄。亡:通"无"。

[96] 班资:官位品级。庳(bēi 悲):同"卑",低卑。

[97] 前人:职位在自己之前者。

[98] 诘:诘难、指责。杙(yì 义):小木桩。楹:厅堂前部的柱子。

[99] 訾(zī 资):诋毁。菖阳:即菖蒲,传说有健身益寿之效。引年:延年。

[100] 进:推荐。豨(xī 西)苓:又名猪苓,一种利尿药。

# 答洪驹父书[1]

黄庭坚

[解题] 黄庭坚(1045—1105),字鲁直,号山谷道人,晚号涪翁。洪州分宁(今江西修水县)人。北宋著名文学家、书法家。本文是他写给外甥洪驹的一封信,信中集中阐述他的诗歌创作理论。黄庭坚将读书与诗歌创作相联系,提出"古之能为文章者,真能陶冶万物,虽取古人之陈言入于翰墨,如灵丹一粒,点铁成金也",强调取法前人而独辟蹊径。这一主张与杜甫"读书破万卷,下笔如有神"(《奉赠韦左丞丈二十二韵》)、韩愈"沉浸酴郁,含英咀华,作为文章,其书满架"(《进学解》)一脉相承。只有认真学习前人,提高鉴赏力、磨炼技巧,才能真正做到去除陈言,心裁别出。黄庭坚此文正道出了读书与创作的辨证关系。

驹父外甥教授[2]:别来三岁,未尝不思念。闲居绝不与人事相接,故不能作书,虽晋城亦未曾作书也[3]。专人来,得手书。审在官不废讲学[4],眠食安胜[5],诸稚子长茂[6],慰喜无量。

寄诗语意老重[7],数过读,不能去手;继以叹息,少加意读书[8],古人不难到也。诸文亦皆好,但少古人绳墨耳[9],可更熟读司马子长、韩退之文章[10]。凡作一文,皆须有宗有趣[11],始终关键[12],有开有阖[13]。如四渎虽纳百川[14],

或汇而为广泽,汪洋千里,要自发源注海耳。

老夫绍圣以前[15],不知作文章斧斤[16],取旧所作读之,皆可笑。绍圣以后,始知作文章。但以老病情懒,不能下笔也。外甥勉之,为我雪耻。《骂犬文》虽雄奇[17],然不作可也。东坡文章妙天下[18],其短处在好骂,慎勿袭其轨也[19]。甚恨不得相见,极论诗与文章之善病,临书不能万一[20]。千万强学自爱,少饮酒为佳。

所寄《释权》一篇,词笔从横[21],极见日新之效[22]。更须治经[23],深其渊源[24],乃可到古人耳。青琐祭文[25],语意甚工,但用字时有未安处。自作语最难,老杜作诗[26],退之作文,无一字无来处。盖后人读书少,故谓韩、杜自作此语耳。古之能为文章者,真能陶冶万物,虽取古人之陈言入于翰墨,如灵丹一粒,点铁成金也。

文章最为儒者末事,然索学之[27],又不可不知其曲折,幸熟思之。至于推之使高,如泰山之崇崛[28],如垂天之云[29];作之使雄壮,如沧江八月之涛[30],海运吞舟之鱼[31]。又不可守绳墨,令俭陋也[32]。

——《豫章黄先生文集》卷十九

[1] 洪驹父:洪刍(1066—1128后),字驹父,豫章(今江西南昌)人,黄庭坚外甥,著有《老圃集》。

[2] 教授:学官名。宋代州、县设置教授,用经学行义教导诸生,并掌管考试。

[3] 晋:进。

[4] 审:知悉。

[5] 安胜:安好。

[6] 稚子:幼子。

[7] 老重:古朴庄重。

［8］少:稍微。

［9］绳墨:规矩、法度。

［10］司马子长:即司马迁,字子长。韩退之:即韩愈,字退之。

［11］宗:宗旨。趣:趣向。此处所谓宗趣,大体相当于作品的主题。

［12］始终:指首尾结构。关键:指紧要处。

［13］开:展开。阖:收煞。

［14］四渎:指长江、淮河、黄河、济水,为上古时期四条重要的河流。《尔雅·释水》:"江、淮、河、济为四渎。四渎者,发源注海者也。"

［15］绍圣(1094—1097):宋哲宗年号。绍圣二年,黄庭坚贬官涪州(今重庆涪陵)别驾。绍圣以前,指贬官涪州之前。

［16］斧斤:比喻作诗文的方法技巧。

［17］《骂犬文》:洪驹父所寄文章篇名。

［18］东坡:指苏轼,东坡为其号。

［19］袭其轨:蹈其覆辙。

［20］临书不能万一:指信中无法展开详叙。

［21］从横:同"纵横"。

［22］极见日新之效:很能看到日新月异的进步效果。

［23］治经:攻读经书。

［24］深:指深入探求。

［25］青琐祭文:疑为洪驹父所寄文章的篇名。

［26］老杜:指杜甫,被后人尊为"诗圣"。

［27］索:须,应。

［28］崇崛:高大突起。

［29］垂天之云:典出《庄子·逍遥游》:"鹏之背不知其几千里,努而飞,其翼若垂天之云。"此处用来形容其极为高大。

［30］沧江:泛指大江。

［31］海运:行于海上,或说指海啸。吞舟之鱼:也是形容极为高大。本《庄子·庚桑楚》。

［32］"又不可"句:此句是说像上文所说的气势高大雄浑的作品,不能固守成法,以至气势狭窄。俭陋,狭窄。

# 合仁与智

张 载

〔**解题**〕题目系据正文拟定。张载(1020—1077),字子厚,北宋著名的思想家。著有《易说》、《经学理窟》、《张子语录》等。《正蒙》为张载晚年所定,是其哲学理论的代表之作。张载重视穷理尽性的说法。穷理为探求天地的规律;尽性,广义上指明彻宇宙万物的本性,狭义上则特指人的本性,既包括先天的性格禀赋,也包括根植于人性的仁义礼智。穷理是手段,尽性是目的。如何穷理呢?学习是很重要的一个途径。颜回和乐正子的境界有别,即因为前者好学不倦,而后者"不致其学"。同时,穷理是个逐步的过程,了解的事物越多,获得的理也越多,而后又会"返约",愈加精纯。因此,穷理为学须得坚持不息。此处选择了散见于张载著作中的五则言论,略可窥见他对求学治学的看法。

中正然后贯天下之道[1],此君子之所以大居正也[2]。盖得正则得所止[3],得所止则可以弘而至于大[4]。乐正子[5]、颜渊,知欲仁矣[6]。乐正子不致其学[7],足以为善人信人,志于仁无恶而已;颜子好学不倦,合仁与智,具体圣人,独未至圣人之止尔[8]。

知德以大中为极[9],可谓知至矣[10];择中庸而固执之[11],乃至之之渐也[12]。惟知学然后能勉[13],能勉然后日进而不息可期矣[14]。

博文约礼,由至著入至简,故可使不得叛而去[15]。温故知新,多识前言往行以畜德[16],绎旧业而知新益[17],思昔未至而今至,缘旧所见闻而察来[18],皆其义也。

"笃信好学"[19],笃信不好学,不越为善人信士而已[20]。"好德如好色",好仁为甚矣[21]。见过而内自讼[22],恶不仁而不使加乎其身[23],恶不仁为甚矣。学者不如是不足以成身[24],故孔子未见其人,必叹曰"已矣乎"[25],思之甚也。

——《正蒙·中正篇》

学者当须立人之性[26]。仁者人也,当辨其人之所谓人。学者学所以为人[27]。

——《张子语录·语录中》

[1] 中:不偏不倚。正:正直端正,不为外物所动。贯:贯彻。

[2] 居正:保持正直端正的态度。王夫之《张子正蒙注》云:"居者,存之于心,待物之来而应之。"

[3] 得所止:达到至善的状态。止,停止,止丁至善。

[4] 可以弘而至于大:王夫之解释谓"则万事万物皆效法焉而至于大矣"。弘,弘大、弘扬。大,大成。

[5] 乐正子:即乐正克,战国时人,孟轲的弟子,事迹见于《孟子·尽心下》。

[6] 知欲仁:有志于仁。

[7] 致其学:钻研学问。此句内容可参见《孟子·告子下》:"鲁欲使乐正子为政。子曰:'吾闻之喜而不寐。'孙丑曰:'乐正子强乎?'曰:'否。''有智虑乎?'曰:'否。''多闻识乎?'曰:'否。''则奚为喜而不寐?'曰:'其为人也好善。'"

[8] "合仁与智"三句:王夫之注谓:"颜子之好学,不迁怒,不贰过,养

其心以求化于迹,则既志于仁,抑能通物理之变而周知之,具圣人之体矣。未极乎高明广大至善之境,以贞万物于一原,故未造圣人之极致"。合仁与智,兼具智与仁。具体圣人,具备圣人之体。

[9]大中:王夫之注谓:"阴阳合德,屈伸合机,万物万理之大本也。"

[10]知至:认识的极点。

[11]中庸:中之用。固执:坚持不移。

[12]至之之渐:逐渐达到极致。

[13]勉:劝勉,勉力。

[14]不息:形成习惯而自我教化。

[15]"博文约礼"三句:王夫之注谓:"文者,礼之著见者也。会通于典礼,以服身而制心,所谓至简也。不博考于至著之大,而专有事于心,则虚寂恍惚以为简,叛道而之于邪矣"。博文,知识深广。约礼,遵守礼法。

[16]畜德:培养道德。

[17]绎:寻绎,追溯考察。旧业:过去的行为。新益:做出新的改正、进益。

[18]缘:根据。察来:推察未来的事情。

[19]笃信好学:出自《论语·泰伯》。笃信,忠实地信仰。好学,勤学好问。

[20]不越为:不过是。善人信士:善良的、诚实可信的人。

[21]好德如好色:出自《论语·子罕》:"子曰:已矣乎!吾未见好德如好色者也。"意谓如果"好德如好色",这是更加喜欢向往仁德。好德,喜欢道德。好色,喜欢美色。

[22]过:过错。自讼:自我反省、自我批评。

[23]恶不仁:厌恶不道德。不使加乎其身:意为不让自己沾染一丝(不道德)。

[24]不如是:不这样做。成身:成就自己的人格操守。

[25]已矣乎:亦出自《论语·子罕》,见上注。完了,表示失望、惋惜。

[26]当须:应当。立:梳理、修养。人之性:人之所以为人的特性,人的本性。

[27]为人:成为人,成为一个具有人的本性的人。

# 徽州婺源县学藏书阁记(节选)

朱 熹

〔解题〕朱熹(1130—1200),字元晦,号晦庵。绍兴十八年(1148)进士,官至宝文阁侍讲。他的著作很多,涉及面也很广,文学如《楚辞集注》,史学如《资治通鉴纲目》,哲学如《四书章句》、《周易本义》。后人又为之编集《朱子语类》等。他是理学代表人物,南宋最为重要的思想家,对后世影响非常深远。本文是他为故乡婺源县学藏书阁所作的一篇纪念文章。在文中,他阐述了典籍文献对穷理尽道的意义。

道之在天下,其实原于天命之性[1],而行于君臣父子兄弟夫妇朋友之间,其文则出于圣人之手,而存于《易》、《书》、《诗》、《礼》、《乐》、《春秋》、孔孟氏之籍,本末相须[2],人言相发[3],皆不可以一日而废焉者也。盖天理民彝[4],自然之物,则其大伦大法之所在固有不依文字而立者。然古之圣人,欲明是道于天下而垂之万世,则其精微曲折之际,非托于文字亦不能以自传也。故自伏羲以降,列圣继作,至于孔子,然后所以垂世立教之具[5],粲然大备。天下后世之人,自非生知之圣[6],则必由是以穷其理,然后知有所至,而力行以终之。固未有饱食安坐,无所猷为[7],而忽然知之,兀然得之者也[8]。故傅说之告高宗曰:"学于古训乃有获。"[9]而孔子之教人亦曰:"好古敏以求之。"[10]是则君子所以为学致道之方[11],其亦可知也已。然自秦汉以来,士之所求乎书者,类以记诵剽掠为功[12],而不及乎穷理修身之要;其过之者[13],则遂绝学捐书[14],而相与驰骛乎荒虚浮诞之域[15]。盖二者之蔽不同,而于古人之意则胥失之矣[16]。呜呼!道之所以不明不行,其不以此与!

——《晦庵集》卷七十八

[1] 原:同"源"。

[2] 本末相须:本和末相互依存、相互配合。相须,亦作"相需"。

[3] 相发:相互发明。

[4] 民彝:人伦,人世伦常。

[5] 垂世立教之具:可以垂范后世、建立礼教的典籍。

[6] 自非生知之圣:自然并不是生来就知道天道伦常的圣贤。

[7] 猷为:作为。

[8] 兀然:忽然。

[9] 傅说:商代贤臣,相武丁。高宗:即武丁。学于古训乃有获:出自《尚书·说命》。古训,古代的训告、法则。

[10] 好古敏以求之:出自《论语·述而》:"子曰:我非生而知之者,好古,敏而求之者也。"好古,喜欢先贤之道。敏,勤勉,勤奋。

[11] 致道:知晓道、获得道。

[12] 类:大多。剽掠:剽窃、抄袭。

[13] 过之者:对士人记诵剽窃古书而不求索义理的现象不满的人。

[14] 绝:断绝。捐:捐弃,抛弃。

[15] "而相与"句:意为弃书不观,而但凭空想,流于荒诞虚浮,流于佛道异端。驰骛,驰骋。

[16] 胥:全,都。

85

# 读书已是第二义

朱 熹

〔**解题**〕题目系据正文拟定。一人经历总是有限的。如何以有限的经历去理解、体会无限的世界？朱熹在本则中提出了一条解决方案：读书，读圣人书。

读书已是第二[1]。盖人生道理合下完具[2]，所以要读书者，盖是未曾经历见许多。圣人是经历见得许多，所以写在册上与人看[3]。而今读书，只是要见得许多道理。及理会得了，又皆是自家合下元有底，不是外面旋添得来。

——《朱子语类》卷十

[1] 第二：第二重要的事情。朱熹认为第一义为持敬。
[2] 合下：原本。完具：完整，完备。
[3] 册：书册。

# 读书处铭

揭傒斯

[**解题**] 揭傒斯（1274—1344），字曼硕，号贞文。官至翰林侍讲学士、同知经筵事，参与《宋史》、《辽史》、《金史》的修撰，任总裁官。元代著名文学家、史学家。铭是古代的一种文体，从铭刻的文字而来，意在纪念或告诫，大多篇幅短小。《读书处铭》便是揭傒斯对自己的告诫，从中可以窥见当时读书人对自我的要求。

古者读书，学之一事。力行是务[1]，记诵其次。苟非读书，孰稽古典[2]。读而弗学，去圣逾远。古之读书，于以明道。今之读书，资以为暴[3]。生皆厚也，迁乃去之[4]。人不知学，若之何其[5]。其书伊何[6]，《易》、《书》、《诗》、《礼》。《春秋》笔削[7]，日星垂纪[8]。秦汉以前，传注未立。学必专门，难学易入[9]。秦汉以后，濂洛并起[10]。著述纷纭，易学难至[11]。学之而至，匪由他人。学而弗至，何有于身[12]。其学伊何，由蒙而圣[13]。洒扫应对，穷理尽性。毫厘靡间[14]，德乃日新。一日复礼，天下归仁。羲皇之上，唐虞之际[15]。若友其人，若共其治。动之斯应，为乃有功。三纲既立[16]，五典克从[17]。求之非艰，具在方册。行之非艰，中道勿画[18]。欲知诗书，于此其处。赵氏行之，名斋其寓。既修于身,复齐其家。始施于邦,如玉靡瑕。好正嫉邪[19],崇本抑末[20]。制财以宽[21],用刑以活。扩而充之,仪于天朝。惟是正人,万世之标。我作铭诗,以规以颂。凡厥读书,勖哉体用[22]。

——《文安集》卷十三

[1] 力行是务:要身体力行。

[2] 孰:同"熟",熟稔。

[3] 资:作为资本,帮助。暴:出人头地。

[4] 迁:指天生的性情随物变迁。去之:丢弃了原本的笃厚。

[5] 若之何其:怎么办啊。

[6] 伊何:如何。

[7] 笔削:著述,刊成定稿。相传《春秋》为孔子所撰,《史记·孔子世家》云:"至于为《春秋》,笔则笔,削则削,子夏之徒不能赞一辞。"

[8] 日星垂纪:像日月星辰一样流传后世。

[9] "学之而至"四句:意谓秦汉以前训释经典的传注之体尚未确立,学问由专门官员传承,难于接近,然而一旦入学,便可接承正统,入其堂奥。

[10] 濂洛:北宋理学的两个学派,濂为濂溪周敦颐,洛为洛阳程颐、程颢。文中用"濂洛"代指不同的学派。秦汉以后不同的经学流派涌现,各家训释多有出入,今人称之为"家法"、"师法"。

[11] 至:至于道。

[12] 有:收获,益处。身:自身,自己。

[13] 蒙:蒙昧。圣:圣贤之道。

[14] 毫厘靡间:时刻不松懈。毫、厘都是极为微小的度量单位。靡,无。间,空隙。

[15] "羲皇"二句:伏羲与唐尧、虞舜都是古代贤君,古人认为他们在位时为太平盛世,代表了古代政治的理想状态。羲皇,即伏羲氏。

[16] 三纲:古代的主流社会伦理,即君为臣纲、父为子纲、夫为妻纲。

[17] 五典克从:遵从五典。五典,古代五种伦理道德,即父义、母慈、兄友、弟恭、子孝。

〔18〕中道：中途。画，停止。

〔19〕好正：崇尚正直。嫉邪：憎恶偏邪。

〔20〕本：农业。末：工商业。重视发展农业，而抑制工商业，这是古代主流的治国思想。

〔21〕制财以宽：用宽容、宽厚的方式来节制管理国家。财，通"裁"。

〔22〕勖：勉励。体用：事物的本质称体，事物的功能称用。

# 读书乐并引

李 贽

[**解题**] 李贽(1527—1602),号卓吾。曾任云南姚安府知府。晚年著书讲学,指斥当时很多理学家其实是伪道学,也对作为当时统治思想的程朱理学予以猛烈攻击,提出"童心说",肯定个体的真实感受与真实愿望的"私心"。他因此而触怒当权者,屡遭迫害,最终自杀于狱中。著有《焚书》、《藏书》、《续焚书》、《续藏书》等。

在读什么书、怎么读等问题上,李贽的观点与宋明理学家大为不同。比如理学家主要读儒家经典"四书"、"五经";他却认为"六经、《语》、《孟》乃道学之口实,假人之渊薮"(《童心说》)。《读书乐并引》是其言志之作。他将读书视作平生爱好,不是为了功名利禄,也无意接续圣贤之道,甚至不提修身养性;而是借它来避世,来洞察人情世故。这样的想法在古代可谓特立独行、离经叛道,却点出了阅读求知可以丰富精神世界的可贵意义。

曹公云[1]:"老而能学,唯吾与袁伯业[2]。"夫以四分五裂,横戈支戟,犹能手不释卷,况清远闲旷哉一老子耶[3]!虽然,此亦难强[4]。余盖有天幸焉。天幸生我目,虽古稀犹能视细书;天幸生我手,虽古稀犹能书细字。然此未为幸也。天幸生我性,平生不喜见俗人,故自壮至老,无有亲宾往来之扰,得以一意读书[5]。天幸生我情,平生不爱近家人,故终老龙湖[6],幸免俯仰逼迫之苦[7],而又得以一意读书。然此亦未为幸也。天幸生我心眼,开卷便见人,便见其人终始之概。夫读书论世,古多有之,或见皮面,或见体肤,或见血脉,或见筋骨,然至骨极矣。纵自谓能洞五脏,其实尚未刺骨也。此余之自谓得天幸者一也。天幸生我大胆,凡昔人之所忻艳以为贤者[8],余多以为假,多以为迂腐不才而不切于用;其所鄙者、弃者、唾且骂者,余皆的以为可托国托家而托身也[9]。其是非大戾昔人如此[10],非大胆而何?此又余之自谓得天之幸者二也。有此二幸,是以老而乐学,故作《读书乐》以自乐焉。

天生龙湖,以待卓吾[11];天生卓吾,乃在龙湖。龙湖卓吾,其乐何如?四时读书,不知其余。读书伊何?会我者多[12]。一与心会,自笑自歌;歌吟不已,继以呼呵。恸哭呼呵,涕泗滂沱。歌匪无因,书中有人;我观其人,实获我心。哭匪无因,空潭无人;未见其人,实劳我心。弃置莫读,束之高屋,怡性养神,辍歌送哭。何必读书,然后为乐?乍闻此言,若悯不谷[13]。束书不观,吾何以欢?怡性养神,正在此间。世界何窄,方册何宽!千圣万贤,与公何冤!有身无家,有首无发;死者是身,朽者是骨。此独不朽,愿与偕殁。倚啸丛中,声震林鹘[14]。歌哭相从,其乐无穷。寸阴可惜,曷敢从容[15]!

——《焚书》卷六

[1] 曹公:即曹操。

[2] 袁伯业:即袁遗,字伯业,袁绍从兄,曾参与讨伐董卓。

[3] 老子:老头子,李贽的自称。

[4] 强(qiǎng抢):勉强。

91

[5] 一意:一门心思,专心。
[6] 龙湖:在今湖北麻城。
[7] 俯仰逼迫之苦:对下抚养子女、对上侍奉父母等家事的拖累。
[8] 忻(xīn 新)艳:羡慕。
[9] 的(dí 敌):实在地,真切地。
[10] 戾:违逆。
[11] 卓吾:李贽的字。
[12] 会:理解,与自己心意契合。
[13] 不谷:古代王公自称的谦辞。
[14] 鹘(gǔ 古):鹘鸼,鸟名,一种小鸠,短尾,黑青色。
[15] 曷:何,怎么。

# 与友人论学书

顾炎武

〔解题〕顾炎武(1613—1682),字宁人,世称亭林先生。明末清初杰出的思想家、学者,与黄宗羲、王夫之并称为明末清初三大儒。他力扫明末空疏虚浮的学风,提倡实事求是、经世致用的治学方式,是清代朴学的开创者和奠基人。为学博通而严谨,对经史百家、音韵训诂、典章制度、天文历法、地理形胜都有深入的研究。

他的治学思想在《与友人论学书》中有清楚的反映。宋明以来,理学盛行,喜谈心性天理,其弊往往流于游谈无根、空虚浮夸。顾炎武对此大为不满,甚至认为这是导致明朝覆灭的重要原因。因此他在本文中揭示心性之学为圣人所不言,是对圣人之道的歪曲,而指出圣人治学有两项基本要求:"博学于文"和"行己有耻"。前者要求广泛博览,勤奋为学,"自一身以至于天下国家,皆学之事也";后者要求立身行事知廉耻、识大义,不务空谈,重在实际行为。这封书信语辞并不激烈,观点却很鲜明,论述缜密、表达简劲,是顾炎武政论文的代表作。

比往来南北[1],颇承友朋推一日之长,问道于盲[2]。窃叹夫百余年以来之为学者,往往言心言性[3],而茫乎不得其解也。

命与仁,夫子之所罕言也;性与天道,子贡之所未得闻也。性命之理,著之《易传》,未尝数以语人[4]。其答问士也,则曰"行己有耻"[5];其为学,则曰"好古敏求"[6];其与门弟子言,举尧舜相传所谓"危微精一"之说一切不道[7],而但曰:"允执其中,四海困穷,天禄永终。"[8]呜呼!圣人之所以为学者,何其平易而可循也[9]!故曰:"下学而上达。"[10]颜子之几乎圣也[11],犹曰:"博我以文。"[12]其告哀公也[13],明善之功[14],先之以博学[15]。自曾子而下,笃实无若子夏,而其言仁也,则曰:"博学而笃志,切问而近思。"[16]今之君子则不然,聚宾客门人之学者数十百人,"譬诸草木,区以别矣"[17],而一皆与之言心言性,舍多学而识[18],以求一贯之方[19];置四海之困穷不言,而终日讲"危微精一"之说。是必其道之高于夫子,而其门弟子之贤于子贡,祧东鲁而直接二帝之心传者也[20],我弗敢知也。

《孟子》一书,言心言性,亦谆谆矣[21],乃至万章、公孙丑、陈代、陈臻、周霄、彭更之所问[22],与孟子之所答者,常在乎出处、去就、辞受、取与之间[23]。以伊尹之元圣,尧舜其君其民之盛德大功,而其本乃在乎千驷一介之不视不取[24]。伯夷、伊尹之不同于孔子也[25],而其同者,则以"行一不义,杀一不辜,而得天下不为"[26]。是故性也,命也,天也,夫子之所罕言,而今之君子之所恒言也;出处、去就、辞受、取与之辨,孔子、孟子之所恒言,而今之君子所罕言也。谓忠与清之未至于仁[27],而不知不忠与清而可以言仁者,未之有也;谓不伎不求之不足以尽道[28],而不知终身于伎且求而可以言道者,未之有也。我弗敢知也。

愚所谓圣人之道者如之何?曰:"博学于文",曰:"行己有耻"。自一身以至于天下国家,皆学之事也;自子臣弟友以出入、往来、辞受、取与之间,皆有耻之事也。耻之于人大矣!不耻恶衣恶食[29],而耻匹夫匹妇之不被其泽[30],故曰:"万物皆备于我矣,反身而诚。"[31]

呜呼!士而不先言耻,则为无本之人;非好古而多闻,则为空虚之学。以无本之人,而讲空虚之学,吾见其日从事于圣人而去之弥远也[32]。虽然,非愚之所敢言也,且以区区之见,私诸同志[33],而求起予[34]。

——《亭林诗文集》卷三

[1] 比:近来。

[2] 问道于盲:朋友向自己问道,而以盲人自比,表示谦虚。

[3] 言心言性:指以南宋陆九渊、明代王阳明为代表的"心学",他们以"心"为宇宙万物的本原、本性,易流于学无根底,空虚浮夸。

[4] 数(shuò 朔):屡次,多次。

[5] 行己有耻:出自《论语·子路》,意谓持身要有廉耻。

[6] 好古敏求:出自《论语·述而》,意谓喜好古道,勤勉探求。

[7] 举:举凡。"危微精一"之说:即《伪古文尚书·大禹谟》所谓"人心惟危,道心惟微,惟精惟一,允执厥中",宋儒把这十六字看作尧传舜、舜传禹的关于修身治国的精微之道,称作"十六字心传"。

[8] "允执其中"三句:出自《论语·尧曰》,是尧告诉舜的话,意谓诚实地保持不偏不倚,如果天下人都陷入困苦贫穷,上天赐予你的禄位也会永远地终止。

[9] 循:遵照实行。

[10] 下学而上达:出自《论语·宪问》,意谓从基础学起而达到高深的境界。

[11] 几乎圣:近乎圣人。

[12] 博学以文:出自《论语·子罕》,意谓学习诗书礼乐知识让自己渊博。

[13] 哀公:鲁哀公,鲁国国君。

〔14〕明善之功:明辨善恶的方法。

〔15〕先之以博学:以博学作为首要任务。

〔16〕"博学而笃志"二句:出自《论语·子张》,意谓博闻广见而志向坚定,切实发问而思考与现实相关的问题。

〔17〕"譬诸草木"二句:出自《论语·子张》,意谓就像草木一样芜杂,高低不齐有所区别。

〔18〕识:通"志",记住。

〔19〕一贯之方:一以贯之、一劳永逸的方法。

〔20〕祧(tiāo 跳):本指远祖的庙,这里引申为超过、跳过。东鲁,指孔子。二帝:尧和舜。心传:即上文提到的十六个字。

〔21〕谆谆:诲人不倦貌。

〔22〕万章、公孙丑、陈代、陈臻、周霄、彭更:都是孟子的学生,见于《孟子》。

〔23〕出处:出仕、隐居。去就:辞官、就职。辞受:拒绝、接受。取与:拿来、给予。

〔24〕"以伊尹"三句:典出《孟子·万章上》:"伊尹耕于有莘之野,而乐尧舜之道焉。非其义也,非其道也,禄之以天下,弗顾也;系马千驷,弗视也。非其义也,非其道也,一介不以与人,一介不以取诸人。"伊尹,商代贤相,曾帮助商汤讨伐夏桀。驷,由四匹马拉的车。介,同"芥",形容细微之物。

〔25〕伯夷:古代著名的隐逸之士。他和叔齐为商末孤竹君之二子,互相让位,终于逃去,投奔周。周武王伐商,二人叩马以谏。灭商后,二人逃到首阳山,不食周粟而死。

〔26〕"行一不义"三句:出自《孟子·公孙丑》,意谓如果叫他们做一件不合道理的事情,杀一个没有犯罪的人,因而得到天下,他们都不会做的。

〔26〕忠:忠于国君。清:洁身自好。

〔27〕不忮(zhì 志):不嫉妒。不求:不贪婪。

〔29〕恶:恶劣。

〔30〕匹夫匹妇:平民男女,普通百姓。被其泽:受到恩泽。

〔31〕"万物皆备"二句:出自《孟子·尽心上》,意谓一切我都具备了,反躬自省,自己是忠诚踏实的。

[32] 从事于圣人:意图成为圣人。
[33] 私诸同志:私下里和志同道合的朋友讨论。
[34] 起予:启发我。

# 博　文

程瑶田

〔解题〕　程瑶田（1725—1814），字易田，号让堂。清中期著名学者，长于名物和典章制度考证。《通艺录》是其论著集，《论学小记》为其中一种，所论为儒者之学，"仁为己任，死而后已。未生非所敢知，据其实有，不是虚无"。《博文》一篇详论博览群书的意义。

天下之达道五而人之行百[1]，其切于吾身，而不可以须臾离者乎？其切于吾心，而不可以一端弗学矣乎？于何学之？曰：于文。圣人贤人，先我而尽道者也，夫固我之师也。然而已往矣，其所存者，文而已矣。文存则道存，道存则教存。吾学其文而有获，不啻亲炙焉[2]，而韶我以语之[3]，呼我以喻之也[4]；不啻相依焉，而携我以皋之[5]，掖我以履之也[6]。

舜之大孝也，武王、周公之达孝也，其德同，其所德者不同也[7]。尧之文章也，夫子之文章也，其美富同，其所美富者不同也。征之于文[8]，而后舜与武王、周公之所德者，若或闻而知之矣。征之于文，而后尧与夫子之所美富者，亦若见而知之矣。是故学文不可缓也[9]。

孔子之自任也曰[10]："文其在兹乎[11]！"其教有四，文与居首焉[12]。其所雅言者[13]，《诗》也，《书》也，《礼》也，文焉而已矣。其所以谓伯鱼者,为《周南》也,为《召南》也,文焉而已矣。颜子去圣一间耳[14],孔子化之以时雨焉,其无以异于成德达材答问之教乎?抑有以异乎?而颜子之称善诱,则曰博我者以文而已矣[15]。

春秋时,韩宣子聘于鲁,观书于太史氏,见《易象》与《鲁春秋》,叹曰:周礼尽在鲁,吾乃今知周公之德也。[16] 盖征德于其文也。左史倚相能藏《三坟》、《五典》、《八索》、《九丘》,而《祈招》之诗不知焉,是以不能思王度而式昭德音也[17],则犹文不博之过也。实沈之神,主参也,台骀之神,封诸晋之川也,子产盖闻之矣。气之宜节宣也,美之不可以先尽也,子产盖闻之矣。[18] 呜呼!苟非其博物也,安能使于四方而荣君之命若是哉!

——《通艺录·论学小记》

[1] 达道五:出自《礼记·中庸》,指君臣、父子、夫妇、昆弟、朋友之交。达道,认的准则。

[2] 不啻:如同。亲炙:直接得到传授和教导。

[3] 韶:通"召",召唤。

[4] 喻:说明,让人理解。

[5] 皋之:往高处走。

[6] 掖:搀扶。履之:走,尤其指走艰难险峻的道路。

[7] 所德者:指德的具体内容、达成道德的方式。

[8] 征:征验,证明。

[9] 缓:延迟,耽误。

[10] 自任:自信。

[11] 文其在兹乎:出自《论语·子罕》:"子畏于匡,曰:文王既没,文不在兹乎?天之将丧斯文也,后死者不得与于斯文也;天之未丧斯文也,匡人其如予何?"意为:孔子被匡地的人拘禁,他说:"周文王去世之后,周代的礼

99

乐遗产不都体现在我身上吗?上天如果将要消灭这种文化,那么我就不能得到这种文化了;上天如果不要消灭这种文化,那么匡人又能把我怎么样呢?"

〔12〕"其教有四"二句:出自《论语·述而》:"子以四教:文、行、忠、信。"

〔13〕雅言:雅正之言,与方言相对。

〔14〕一间:形容很短的距离。

〔15〕"而颜子"二句:出自《论语·子罕》:"夫子循循然善诱人,博我以文,约我以礼,欲罢不能。"意谓老师善于一步步地诱导我,用各种典籍来丰富我的知识,又用各种礼节约束我的言行,使我想停止学习都不可能。

〔16〕"春秋时"七句:事见《左传·昭公二年》。韩宣子,即韩起,宣为其谥号,春秋后期晋国卿大夫。聘,出使、访问。太史氏,古代史官。《易象》,指《周易》的象辞。《鲁春秋》,指鲁国的史书。

〔17〕"左史倚相"三句:事见《左传·昭公十二年》,左史,记事的史官。倚相,楚国史官。《三坟》、《五典》、《八索》、《九丘》,皆为上古典籍。《祈招》,不见于《诗经》,据传为周代大臣祭公谋父为劝谏周穆王而作。思王度,想起我们君王的风度。式德音,表现有德者的风度,"思王度"和"式德音"都出自《祈招》诗。

〔18〕"实沈之神"八句:典出《左传·昭公元年》:晋侯患病,占卜的人说是实沈和台骀在作怪,大臣们都不知道二者为何物。于是子产为众人解惑,解释了实沈、台骀的由来,认为它们和晋侯之病无关,并分析生病的真正原因。实沈,传说为上古高辛氏的季子,是主管参宿的神。台骀(dài 戴),传说上古金天氏少皞的后代昧所生,台骀继承祖业,为水官之长,疏通汾、洮二水,帝颛顼嘉赏其功,封之于汾川,即文中所谓"封诸晋之川",为汾水之神。气之宜节宣也,意谓血气应该得到有节制的宣发,晋侯生病的原因之一就在于血气郁结于一处。美之不可以先尽也,意谓美丽不能全部集中于一处,指不能与同姓女子通婚,晋侯宫内有四位同姓的侍妾,子产认为这是生病的另一个原因。

# 读 书 之 道

# 讲贯习复

〔**解题**〕题目系据正文拟定。本文是敬姜对其子的教育之辞。敬姜追溯前代勤勉的传统,其中提到士子是如何学习的。早上跟着老师学习,白天讲习研求,傍晚复习,夜里反省自己有无过失,而后才能安歇。治学之道在于勤,在于持之以恒,这是我们祖先,老早就道明的真理。

士朝受业[1],昼而讲贯[2],夕而习复[3],夜而计过,无憾而后即安。

——《国语·鲁语下》

[1] 朝:早上。受业:跟随老师学习。
[2] 讲贯:讲习,研习。
[3] 夕:与下句"夜"相对,指稍微夜晚稍早的时分。习复:复习。

# 君子深造之以道

〔解题〕题目系据正文拟定。孟子,名轲,邹国(今山东邹城)人,战国时期著名的思想家,儒家的代表人物。他的思想学说集中保存在《孟子》一书中。现在普遍认为,此书的主要作者为孟轲,他的学生万章、公孙丑等人也参与编著和修订工作。本文中,孟子谈到君子学习钻研的重点在于"自得之",也就是自觉地求索,这是对学习主动性的强调。

孟子曰:"君子深造之以道[1],欲其自得之也[2]。自得之,则居之安[3]。居之安,则资之深[4]。资之深,则取之左右逢其原[5],故君子欲其自得之也。"

——《孟子·离娄下》

[1] 深造之以道:通过正确的方法来得到高深的造诣。
[2] 自:自觉。
[3] 居之安:牢固地掌握(知识、修养等)而不动摇。
[4] 资:积蓄。
[5] 取之左右逢其原:形容运用自如,左右逢源。

# 尽信《书》不如无《书》

〔**解题**〕 题目系据正文拟定。本文是孟子谈如何读《尚书》。他所提出的怀疑精神不仅仅适用于《尚书》的阅读。

孟子曰:"尽信《书》,则不如无《书》。吾于《武成》[1],取二三策而已矣[2]。仁人无敌于天下,以至仁伐至不仁,而何其血之流杵也[3]?"

——《孟子·尽心下》

[1]《武成》:《尚书》篇名,已亡佚,今本《尚书·武成》为伪古文。此篇主要记载周武王伐纣事件的经过。

[2]策:古代用竹片或木片书写著书,将成编者称为"策"。

[3]其血之流杵:东汉王充《论衡·艺增》:"夫《武成》之篇,言武王伐纣,血流浮杵,助战者多,故至血流如此。"

# 观书譬诸观山及水

扬 雄

〔解题〕 题目系据正文拟定。扬雄以观览山水为喻,指出阅读经典对治学的重要意义。读书治学应设立高标准,从经典著作、重要作家入手。在扬雄的时代,儒家思想占据主流,因此他将五经视为典范。随着时代变迁,经典的范畴也不断再改变,今天的经典并不仅仅限于儒家的《五经》。但扬雄提出的将经典作为治学根底的思想,却仍然具有重要意义。

观书者,譬诸观山及水,升东岳而知众山之逦迤也[1],况介丘乎[2]?浮沧海而知江河之恶沱也[3],况枯泽乎?舍舟航而济乎渎者[4],末矣[5];舍五经而济乎道者,末矣。弃常珍而嗜乎异馔者[6],恶睹其识味也?委大圣而好乎诸子者,恶睹其识道也?

——《扬子法言·吾子》

[1] 东岳:泰山。逦迤(lǐ yǐ 离移):山势延绵貌。
[2] 介丘:小丘。
[3] 恶沱(tuó 驼):多泥浑浊貌。下文"恶"(wū 乌)意为"怎么"。
[4] 渎:大川。
[5] 末矣:那是不可能的啊。末,没有。
[6] 异馔:奇异的菜肴。

# 颐情志于典坟

陆 机

〔**解题**〕题目系据正文拟定。陆机(261—303),字士衡,吴郡(今江苏苏州)人。《文赋》是陆机的代表作,也是我国文学批评史上第一篇完整而系统的文学理论作品,提出了文学理论上的很多重要问题,对后世影响很大。这里所选的是第一段,主要是讲创作的来由,即文学的灵感(或者说文思)从何而来。陆机明确指出,它不外乎两种来源,一者观察万物,一者钻研古籍。观察万物,可以获得知识、体验、感悟,产生情感,这是创作的起点。钻研古籍,读书治学,则可吸收创作经验,学习文辞,体悟他人情感和志向,这是创作的养分。

伫中区以玄览[1],颐情志于典坟[2]。遵四时以叹逝,瞻万物而思纷[3]。悲落叶于劲秋,喜柔条于芳春[4]。心懔懔以怀霜[5],志眇眇而临云[6]。咏世德之骏烈[7],诵先人之清芬[8]。游文章之林府[9],嘉丽藻之彬彬[10]。慨投篇而援笔,聊宣之乎斯文[11]。

——《文赋》

[1] 伫(zhù 住):久立。中区:指宇宙之中。玄览:深刻地观察。
[2] 颐情志于典坟:意谓通过研读古籍,加强文学修养。颐,养。典

坟,指古代典籍。相传三皇之书称三坟,五帝之书称五典。

〔3〕"遵四时"二句:意为感慨四时变迁,万物盛衰,而引发文思。遵,遵循,按照。思纷,思绪纷纭。

〔4〕柔条:指春天新发出的枝条。

〔5〕懔(lǐn 檩)懔:危惧貌。怀霜:比喻心志高洁,下句中"临云"亦同。

〔6〕眇眇:高远貌。

〔7〕世德:指祖宗世代的德行。骏:大。烈:功业。

〔8〕清芬:指德行。

〔9〕林府:形容文章丰富,多如林木,富如府库。

〔10〕嘉:赞美。彬彬:此形容繁盛可观。

〔11〕"慨投篇"二句:意为在以上因素的启发滋养之下,将情感抒发出来,开始创作。

# 五经为本,正史为先

萧　绎

〔**解题**〕题目系据正文拟定。《金楼子》的作者是梁元帝萧绎(508—555),"金楼子"为其号,因而以此命名此书。此书内容博杂,《四库全书总目》称其"于古今闻见事迹,治忽贞邪,咸为苞载。附以议论,劝戒兼资,盖亦杂家之流"。本文即属于劝戒之辞,强调读书当以五经、正史为重,以经典著作为学问根本。

处广厦之下,细毡之上,明师居前,劝诵在后,岂与夫驰骋原兽同日而语哉[1]！凡读书必以五经为本,所谓非圣人之书勿读。读之百遍,其义自见[2]。此外众书,自可泛观耳。正史既见得失成败,此经国之所急[3]。五经之外,宜以正史为先。谱牒所以别贵贱[4]、明是非,尤宜留意。

——《金楼子·戒子篇五》

[1] 原:原野,荒原。

[2] "读之"二句:《三国志·魏书·董遇传》引董遇言"读书百遍而义自见"。见,同"现"。

[3] 经国:治理国家。

[4] 谱牒:记载宗族世系的典籍。魏晋南北朝时期出身门第是衡量一个人身份高低、应授予何种官职的重要标准,因此谱牒十分重要。

# 古之学者为己

颜之推

〔解题〕题目系据正文拟定。本文讨论古今求学目的的差异,从而揭示出求学的理想状态。现代人读书求学的目的,和古人已经有很大的不同,这是时代变迁,势所必然;但是,思考自己究竟为何而读书、如何读书,却是永不过时的问题。

古之学者为己,以补不足也;今之学者为人[1],但能说之也[2]。古之学者为人,行道以利世也;今之学者为己,修身以求进也[3]。夫学者犹种树也,春玩其华[4],秋登其实[5]。讲论文章,春华也;修身利行,秋实也。

——《颜氏家训·勉学》

[1] 为人:为了取悦他人。
[2] 但能说之:只是能空口说说而已。
[3] 求进:求得仕进、取官。
[4] 玩:赏玩。华:同"花"。
[5] 登:成熟收获。实:果实。

# 夫文字者坟籍根本

颜之推

[**解题**] 题目系据正文拟定。阅读典籍是求学的途径,文字则是典籍的根本。因此,无论何时,掌握语言、落实字义都是不可忽视的治学基础。

夫文字者,坟籍根本[1]。世之学徒,多不晓字:读《五经》者,是徐邈而非许慎[2];习赋诵者,信褚诠而忽吕忱[3];明《史记》者,专徐、邹而废篆籀[4];学《汉书》者,悦应、苏而略《苍》、《雅》[5]。不知书音是其枝叶[6],小学乃其宗系[7]。至见服虔、张揖音义则贵之,得《通俗》、《广雅》而不屑[8]。一手之中,向背如此[9],况异代各人乎?

——《颜氏家训·勉学》

[1] 坟籍:典籍。
[2] 是:肯定、赞同。非:否定。徐邈:东晋人,专于小学、经学,撰有《五经音》等书。许慎:东汉人,所著《说文解字》为我国今存第一部字典,又撰有《五经异义》,梳理汉代经典文本解说之异同。
[3] 褚诠:南朝宋人,撰有《百赋音》。吕忱:东晋人,撰《字林》。《汉书》颜师古注云"近代之读相如赋者,多皆改易义文,竞为音说,徐广、邹诞生、褚诠之、陈武之属是也。今于彼数家,并无取焉。"颜师古为唐初人,为颜之推之孙,他的这段话可作为理解文中此句的参考。

[4] 徐:或指刘宋徐野民,撰《史记音义》。邹:邹诞生,撰《史记音》。篆籀:周秦时代的古文字。籀分大小,大籀也称籀文,指秦国统一文字之前笔画繁复的东方六国文字,小篆指入秦后经过李斯简化的篆体。司马迁的《史记》参考了很多周秦时代的文献,因此了解古文字是理解《史记》的重要基础。

[5] 应:应劭,东汉人,撰《汉书集解音义》。苏:苏林,三国魏人,曾注《汉书》。苍:"三苍",分别为秦李斯《仓颉篇》、西汉扬雄《训纂篇》、东汉贾鲂《滂喜篇》,均为古文字著作。雅:《尔雅》及以下的一系列词典。

[6] 书音:对某一书的注音训释著作,这是南北朝以来十分流行的一类著作。

[7] 小学:研究文字字形、字义及字音的学问,包括文字学、声韵学及训诂学。

[8] 服虔:东汉人,著名的经学家,撰有《通俗文》、《春秋左氏传音》等书。张揖:三国魏人,撰《广雅》。音义:指对一书的注音训释之作,如服虔的《春秋左氏传音》。《通俗文》、《广雅》则为专门的小学著作。此句言即使是同一个人的著作,当时风气也是重视其音义,而轻视其小学著作。

[9] 向:向往,崇尚。背:背离,轻视。

# 说苑目录序(节选)

曾　巩

[**解题**] 曾巩(1019—1083),字子固,建昌军南丰(今江西南丰)人。嘉祐年间进士,官至中书舍人。为文以简洁明晰著称,为唐宋八大家之一。本文是他为西汉刘向《说苑》所作的序。在序中,他谈到治学求道之难在于深入精微,浮光掠影、易于满足者无法了解学问深意。

夫学者之于道,非知其大略之难也,知其精微之际固难矣。孔子之徒三千,其显者七十二人,皆高世之才也,然独称颜氏之子[1],其殆庶几乎[2]?及回死,又以为无好学者。而回亦称夫子曰"仰之弥高,钻之弥坚"[3]。子贡又以谓"夫子之言性与天道,不可得而闻也"[4]。则其精微之际,固难知久矣。是以取舍不能无失于其间也[5]。故曰:"学然后知不足。"[6]岂虚言哉!

——《元丰类稿》卷十一

[1] 颜氏之子:指颜回。
[2] 其殆庶几乎:这差不多可算是(深入精微者)了吧?
[3] "仰之弥高"二句:出自《论语·子罕》,意谓(夫子的学问)越仰望越显得高远,越钻研越显得坚固。
[4] "夫子之言"二句:出自《论语·公冶长》。性,人性。天道,指上

天运行与人类社会的关系。

　　[5]其间:精微之际。

　　[6]学然而知不足:出自《礼记·学记》,意为通过学习才知道自己的不足。

# 答曾子固书[1]

王安石

〔解题〕 王安石(1021—1086),字介甫,晚号半山,抚州临川(今江西省临川市)人。北宋著名的政治家、思想家、文学家。这是他写给朋友曾巩的一封信,主要内容是研讨治学读书之道。王安石认为读书不能局限于儒家经典,而将诸子百家以及先秦医学著作都列入研读范围。广泛涉猎,一方面可以拓宽视野,获得更多知识,另一方面,须用批判的眼光,对众家学说"有所去取",在比较借鉴中加深对儒家之道的理解,最终使得儒家之道更为彰明。

某启[2]:久以疾不为问,岂胜乡往[3]!前书疑子固于读经有所不暇,故语及之。连得书,疑某所谓经者佛经也,而教之以佛经之乱俗。某但言读经,则何以别于中国圣人之经[4]?子固读吾书每如此,亦某所以疑子固于读经有所不暇也。

然世之不见全经久矣[5]。读经而已,则不足以知经。故某自百家诸子之书,至于《难经》、《素问》、《本草》、诸小说无所不读[6],农夫、女工无所不问。然后于经为能知其大体而无疑。盖后世学者与先王之时异矣,不如是,不足以尽圣人故也。扬雄虽为不好非圣人之书,然于墨、晏、邹、庄、申、韩[7],

亦何所不读。彼致其知而后读[8],以有所去取,故异学不能乱也[9]。惟其不能乱,故能有所去取者,所以明吾道而已。子固视吾所知,为尚可以异学乱之者乎?非知我也。

方今乱俗不在于佛,乃在于学士大夫沉没利欲[10],以言相尚[11],不知自治而已。子固以为如何?

苦寒,比日侍奉万福[12]。自爱[13]。

——《临川先生文集》卷七十三

[1] 曾子固:曾巩(1019—1083),字子固,江西南丰人,北宋著名的散文家,"唐宋八大家"之一。

[2] 某启:古代书信格式,意为向对方陈述。某,王安石自称。

[3] 岂胜乡往:意为十分想念。胜,尽。乡,通"向"。

[4] 中国圣人之经:指儒家经典。

[5] 全经:完整的经典古籍。

[6]《难经》:中医学著作,旧题战国扁鹊撰。《素问》:又名《黄帝素问》,我国最早的医学理论著作。《本草》:指我国古代记载药物的著作,多以草类为主,故称为"本草"。宋代以前有《神农本草经》等。小说:古人将街谈巷语、神话传说、志怪传奇等典籍归为小说。

[7] 墨:墨翟,墨家代表人物。晏:晏婴,春秋时齐国大夫,主张以礼治国,后人伪托其名编《晏子春秋》。邹:邹衍,战国齐人,阴阳家代表人物。相传著有《邹子》,已散佚。庄:庄周,道家代表人物。申:申不害,战国郑人,法家代表人物。韩:韩非子,战国法家代表人物。

[8] 彼:指扬雄。致其知:求得(基本的)知识。

[9] 异学:指儒家之外的其他学说。

[10] 沉没:沉湎。

[11] 以言相尚:追求夸夸其谈。

[12] 比日侍奉万福:祝您双亲近日万福。比日,近日。侍奉,指服侍父母。

[13] 自爱:自己多加保重。

# 盖书以维持此心

张　载

〔**解题**〕题目系据正文拟定。张载认为读书是穷理的重要途径。应该怎么读书呢？此处所选的两段文字透露出一些他的看法。

人不知学，其任智自以为人莫及[1]，以理观之[2]，其用智乃痴耳[3]。棋酒书画，其术固均无益也[4]，坐寝息[5]，其术同，差近有益也[6]，惟与朋友燕会议论良益也[7]。然大义大节须要知，若细微亦不必知也[8]。

读书少则无由考校得义精[9]，盖书以维持此心，一时放下则一时德性有懈，读书则此心常在，不读书则终看义理不见。书须成诵精思[10]，多在夜中或静坐得之，不记则思不起，但通贯得大原后[11]，书亦易记。所以观书者，释己之疑，明己之未达[12]，每见每知所益，则学进矣，于不疑处有疑，方是进矣。

——《经学理窟·义理》

[１] 任智：倚仗自己的聪明才智。人莫及：他人比不上自己。

[２] 理：义理，修养个人性情。

[３] 用智：运用才智的所作所为。痴：不明智。

[4] 术:技艺、方法。固:固然。均:都。无益:没有好处。
[5] 坐寝息:日常起居坐卧。
[6] 差近有益:略有些好处。
[7] 良益:大有好处。
[8] 不:传世本无,中华书局点校本据《张子抄释》增补。
[9] 无由:无法。考校:考察比较。义精:道理的精要。
[10] 成诵:记忆背诵。精思:精心深入地思考。
[11] 大原:根源,纲目。
[12] 未达:未能完全理解的。

# 格 物 致 知

程　颐

〔**解题**〕题目系据正文拟定。程颐（1033—1107），字正叔，世称伊川先生。在中国哲学史上，产生于北宋的理学，常常被视作继先秦哲学之后的第二座高峰。它具有庞大精深的理论体系，对后代产生了巨大而深远的影响。程颐和他的哥哥程颢是理学的奠基人，史称"二程"。他们地位与南宋朱熹相当，以致人们常常把理学称作"程朱理学"。

"理"是二程哲学乃至整个宋明理学中最重要的概念。所谓"理"就是万事万物的规律，是世界的本质。以"理"出发，二程建立了一套宇宙观，阐释万事万物如何产生、如何作用。而如何认识世界的本质、如何"穷理"，也成为其哲学的重要内容。对此，他们肯定了"格物致知"说，就是通过接触事物而达到对"理"的认识。读书学习便是"格物"的一种。在二人语录中常常可见谈论治学方法、治学心得的内容，此处选择《伊川先生语》五条，稍可窥其一豹。

或问："进修之术何先？"曰："莫先于正心诚意。诚意在致知，'致知在格物'[1]。格，至也，如'祖考来格'之格[2]。凡一物上有一理，须是穷致其理。穷理亦多端[3]：或读书，讲明义理；或论古今人物，别其是非；或应接事物而处其当[4]，皆穷理也。"或问:"格物须物物格之,还只格一物而万理皆知?"曰:"怎生便会该通[5]?若只格一物便通众理,虽颜子亦不敢如此道[6]。须是今日格一件,明日又格一件,积习既多,然后脱然自有贯通处[7]。"

士之于学也,犹农夫之耕[8]。农夫不耕则无所食,无所食则不得生。士之于学也,其可一日舍哉[9]?

——《二程集·河南程氏遗书》卷第十八《伊川先生语四》

学为易,知之为难[10]。知之非难也,体而得之为难[11]。

学者当以《论语》、《孟子》为本。《论语》、《孟子》既治[13],则六经可不治而明矣。读书者,当观圣人所以作经之意[14],与圣人所以用心[15],与圣人所以至圣人[16],而吾之所以未至者,所以未得者[17]。句句而求之[18],昼诵而味之[19],中夜而思之,平其心,易其气,阙其疑,则圣人之意见矣[20]。

君子之学必日新,日新者日进也。不日新者必日退,未有不进而不退者。唯圣人之道无所进退,以其所造者极也。

——《二程集·河南程氏遗书》卷第二十五《伊川先生语十一》

[1]致知在格物:出自《礼记·大学》:"欲正其心者,先诚其意;欲诚其意者,先致其知;致知在格物。"格物,穷究事物的道理。

[2]祖考来格:见于《尚书·益稷》。祖考,祖先。来格,来临。

[3]多端:多种方式。

[4] 处其当:做到恰如其分。

[5] 怎生:怎么,如何。该通:博通,万理皆知晓。

[6] 颜子:颜回。

[7] 脱然:超越寻常。

[8] "士之于学"二句:意谓读书人与求学的关系就像农夫与耕作的关系。

[9] 其:语气词,表示反问。舍:舍下,停止。

[11] 知之:知道。

[12] 体而得之:体会而透彻理解。

[13] 治:理解透彻。

[14] 圣人所以作经之意:圣人撰述典籍的用意。

[15] 所以用心:关注的问题。

[16] 所以至圣人:成为圣人的原因。

[17] "吾之所以"二句:意谓自省自己未能达到圣人境界的原因。

[18] 句句:每句,一句句。

[19] 味:咀嚼回味。

[20] 见:同"现",显露出来。

# 与王庠五首(其五)

苏 轼

〔**解题**〕 苏轼(1037—1101),字子瞻,号东坡居士。本文是苏轼回答王庠问学的一封信札。王庠,字周彦,荣州(今四川荣县)人,苏轼弟苏辙的女婿。苏轼《与鲁直》中称赞他"文行皆超然,笔力有余,出语不凡"。

苏轼指出读书"实无捷径必得之术","积学数年,自有可得之道"。继而提出"八面受敌"之法,即"每次作一意求之",不贪多务博,而是带着问题深入书中。这个办法虽然看上去有些笨,但对于处理内容繁杂的书,却往往能起来抽丝剥茧的效果。

别纸累幅过当[1],老病废忘[2],岂堪英俊如此责望邪[3]?少年应科目时[4],记录名数沿革及题目等[5],大略与近岁应举者同尔。亦有少节目文字[6],才尘忝后[7],便被举主取去[8],今日皆无有,然亦无用也。实无捷径必得之术。但如君高材强力,积学数年,自有可得之道,而其实皆命也[9]。但卑意欲少年为学者[10],每一书,皆作数过尽之[11]。书富如入海,百货皆有之,人之精力,不能兼收尽取,但得其所欲求者耳。故愿学者,每次作一意求之[12]。如欲求古今兴亡治乱、圣贤作用,但作此意求之,勿生余念[13]。又别作一次[14],求事迹故实、典章文物之类[15],亦如之。

他皆仿此。此虽迂钝[16],而他日学成,八面受敌[17],与涉猎者不可同日而语也[18]。甚非速化之术[19]。可笑!可笑!

——《苏轼文集》卷六十

[1] 别纸:指信札。王庠主要是送文章给苏轼请求教益,所以称所附信札为别纸。累幅过当,指苏轼觉得信中对自己推崇过分了。

[2] 废忘:记忆衰退。

[3] 堪:承受得住。英俊:才智出众的人,指王庠。责望:要求、期望。邪(yé爷):语气助词,表示反问。

[4] 应科目:参加科举考试。

[5] 记录:死记背诵。名数:户籍。沿革:事情发展变化的过程。题目:指历次科举考试所出的试题。

[6] 少:少许。节目:树木枝干交接处,坚实难攻,以此比喻应考时难度较大的文章。

[7] 才尘:才能低下。忝后:列于榜后。谦虚之词,言刚刚被录取。

[8] 举主:主考官员。

[9] 而其实皆命也:意谓是否能考中其实都是命运,与文章好坏并不一定能对应。

[10] 卑意:谦辞,即我的意思、我以为。

[11] 数过尽之:几遍读完。

[12] 每次作一意:每一遍读书都确定一个目的(来指导自己钻研)。

[13] 余念:其他的念头。

[14] 别:另外。

[15] 事迹故实:历史上的重大事件。

[16] 迂钝:迂阔愚笨。

[17] 八面受敌:形容功力深厚,能应对来自多方的问诘。

[18] 涉猎:浅尝辄止,没有深入钻研。

[19] 甚非速化之术:这远不是速成的方法。

# 书陶渊明诗后寄王吉老

黄庭坚

〔解题〕这是黄庭坚所写的一篇小跋,谈的是对东晋诗人陶渊明诗歌的阅读经验。陶诗多平淡自然,欣赏如此风格的作品常常需要人生阅历的准备。读书与阅世难以分割,一部作品在不同年纪、境遇下读来常常会有很不同的感受体悟。因此,书常读而常新,似镜子,也似老友。这是阅读过程中迷人的体验。

血气方刚时读此诗,如嚼枯木。及绵历世事[1],如决定无所用智[2],每观此篇,如渴而饮水,如欲寐得啜茗,如饥啖汤饼[3]。今人亦有能同味者乎?但恐嚼不破耳。

——《山谷题跋》卷七

[1] 绵历:久经,历经。
[2] 决定无所用智:指不要使用理路、技巧等来理解。决定,一定。
[3] 汤饼:汤煮的面食。

# 读书须知出入法

陈 善

〔**解题**〕陈善,字敬甫,号秋塘,福建罗源人,生活于南、北宋之间。著有笔记《扪虱新话》,内容以考论经史诗文为主,兼及杂事。本文即出自此书。陈善提出读书"出入法"。入,是深入,理解书中内容、思路,与之同情,获得共鸣。出,是跳出,将书本中的知识、思想等与现实融会贯通,灵活运用。唯有此,读书才真正"活"起来。

读书须知出入法。始当求所以入,终当求所以出。见得亲切,此是入书法;用得透脱,此是出书法。盖不能入得书,则不知古人用心处;不能出得书,则又死在言下[1]。惟知出知入,乃尽读书之法也。

——《扪虱新话》卷四

[1] 死在言下:指拘泥于书本。

# 答刘仲则

朱 熹

〔解题〕朱熹不仅是理学的集大成者,也是宋代最优秀的学者之一,是"尊德性而道问学"(《中庸》)的代表。他很重视读书治学,在其著作中有不少谈论治学方法的文章,本书收录了三篇,又从《朱子语类》中摘选了数则。比如这篇《答刘仲则》,主要讲了两个道理:其一,知为行的参考;其二,读书须虚心专意,循次渐进。

示喻学问之道[1],不专在书册,而在持身接物之间。理固如此,然便全舍去书册,不复以讲学问辨为事,则恐所以持身接物之际,未必皆能识其本源而中于几会[2]。此子路"人民社稷,何必读书"之论,所以见恶于圣人也[3]。试以治民理事之余力,益取圣贤之言而读之、而思之,当自觉有进步处,然后知此言之不妄也。《大学章句》一通,谩奉致思之地[4]。大抵读书唯虚心专意,循次渐进为可得之,如百牢九鼎,非可以一嚼而尽其味也[5]。

——《晦庵集》卷五十四

[1] 示喻:被告知,您说。
[2] 中于几会:根据机遇而变通,有流于投机之弊。几,同"机"。

[3]"子路"句:事见于《论语·先进》:"子路曰:'有民人焉,社稷焉,何必读书,然后为学?'子曰:'是故恶夫佞者。'"见恶于圣人,被孔子讨厌。

[4]致思:让人思考。

[5]牢:古代祭祀时供奉的牲畜。百牢九鼎:言食物之多。鼎,古代一种烹饪器。一啜(chuài 踹):指一口。啜,吸、吞。

# 答李守约闳祖

朱 熹

〔解题〕理学发展到南宋,分化为两派,即以朱熹为代表的理学派和以陆九渊为代表的心学派。两派之间有着重大的分歧。朱熹认为天地万物循理而生,心则是天理的体现。心常常为物欲所蒙蔽,所以要通过穷理使心复归于明。陆九渊则认为心就是理,把心直接看作世界的本体,通过内检省察即可感知体会心,不需要外求。这种分歧影响到对待书籍的态度。陆九渊提出"六经注我",也就是利用经典来解释我的思想,让六经为我所用。朱熹对这种观点大为不满,《答李守约闳祖》中"近见学者多是率然穿凿"云云指的便是心学一派。因此他强调"读书之法无他,唯是笃志虚心,反复详玩为有功耳"。"虚心"就是要放掉成见,理解文献本来的意思,待融会贯通后,再做它论。

读书之法无他,唯是笃志虚心、反复详玩为有功耳。近见学者多是率然穿凿[1],便为定论,或即信所传闻,不复稽考,所以日诵圣贤之书,而不识圣贤之意。其所诵说,只是据自家见识撰成耳。如此,岂复能有长进?前辈盖有亲见有道,而其所论终不免背驰处者[2],想亦正坐此耳[3]。所说持敬工夫[4],恐不必如此徒自纷扰,反成坐驰[5]。但只大纲收敛,勿令放逸。到穷理精后[6],自然思虑不至妄动,凡所营为[7],无非正理,则亦何必兀然静坐然后为持敬哉[8]!

——《晦庵集》卷五十五

[1] 率然:轻率貌。

[2] 背驰:与道理相违背、相去甚远。

[3] 坐:因为。

[4] 持敬:保持恭敬之心。持敬工夫:指无论动静,摒除杂念,时刻保持心思专一,保持严肃谨慎。

[5] 坐驰:指虽然无举动但杂念不止,与上句"徒自纷扰"相对应。

[6] 穷理精:得到理的内核,深刻理解"理"。理精,指"理"的要义与内核。

[7] 营为:作为、举动。

[8] 兀然:昏昏沉沉貌。

# 与魏应仲

朱 熹

〔解题〕本文是朱熹指导魏应仲读书修身的信。耐心细致，娓娓道来，由此可想见当时读书人为学的情形。

三哥年长[1]，宜自知力学，以副亲庭责望之意[2]，不可自比儿曹[3]，虚度时日。逐日早起，依本点《礼记》、《左传》各二百字[4]，参以《释文》，正其音读，俨然端坐，各诵百遍讫；诵《孟子》三二十遍，熟复玩味讫；史数板[5]，不过五六，反复数遍，文词通畅、议论精密处诵数过为佳[6]。大抵所读经史，切要反复精详，方能渐见旨趣。诵之宜舒缓不迫，令字字分明，更须端庄正坐，如对圣贤，则心定而义理易究。不可贪多务广，涉猎卤莽，才看过了[7]，便谓已通。小有疑处，即更思索，思索不通，即置小册子逐日抄记，以时省阅，俟归日逐一理会[8]。切不可含糊护短，耻于资问，而终身受此黯暗以自欺也。又置簿记逐日所诵说起止，以俟归日稽考。起居坐立，务要端庄，不可倾倚，恐至昏怠。出入步趋，务要凝重，不可票轻[9]，以害德性。以谦逊自牧[10]，以和敬待人。凡事切须谨饬，无故不须出入，少说闲话，恐废光阴。勿观杂书，恐分精力。早晚频自点检所习之业，每旬休日将一旬内书温习数过，勿令心少有放佚[11]，则自然渐近道理,讲习易明矣。

——《晦庵集》卷三十九

[1] 三哥:指魏应仲。其父魏掞之(1116—1173)字子实,改字元履,人称艮斋先生,与朱熹相交甚笃。

[2] 副:符合。亲庭:父母。责望:要求、期望。

[3] 儿曹:小孩子。

[4] 点:点断,断句标点。

[5] 板:宋代雕版书籍盛行,一板即一张雕版,包括左右两个半页。

[6] 数过:数遍、数次。

[7] 才:刚刚。

[8] 归日:指朱熹归来时。

[9] 票轻:轻浮。票,通"飘"。

[10] 自牧:自我约束。

[11] 放佚:放纵。

# 朱子语类(节选)

[**解题**]《朱子语类》是朱熹和其弟子问答的语录汇编,由其弟子黎靖德以类编排。因为是语录,所以全书以口语为主,言语浅近平易,道理却深入透彻。此处选了七则,侧重点各不相同。其中第四、第五则尤其值得注意。

第四则云"今人所以读书苟简者,缘书皆有印本多了"。其历史背景是宋代雕版印刷业大兴,一改前代书籍流传依靠手抄的局面,社会上书籍数量大幅增长,获取书籍的难度显著下降。然而朱熹却发现,书籍获得容易了,但人们看书却越来越粗疏。这种现象及其背后的原因对当代社会颇具警示意义。

第五则云"近日真个读书人少,也缘科举时文之弊也,才把书来读,便先立个意思,要讨新奇,都不理会他本意着实"。这说的虽然是宋代的事情,但标新立异以夺人眼球的事情在今天也并不罕见。这些提醒值得我们深思警惕。

学问是自家合做底[1]。不知学问,则是欠阙了自家底;知学问,则方无所欠阙[2]。今人把学问来做外面添底事看了。

——《朱子语类》卷八

为学之道,圣贤教人,说得甚分晓。大抵学者读书,务要穷究。"道问学"是大事[3]。要识得道理去做人。大凡看书,要看了又看,逐段、逐句、逐字理会,仍参诸解、传[4],说教通透,使道理与自家心相肯[5],方得。读书要自家道理浃洽透彻[6]。杜元凯云[7]:"优而柔之,使自求之;厌而饫之,使自趋之。若江海之浸,膏泽之润,涣然冰释,怡然理顺,然后为得也。"[8]

山谷《与李几仲帖》云[9]:"不审诸经、诸史,何者最熟?大率学者喜博[10],而常病不精[11]。泛滥百书,不若精于一也。有余力,然后及诸书,则涉猎诸篇亦得其精。盖以我观书[12],则处处得益;以书博我,则释卷而茫然[13]。"先生深喜之,以为有补于学者[14]。

今人所以读书苟简者[15],缘书皆有印本多了[16]。如古人皆用竹简,除非大段有力底人方做得[17]。若一介之士[18],如何置[19]?所以后汉吴恢欲杀青以写《汉书》[20],其子吴佑谏曰:"此书若成,则载之车两[21]。昔马援以薏苡兴谤[22],王阳以衣囊徼名[23],正此谓也。"如黄霸在狱中从夏侯胜受书,凡再逾冬而后传[24]。盖古人无本,除非首尾熟背得方得。至于讲诵者,也是都背得,然后从师受学。如东坡作《李氏山房藏书记》[25],那时书犹自难得。晁以道尝欲得《公》、《穀》传[26],遍求无之,后得一本,方传写得。今人连写也自厌烦了,所以读书苟简。

近日真个读书人少,也缘科举时文之弊也,才把书来读,便先立个意思,要讨新奇,都不理会他本意着实。才讨得新奇,便准拟作时文使[27],下梢弄得熟[28],只是这个将来使。虽是朝廷甚么大典礼也[29],胡乱信手捻合出来使,不知一撞

133

百碎。前辈也是读书。某曾见大东莱吕居仁之兄[30]，他于"六经"、"三传"皆通[31]，亲手点注，并用小圈点。注所不足者，并将疏楷书，用朱点。无点画草[32]。某只见他《礼记》如此，他经皆如此。诸吕从来富贵[33]，虽有官，多是不赴铨[34]，亦得安乐读书。他家这法度却是到伯恭打破了[35]。自后既弄时文，少有肯如此读书者。

看文字，须大段着精彩看，耸起精神，树其筋骨，不要困，如有刀剑在后一般！就一段中，须要透。击其首则尾应，击其尾则首应，方始是。不可按册子便在，掩了册子便忘却；看注时便忘了正文，看正文便忘了注。须这一段透了，方看后板。……须是一棒一条痕！一掴一掌血！看人文字，要当如此，岂可忽略！

——《朱子语类》卷十

为学须是先立大本。其初甚约，中间一节甚广大，到末梢又约。孟子曰："博学而详说之[36]，将以反说约也。"故必先观《论》、《孟》、《大学》、《中庸》，以考圣贤之意；读史，以考存亡治乱之迹；读诸子百家，以见其驳杂之病。其节目自有次序[37]，不可逾越。近日学者多喜从约，而不于博求之。不知不求于博，何以考其约！如某人好约，今只做得一僧，了得一身。又有专于博上求之，而不反其约。今日考一制度，明日又考一制度，空于用处作工夫，其病又甚于约而不博者。要之，均是无益。

——《朱子语类》卷十一

[1]"学问"句：言求学治学是为自己做的。底，同"的"。
[2]方：方能，才能。

〔3〕道问学:即把求学治学作为修身的途径,出自《礼记·中庸》"君子尊德性而道问学"。

〔4〕解、传:都是注释解说经典的著作。

〔5〕相肯:相连接、相契合。

〔6〕浃(jiā夹)洽:贯通。

〔7〕杜元凯:即杜预,元凯为其字,西晋人,著有《春秋经传集解》。

〔8〕"优而柔之"几句:出自《春秋经传集解序》,用来形容读书精熟、至于融会贯通的状态。优而柔之,形容从容探索。厌而饫(yù裕)之,吃饱,形容满足。浸,浸透、浸润。膏泽,雨水。

〔9〕山谷:即黄庭坚,自号山谷道人,北宋著名的文学家、书法家。

〔10〕大率:大抵,大概。

〔11〕常病不精:常常有不深入因而难以精通的毛病。

〔12〕以我观书:带着自己的问题去看书。

〔13〕释卷:放下书。

〔14〕补:补益,帮助。

〔15〕苟简:苟且草率。

〔16〕缘:因为。印本:雕版印刷本。

〔17〕大段有力:富有财力。

〔18〕一介之士:普通的读书人。

〔19〕置:办置。

〔20〕杀青:古代制作竹简的程序之一,把竹子置于火上烤干水分,用以防虫。

〔21〕载之车两:意谓《汉书》卷帙浩繁,写成竹简,势必动用车辆才能运输。两,通"辆"。

〔22〕马援:字文渊,东汉开国功臣。兴谤:招致毁谤。事见《后汉书·马援传》:"初,援在交阯,常饵薏苡实,用能轻身省欲,以胜瘴气。南方薏苡实大,援欲以为种,军还,载之一车。时人以为南土珍怪,权贵皆望之。援时方有宠,故莫以闻。及卒后,有上书谮之者,以为前所载还,皆明珠文犀。"交阯:相当于今天广东、广西大部及越南北部、中部。饵,服用。种,种植、栽培。珍怪,珍奇异物。谮,诬陷、毁谤。

135

[23] 王阳:即王吉,字子阳,汉宣帝时任博士谏大夫。衣囊:装衣服的包裹。徼(jiǎo 皎):求取。事见《汉书·王吉传》:"自吉至崇,世名清廉,然材器名称稍不能及父,而禄位弥隆。皆好车马衣服,其自奉养,极为鲜明,而亡金银锦绣之物。及迁徙去处,所载不过囊衣,不畜积余财。去位家居,亦布衣疏食。天下服其廉而怪其奢,故俗传'王阳能作黄金'。"奉养,待遇。

[24] 黄霸:字次公,汉宣帝时丞相。夏侯胜:字长公,汉代著名学者。黄霸曾与夏侯胜同时下狱,在狱中跟随夏侯氏学习《尚书》。再逾冬,过了两个冬天,即用了两年。

[25] 东坡:苏轼号。《李氏山房藏书记》云:"余犹及见老儒先生,自言其少时,欲求《史记》、《汉书》而不可得,幸而得之,皆手自书,日夜诵读,惟恐不及。近岁市人转相摹刻,诸子百家之书日传万纸。学者之于书,多且易致如此,其文词学术,当倍蓰于昔人。而后生科举之士,皆束书不观,游谈无根,此又何也?"惟恐不及,担心时间不够,来不及。当倍蓰于昔人,应当远远超过前人。束书,把书放到一边。游谈无根,形容没有根据、信口胡说。

[26] 晁以道:号景迂,北宋著名的经学家、文学家。《公》:《公羊传》。《穀》:《穀梁传》。

[27] 准:效仿。

[28] 下梢:将来,以后。

[29] 甚么:同"什么"。

[30] 吕居仁:即吕本中,世称东莱先生。其族孙吕祖谦亦号东莱先生,为与之区别,后人又称吕本中为"大东莱"。

[31] 六经:《易》、《书》、《诗》、《礼》、《乐》、《春秋》这六部儒家经典。三传:《左传》、《公羊传》、《穀梁传》。

[32] 草:潦草。

[33] 诸吕从来富贵:指该家族在各朝都担任重要职位,世代显贵。

[34] 铨:选授官职。

[35] 伯恭:即吕祖谦,字伯恭。南宋著名的理学家、经学家。

[36] 博学而详说之:出自《孟子·离娄下》,意谓广博学习,详尽解说,于融会贯通之后,返回简约。

[37] 节目:条目。

# 赠武川陈童子序

陈 亮

〔解题〕陈亮(1143—1194),字同甫,号龙川,婺州永康(今属浙江金华市)人。南宋思想家,文学家。为文气势纵横,为词慷慨豪迈,有《龙川集》、《龙川词》传世。本文是一篇赠序,为送别武川陈童子而作。临别时分,陈亮表达了对陈童子的期望和祝愿,又阐述了治学之道,勉励他孜孜矻矻,笃学不止。文中尤其值得注意的是,他将人生不同阶段读书治学的特点和重点予以归纳,即"童子以记诵为能,少壮以学识为本,老成以德业为重",这对教育活动的开展颇具参考意义。

童子以记诵为能[1],少壮以学识为本[2],老成以德业为重。年运而往,则所该愈广[3],所求愈众。穷天地之运,极古今之变[4],无非吾身不可阙之事也[5]。故君子之道,不以其所已能者为足,而尝以其未能者为歉,一日课一日之功[6],月异而岁不同,孜孜矻矻,死而后已。自古圣人,及若后世之贤智君子,骚人墨客,凡所以告语童子者,辞虽各出其所长,而大概不过此矣。若余少而昏蒙,长不知勉,未老而颓惰如七八十岁人者,此天地之弃物,而何以语童子哉!

童子之资禀特异,而犹记畴昔之所闻所见其略之可言者[8]。盖阙党童子[9],圣人既与之周旋矣[10]。以其求速自见者,而有疑于异时之远到,故孺悲则辞而不见,将以警策之也[11]。后世诸贤,其于童子岂能有此财成辅相之道哉[12]!而况若余者乎!

童子行矣,奇妙英发,不极其所到,未可止也。落华收实,异时相与诵之。

——《龙川集》卷十五

[1] 童子:未成年的人。

[2] 少壮:年轻力强的人。

[3] 该:包罗。

[4] 极:穷究。

[5] 阙:同"缺"。

[6] 课:完成。

[7] 孜孜矻(kū 哭)矻:勤奋不懈怠。

[8] 畴昔:从前。

[9] 阙党:孔子故里。

[10] 圣人既与之周旋:孔子已经教导他。

[11]"以其求"四句:意为因为他急着想自我表现,(孔子)担心时机还不成熟,所以推辞不见孺悲,这是为了警惕鞭策他。见,同"现"。孺悲,相传为鲁国人。《论语·阳货》记载他曾求见孔子,孔子托辞有病不见,而后故意鼓瑟高歌,让他听见。本段即用了这个典故。

[12] 财成辅相:匡助成就。《易·泰》:"天地交泰,后以财成天地之道,辅相天地之宜,以左右民。"财,通"裁",裁度。

# 学　辨

方孝孺

[解题] 方孝孺(1357—1402),字希直,一字希古,号逊志。他是明洪武朝有名的贤能之士,后来被任命侍讲学士,辅佐建文帝朱允炆。"靖难之役"后,因拒绝给谋夺皇位的朱棣(后来的永乐帝)草拟即位诏书而被处决。《学辨》一文是方孝孺谈论为什么求学,怎么样读书治学的文章。其中一段谈到读书的次序,先"四书"而后"六经",先诸子、《史记》而后宋代理学著作。由之可见当时人治学的大概情形。

人莫不为学,孰知所以为学也。所以食者为饥也,所以衣者为寒也,至于学而不知所以其可乎哉?

夫人之有生也,则有是心,有心则有仁义礼智之性。是性也,惟圣人不假乎学,能生而尽之[1]。非圣人之资也,苟不学[2],安能尽其理而无过哉?故凡学者,所以学尽其性而已,不能尽其性,而人之伦紊矣[3]。此人之所以不可无学也,而学必有要焉[4]。何谓要?五经者天地之心也,三才之纪也[5],道德之本也。人谁不诵说五经也,而知之者寡矣[6]。苟不足以知其意,虽日诵诸口而不忘,谓之学则可矣,而乌足为善学哉?

夫所谓善学者,学诸《易》以通阴阳之故,性命之理;学之

《诗》,以求事物之情,伦理之懿[7];学之《礼》,以识中和之极,节文之变[8];学之《书》,以达治乱之由[9],政事之序;学之《春秋》,以参天人之际[10],君臣华夷之分[11],而学之大统得矣[12]。

然不可骤而进也[13],盖有渐焉。先之《大学》以正其本,次之孟轲之书以振其气,则之《论语》以观其中[14],约之《中庸》以逢其原[15],然后六经有所措矣[16]。博之诸子以睹其辨[17],索之史记以质其效[18],归之伊洛关闽之说[19],以定其是非。既不谬矣,参天下之理以明之,察生民之利害以凝之[20]。践之于身[21],欲其实也[22]。措之于家[23],欲其当也[24]。内烛之于性[25],欲其无不知也。外困辱而劳挫之,欲其著而不懈,畜而愈坚也[26]。夫如是,学之要庶几乎得矣[27]。发之乎文辞,以察其浅深。核之乎事为,以考其可否。验之乎乡邦,以勉其未至。日量而岁较[28],昼省而夜思之。功既加矣,德既修矣,出而任国家之重位[29],则泽被乎四表[30],声施乎百世矣[31];处则折衷圣贤之道[32],稽缵古今之法[33],传之于人,著之于书,以淑来者[34],岂不巍巍然善学君子哉[35]!

今之学经者,吾疑焉。童而诵之[36],剽其虚辞以质利禄[37]。有釜庾之入以食其家,则弃去而不省[38]。问其名,则曰治经也。问以经之道,则曰吾未之闻也。或者谈治乱,讲性命,于平居之时,及登乎大位,则惟法律权谋是行。问其故,则曰经不足用也。于乎!是可以为学经者乎?经而无用,亦可以为经乎?然非经之过也,学之者之愚也。非学者之愚,教之者无其术也,虽学犹不学也。吾故曰:人莫不学,而知所以为学者寡矣,为其近利也。

浦阳山中有倪君正[39],年四十余而为学不辍,予慕其好学而异乎世之所云者,辨为学之道以赠焉。

——《逊志斋集》卷六

[1] 尽之:尽悟仁义礼智之性,尽得仁义礼智之性。
[2] 苟:假如,如果。
[3] 紊:混乱。
[4] 要:重点。
[5] 三才:天、地、人。纪:头绪、脉络。
[6] 知之者:真正理解五经之意的人。
[7] 懿:美好。
[8] 节文之变:礼仪在不同场合、不同等级的变化。
[9] 达:了解、通晓。
[10] 参:探究、领悟。天人之际:天道和人事的关系。
[11] 分:分别。
[12] 学之大统:学问的正宗。
[13] 骤:突然、疾忙。
[14] 则之:以之为准则。中:不偏不倚,中和之道。
[15] 逢其原:形容学问功夫深,取之不尽,用之不竭,处事得心应手。原,同"源",水源。《大学》、《中庸》为《礼记》中的两篇,加上《论语》、《孟子》,合称为"四书"。宋元以后读书人十分看重"四书",视作治学、修身的根本。
[16] 措:置办,指可以着手学习六经。
[17] 博之:博览、博涉。辨:思辨、辩论。
[18] 质其效:评断人和事在历史上的成效。
[19] 伊洛、关、闽:宋代理学的三个重要派别,均以地域命名。伊洛即伊河、洛水,代表人物是程颐、程颢。关即关中,关学的代表人物是张载。闽即福建,闽学以朱熹为代表。所谓"归之伊洛关闽之说",是说学问最终归于理学,以理学为判断是非的准绳。
[20] 凝:凝神思考。
[21] 践之于身:践行所学以修养身心。

［22］实：落到实处。

［23］措之于家：用所学来治家。

［24］当：处理得到。

［25］烛：烛照，照亮。此句意谓用所学启发照亮自己的天性。

［26］"外困辱"三句：意谓在外通过苦难来磨砺它，使它愈加凸显而不懈怠，使它不断积累而更加坚固。

［27］庶几乎得：差不多就达成了。

［28］较：考虑。

［29］出：出仕为官。与下文"处"相对。

［30］泽被乎四表：给全下带来福泽。被，同"披"，覆盖。四表，泛指天下。

［31］声：声誉、名声。施：施行、流传。

［32］处：隐退不仕。折衷：同"折中"，调和不同的意见，形成准则。

［33］稽：考查，探究。缵（zuǎn纂）：继承。

［34］淑：美好，引申为使人美好，即教导。来者：后世的人。

［35］巍巍然：高大壮观的样子。

［36］童而诵之：从儿童时便开始诵读。

［37］剿（chāo钞）：抄袭。质：交换、交易。

［38］"有釜庾"二句：意谓得到一点微薄的利禄，就不假思索地抛弃学问。釜、庾，古代的量器名，后用来代指数量不多。食（sì四），给人饮食。

［39］浦阳：今浙江浦江县。

# 为学须有本原

[**解题**] 题目系据正文拟定。王守仁(1472—1528),字伯安,号阳明。明代最有影响的哲学家之一。他的哲学思想是南宋陆九渊"心学"流派的继续。《传习录》是他的代表作,通过与弟子、友人的对话或书札,阐发各种哲学思想。为学"须从本原用力",循序而渐进,是本文的主旨。虽然他所谓的知识,"用力"的方式不脱唯心主义,但"初种根时,只管栽培灌溉,勿作枝想,勿作叶想,勿作花想,勿作实想。悬想何益!但不忘栽培之功,怕没有枝叶花实"一段非常精彩,用来比喻读书治学也十分恰当。

问:"知识不长进,如何?"先生曰:"为学须有本原,须从本原用力,渐渐盈科而进[1]。仙家说婴儿,亦善譬[2]。婴儿在母腹时,只是纯气,有何知识?出胎后,方始能啼,既而后能笑,又既而后能识认其父母兄弟,又既而后能立、能行、能持、能负,卒乃天下事无不可能。皆是精气日足,则筋力日强,聪明日开[3],不是出胎日便讲求推寻得来,故须有个本原。圣人到位天地[4]、育万物,也只从喜怒哀乐未发之中上养来。后儒不明格物之说,见圣人无不知,无不能,便欲于初下手时讲求得尽,岂有此理!"又曰:"立志用功,如种树然。方其根芽,犹未有干,及其有干,尚未有枝,枝而后叶,叶而后花、实。初种根时,只管栽培灌溉,勿作枝想,勿作叶想,勿作花想,勿作实想。悬想何益[5]!但不忘栽培之功,怕没有枝叶花实?"

——《传习录》卷一

　　[1] 盈科而进:典出《孟子·离娄下》:"原泉混混,不舍昼夜,盈科而后进,放乎四海。"形容循序渐进。盈,满。科,小坑。
　　[2] 善譬:好的比喻。
　　[3] 开:开启、打开,形容智慧日益长进。
　　[4] 到位天地:使天地各就其位。
　　[5] 悬想:空想。

# 教　约

王守仁

〔**解题**〕本篇作于正德十三年(1518),时王守仁任南赣巡抚,他制定此篇并颁发给各社学蒙师。本文是王守仁对儿童教育计划的系统阐述,反映了他的教育观,也折射出当时儿童读书学习的情形。

每日清晨,诸生参揖毕[1],教读以次遍询诸生[2]:在家所以爱亲敬长之心[3],得无懈忽,未能真切否?温清定省之仪[4],得无亏缺,未能实践否?往来街衢,步趋礼节,得无放荡,未能谨饬否?一应言行心术[5],得无欺妄非僻[6],未能忠信笃敬否?诸童子务要各以实对,有则改之,无则加勉。教读复随时就事,曲加诲谕开发[7],然后各退就席肄业。

凡歌《诗》,须要整容定气,清朗其声音,均审其节调。毋躁而急,毋荡而嚣,毋馁而慑。久则精神宣畅,心气和平矣。每学量童生多寡,分为四班。每日轮一班歌《诗》,其余皆就席,敛容肃听。每五日则总四班递歌于本学[8]。每朔望集各学会歌于书院[9]。

凡习礼,需要澄心肃虑,审其仪节,度其容止。毋忽而惰,毋沮而怍[10],毋径而野[11]。从容而不失之迂缓,修谨而不失之拘局。久则礼貌习熟,德性坚定矣。童生班次,皆如歌诗。每间一日则轮一班习礼,其余皆就席,敛容肃观。习礼之日,免其课仿[12]。每十日则总四班递习于本学。每朔望则集各学会习于书院。

凡授书不在徒多,但贵精熟。量其资禀,能二百字者,止可授以一百字,常使精神力量有余,则无厌苦之患,而有自得之美。讽诵之际,务令专心一志,口诵心惟[13],字字句句,紬绎反复[14],抑扬其音节,宽虚其心意,久则义礼浃洽[15],聪明日开矣。

每日工夫,先考德,次背书诵书,次习礼,或作课仿,次复诵书讲书,次歌《诗》。凡习礼歌《诗》之数,皆所以常存童子之心,使其乐习不倦,而无暇及于邪僻。教者如此,则知所施矣。虽然,此其大略也。"神而明之,则存乎其人"[16]。

——《传习录》卷二

[1] 参揖:参拜作揖,指行礼。

[2] 教读:即教师。

[3] 亲:指父母。

[4] 温凊(qìng 罄):冬温夏凊,典出《礼记·曲礼》。指子女侍奉父母,冬天为了保暖,夏天为之避暑,古人以此形容侍奉父母无微不至。定省:亦典出《礼记·曲礼》,指子女早晚向亲长问安。

[5] 一应:一切。

[6] 非僻:邪恶。

[7] 曲加:委婉地。开发:启发、教导。

[8] 递歌:依次歌诵。

[9] 朔:农历每月初一。望:农历每月十五。

[10] 怍(zuò 坐):惭愧,不好意思。

[11] 径:随意。

[12] 课仿:课业练习。

［13］ 惟:思考,揣度。

［14］ 绅(chōu抽)绎:理出头绪。

［15］ 浃洽:融会贯通。

［16］ "神而明之"二句:出自《周易·系辞上》,意谓通晓神秘玄妙,在于人的领悟和运用。文中以此阐明虽然有前述大纲,但如何教导学生,仍在于个人的具体运用。

# 原　学

焦　竑

〔**解题**〕　焦竑（1540—1620），字弱侯，号漪园、澹园。万年十七年（1589）会试状元，后官翰林院修撰、皇长子侍读、南京司业等职。明代著名的学者。《原学》是他很看重的一篇文章，在文中他提出自己的论学观点。他抨击了当时的四种治学方式：清虚之学、义理之学、名节之学及词章之学，而提出"复性"之学。所谓"复性"，就是通过学习，祛除物欲的遮蔽，回归原本美善的天性。

夫学何为者也？所以复其性也。人之为性，无舜跖[1]，无古今，一也[2]，而奚事乎学以复之也？曰：性自明也，自足也，而不学则不能有诸己[3]。故明也而妄以为昏也，足也而妄以为歉也[4]，于是美恶横生而情见立焉。情立而性真始牿[5]，故性不能以无情，情不能以无妄[6]，妄不能以无学。学也者，冥其妄以归于无妄者也[7]。无妄而性斯复矣。盖尝论之，情犹子焉，性则其母也，情犹枝焉，性则其根也，世之棼棼者[8]，岂顾欲离母逐子[9]，拨其根而培其枝哉！冥冥之中无独见[10]，生生之外无朝彻[11]，于是宝康瓠为周鼎[12]，视珠贝如瓦砾。其流有四，离性则一[13]，故有清虚之学焉[14]，有义理之学焉[15]，有名节之学、词章之学焉。其蔽也，日疲于学而不知所学为何事，此岂学之罪哉？知学而不知其所以学故耳。

或曰:"'无思也,无为也'[16],《易》言性也。而学则思与为不能废矣。以其思为而求夫无思无为,将无之越而北其辕耶[17]？"曰:性无思为,而非思为不能致之。盖思为者,有也[18];而所思所为者,无也[19]。故求之思为之表,以入乎无思无为之域,而后至焉。至此,则洒扫为精义,日用皆天德,不舍枝而得根,不离子而见母。清虚,学也;义理,学也;名节、词章,亦学也。无所往而不为性,故无所往而不为学也,而又何不足与明之有？苟荡心于俗学,汩欲于俗思[20],而不知复性于初,岂独名节为逐物,词章为溺心,清虚增其桎梏,义理益其盖缠[21],为力弥多,收效弥寡,则其所籹学者异也[22]。

或又曰:"古之言学者,至傅说[23]、孔子而详,皆未言复性为的也。乃谆谆然以此命学[24],不已固乎[25]！"应之曰:傅言"终始典于学"[26],孔言"学而时习之",未及性也。不知惟性[27],故学可终,习可时。自非然者,力于始必替于终,习于此必辍于彼,恶能时,又恶能悦？世言学之当急,而问其所以为学,则茫然无入,亦不求所以入。是不知穿井所以通泉,习射所以中的也。无泉则无所穿,无的则无所射。而世皆忘其泉的之本,然徒矜穿射之末功[28],此以尘饭涂羹戏[29],而无意于求饱者也,则无为贵学矣。

——《澹园集》卷四

[1] 无:无论。舜跖(zhí直):虞舜和盗跖。盗跖,春秋时人,相传为抛弃仁义的盗贼。《庄子·盗跖》称他"从卒九千人,横行天下,侵暴诸侯,穴室抠户,驱人牛马,取人妇女,贪得忘亲,不顾父母兄弟,不祭先祖"。

[2] 一:一样的。

[3] 有诸己:有之于己,即意识体会到天性。

[4]歉:欠缺,不足。

[5]牿(gù固):同"梏",桎梏,束缚。

[6]妄:偏见、虚妄。

[7]冥其妄:让妄消隐,也就是祛除妄。冥,昏暗,暗淡。

[8]梦梦:纷扰杂乱的样子。

[9]顾:反而。

[10]冥冥之中:幽暗蒙昧当中。独见:独特的见解,即了解道义。

[11]生生之外:指忘我,置生命于度外。生生,周而复始的生命繁衍。朝彻:语出《庄子·大宗师》,指突然间领悟道义。

[12]宝:珍视、珍爱。康瓠:空壶、破瓦壶。周鼎:泛指宝器。

[13]"其流有四"二句:这种情况孳生出四个流派,但背离天性却是一样的。

[14]清虚之学:老庄之学,主张清静无为。

[15]义理之学:宋代以来的理学。

[16]"无思也"二句:出自《周易·系辞》。思,思考、思索。为,作为。

[17]将无:莫非,难道不是。之:去往。越:今浙江东部。北其辕:车子向北边行驶。

[18]有:明白可见的。

[19]无:见不到、摸不着的。

[20]汩欲:宣泄、放纵欲望。

[21]盖缠:五盖和十缠。佛家把贪欲、嗔恚、睡眠、掉悔、疑为称为"五盖",认为会覆盖真行;又把无惭、无愧、嫉、悭、悔、睡眠、掉举、昏沉、嗔忿、覆称作"十缠"。

[22]繇:通"由"。

[23]傅说(yuè月):相传为殷商时期著名的贤臣。曾筑于傅岩之野,商王武丁访得,任命为相,出现殷中兴的局面。

[24]乃:你。谆谆然:反复告诫貌。

[25]不已固乎:难道不是固执吗?不已,岂非。

[26]终始典于学:出自《尚书·说命》"念始终典于学",意谓思想自始至终都产生于学习。

［27］不知惟性：不知就是（因为）天性（的作用）。

［28］矜：炫耀。

［29］尘饭涂羹：以尘土为饭，以涂泥为羹，二者皆是不可食用的污秽之物。

# 读书之轻重缓急

陆世仪

[**解题**] 题目系据正文拟定。陆世仪(1611—1672),字道威,号刚斋,晚号桴亭。明末清初著名的理学家、文学家。《思辨录辑要》为其多年心得的笔记而经友人摘录整理而成。此处选择其中三条。他谈到什么书应该怎么读,谁先谁后,各自优劣如何。这是对读书的具体指导。

《文献通考》与《纲目》相表里[1],《纲目》详历代之事实,《通考》详历代之典礼,皆学问之所在也。今《纲目》颁于学宫,载在功令[2],而《文献通考》独否,此世所以鲜实学之士也[3]。

地理书宜详险要[4],《一统志》所载多泛记山川人物名胜[5],而于险要独略,或亦朝廷秘慎之意。然学者必不可不知也。予尝取《二十一史》战争之事[6],其有关于险要者,分省分郡,各以类注,颇有关学问。以未得其暇,属虞九、长源、圣传[7],而两兄亦未暇,圣传竟续成之,大有裨益。

凡读书分类,不惟有益,且兼省心目。如《纲目》等三书所载大约相同[8],若《纲目》用心看过,则此二书不必更用细阅,但点过便是[9]。譬如复读,极省工夫。然须一齐看去,不可看完一部,再看一部,久则记忆生疏也。其余若理学书,如先儒语录之类作一项看,经济书如《文献通考》、《函史下编》、《治平略》、《大学衍义补》、《经济类编》之类作一项看[10],天文、兵法、地利、河渠、乐律之类皆然成就,白不可量也。

——《思辨录辑要》前集卷四

[1]《文献通考》:元初马端临撰,共三百四十八卷,记载上古至宁宗时期历代典章制度的沿革。仿照唐代杜佑《通典》体例,分门别类,计有田赋、钱币、户口等二十四门。《纲目》:即《通鉴纲目》,南宋朱熹及其门人赵师渊编著,共五十九卷、序例一卷。此书以北宋司马光《资治通鉴》、《举要历》和胡安国《举要补遗》为基础,择要以成纲目。纲为提纲,模仿《春秋》;目以叙事,模仿《左传》。并在择取、叙述中贯以儒家纲常伦理。此书史学价值不高,却被后世视作道德伦理教育、维护封建统治的重要典籍。清代康熙帝为此书加上御批,进一步增加此书的政治性。

[2]功令:即法律、命令。

[3]实学:实事求是、切实有用的学问。

[4]险要:险峻而处于要冲的地理位置。

[5]《一统志》:即《明一统志》。明天顺年间奉敕编成,共九十卷,为全国性总志。首京师,次南京,然后以十三布政使司分区,详述各府州建置沿革、郡名、形胜、风俗、山川、土产、公署、学校、书院、宫室、关梁、寺观、祠庙、陵墓、古迹、名宦、流寓、人物、古迹、列女、仙释等,末两卷附"外夷",并绘有全国总图和各布政使司分图。

[6]二十一史:指清代以前的二十一部正史,包括《史记》、《汉书》、《后汉书》、《三国志》、《晋书》、《宋书》、《南齐书》、《梁书》、《陈书》、《魏书》、《北齐书》、《周书》、《隋书》、《南史》、《北史》、《新唐书》、《新五代史》、《宋史》、《辽史》、《金史》、《元史》。

[7]属(zhǔ 煮):同"嘱",嘱咐、委托。虞九:即江士韶。圣传:即盛敬。江士韶、盛敬,与陈瑚、陆世仪一起,并称"太仓四君子"。

[8] 根据《思辨录辑要》本卷其他条目推断,所谓"三书"指的是《资治通鉴》、《通鉴纲目》和《通鉴纪事本末》。前二书见前注。《通鉴纪事本末》,为南宋袁枢所撰,全书依据《资治通鉴》,而改编年体为纪事本末体。

[9] 但:只。点:点断,施以句读。

[10] 经济:经世济民。

# 须是切实

张履祥

〔**解题**〕题目系据正文拟定。张履祥(1611—1674),字考夫,号念芝、杨园。明末清初著名的理学家。《初学备忘》是一部蒙学课本,集录了他在课堂上与弟子的交谈。上卷论述立志、为学之道,下卷列举各方面的错误做法,提出改正的方法。

读书须立准课程[1],如古人"朝经暮史",与夫"半日读书,半日静坐"之类。量其力之所及而遵行之,朝考夕省,勿使一日虚度。人生少壮要不多时,人事间之读书之日有几,当深思古人惜日之义。刘忠宣公曰[2]:"此日虚度一可惜,惜日则自不得闲。"凡闲思想、闲言语、闲行走,自少至老,断送多少岁月。往不可谏,来犹可追,可发深省也。高忠宪公曰:"每至夕阳,简点一日所为[3],若不切实锻炼身心,便虚度一日。"流光如驶,良可惊惧。薛敬轩先生亦言[4]:"每上床,即思一日所为。若无疚于心,则安寝;若行有不慊,则辗转反侧。必求所以改之。"古人用心,莫不如此。

读书为学,须是切实。切实者,切己也,养德养身是也。养己之身,推之可以养人之身;养己之德,推之可以养人之德。"壹是皆以修身为本"[5],养德以是,养身亦以是。舍是,虚费光阴,徒劳心力。不作无益害,有益功乃成。凡是如此。

为学最喜是实,最忌是浮。《记》曰:"甘受和,白受采,忠信之人,可以学礼。"[6]忠信是一实字,故敬曰"笃敬",信曰"笃信",行曰"笃行",好曰"笃好",无所往而不用是实也。其为人也厚而重,君子之徒也,本于一实。其为人也轻而薄,小人之徒也,本于一浮。程子曰:未有不诚而可以为善者也。[7]

读书岂是徒要识字、记故事而已?只要讲明事物之理,而求以处之,大小各得其宜。是故《大学》之道,可以修身,可以齐家、治国、平天下也。故云:"非学无以广才。"[8]若事物不以经心,万卷何益?

——《初学备忘》上

[1] 课程:有规定数量和内容的学习进程。
[2] 刘忠宣公:即刘大夏(1436—1516),明代大臣。天顺八年(1464)登进士,授翰林院庶吉士,官至兵部尚书,谥忠宣。著有《东山诗集》、《刘忠宣公集》。
[3] 简点:检查。
[4] 薛敬轩:即薛瑄(1389—1464)。明前期著名的思想家、理学家、文学家。其《从政名言》云:"余每夜就枕,必思一日所行之事。所行合理,便恬然安寝;或有不合,即辗转不能寐。思有以更其失。"
[5] "壹是"句:本《礼记·大学》。
[6] "甘受和"三句:出自《礼记·礼器》。甘,甘甜。采,同"彩"。唐代孔颖达解释云:"甘为众味之本,不偏主一味,故得受五味之和。白是五色之本,不偏主一色,故得受五色之采。以其质素,故能匀受众味即众采也。"可以参考。

〔7〕"程子曰"二句：程颐云："学者不可以不诚，不诚无以为善，不诚无以为君子。"(《程氏遗书》卷二五)

〔8〕"非学"句：出诸葛亮《诫子书》。

# 必于学问

顾炎武

〔解题〕题目系据正文拟定。顾炎武在孟子"求放心"之说的基础上,提出切忌"空虚之心",对仁爱善良的追求,应与知识的具体积累,以及对学问砥砺磨炼紧密联系。

"学问之道无他,求其放心而已矣。"[1]然则但求放心,可不必于学问乎?与孔子之言"吾尝终日不食,终夜不寝,以思,无益,不如学也"者[2],何其不同邪?他日又曰:"君子以仁存心,以礼存心。"[3]是所存者,非空虚之心也。夫仁与礼,未有不学问而能明者也。孟子之意,盖曰能求放心,然后可以学问。"使弈秋诲二人弈,其一人专心致志,惟弈秋之为听;一人虽听之,一心以为有鸿鹄将至,思援弓缴而射之,虽与之俱学,弗若之矣。"[4]此放心而不知求者也。然但知求放心,而未尝穷中罫之方[5],悉雁行之势[6],亦必不能从事于弈。

——《日知录》卷七

[1]"学问"二句:出自《孟子·告子上》。谓求学的重点在于找回人与生俱来的本心,即仁爱善良之心。

[2]"吾尝终日"五句:出自《论语·卫灵公》。

〔3〕"君子以仁"二句:出自《孟子·离娄下》。

〔4〕"使弈秋"八句:出自《孟子·告子上》。弈秋,传说中精通下棋的人。诲,教诲。弈,下棋。惟弈秋之为听,只听弈秋的话。鸿鹄,天鹅。援,拿。弓缴,弓和系着丝绳的箭。弗若之,不如第一位。

〔5〕中罫(guà 挂):围棋棋局中部的格子。

〔6〕雁行:指棋局的排列。

# 远 流 俗

王夫之

[解题] 题目系据正文拟定。王夫之(1619—1692),字而农,号薑斋,衡阳(今属湖南)人。他精于经、史、天算、舆地之学,主张经世致用,躬行实践,是清初著名的学者、思想家。其所著《宋论》通过对宋代政治沿革及利弊得失的评论,体现了王夫之的政治主张和历史哲学观点。本文选自此书卷二,针对宋太宗以读书修养身心、摒除俗欲的举措,王夫之提出读书也要端正态度、远离流俗,否则一旦流于嗜好,便有玩物丧志的危险,"销日靡月废事丧德也,无以愈"。

夫流俗之欲而荡其心,夫人之所不能免也。奚以治之?其惟有一镇之乎!太宗曰"朕无他好,惟喜读书",所以镇之也。镇之者,息其纷纭,抑其竞躁,专凝其视听而不迁;古今成败得失之故,迭至而相警,以域其聪明[1];其神闲,其气肃,其几不可已[2],其得不能忘。如是,而流俗之相荧者[3],不待拒而自不相亲。以是而形见于外,天下之饰美以进者,相奖以道艺。其人非必贤,其所习者抑不诡于正矣[4];其学非必醇,其所尚者固不损于物矣[5]。因而精之,因而备之,而道存焉。故太宗之择术善矣。宋儒先以格物穷理为身、心、意、知之所自正,亦此道焉耳。

虽然,但言读书而犹有所患。所患者,以流俗之情临简编,而简编之为流俗用者不鲜也。故萧绎、杨广、陈叔宝、李煜以此而益长其慆淫[6]。岂徒人主然哉?凡为学者皆不可不戒也。夫苟以流俗之心而读书,则读书亦嗜好而已。其销日靡月废事丧德也,无以愈[7]。如是者其淫有三,不知戒而蹈之者众,故不可不戒也。物求其名,形求其似,夸新竞丽,耽僻摘险,以侈其博,如是者谓之色淫。师鲰儒之章程[8],殉小生之矩步,析音韵以求工,设机局以相应[9],曳声引气,意短言长,如是者谓之声淫。读可喜之言而如中酒,读可怒之事而如操戈,嬉笑以谐心,怒骂而快意,逞其气以击节于豪宕之篇,驰其志以适情如闲逸之语,心与俱流,情将日荡,如是者谓之志淫。此三淫者,非所读之书能病之也。《风》、《雅》兼贞淫之什[10],《春秋》有逆乱之书,远流俗,审是非,宁静以镇耳目之浮明,则道贞于一。轩辕之语[11],里巷之谣,无不可益也。非是而涉猎六籍,有导人以迷者;况史策有繁言,百家有琐说乎?

——《宋论》卷二

[1] 域:限制、规范。

[2] 几:预兆。已:停止。

[3] 荧:眩惑,使人迷惑。

[4] 抑:或许。诡于正:与正道相违背。

[5] 损:损害。物:万物,社会。

[6] 萧绎(508—555):即梁元帝,在位三年,战败被俘而遇害。陈叔宝(553—604):即陈后主,陈国亡国之君。杨广(569—618):即隋炀帝,在位期间骄奢无度,穷兵黩武,以致天下大乱,直接导致隋朝的灭亡。李煜(937—978):南唐亡国之君。四人均为嗜好文学、喜好读书之人。慆(tāo涛)淫:放纵无度。

〔7〕愈:超过。

〔8〕鲰儒:浅薄愚陋的读书人。

〔9〕机局:文章的程式格局。

〔10〕什(shí 十):《诗经》雅颂以十篇为一什,此处用来指诗篇。

〔11〕轩輶(yóu 油)之语:指各地方言。轩輶,即"輶轩",指古代天子的使臣所乘的轻便车辆。

# 与是仲明论学书(节选)

戴 震

[**解题**] 戴震(1724—1777),字东原。乾隆二十七年(1762)中举,屡次会试不第。三十八年,经纪昀引荐,召入《四库全书》馆任修纂官。后因其学术成就,赐同进士出身,授翰林院庶吉士。他是清代著名的语言文字学家,思想家。是镜(1693—1769),字仲明,筑舜山书院讲学,学者称舜山先生。本文是清代学术史上的名篇。戴震提出应从训诂、考证入手落实典籍文义,这是通达义理的必经之路。

仆自少家贫,不获亲师,闻圣人之中有孔子者,定六经示后之人,求其一经,启而读之[1],茫茫然无觉。寻思之久,计于心曰:经之至者道也,所以明道者其词也[2],所以成词者字也。由字以通其词,由词以通其道,必有渐。求所谓字,考诸篆书,得许氏《说文解字》,三年知其节目[3],渐睹古圣人制作本始[4]。又疑许氏于故训未能尽[5],从友人假《十三经注疏》读之,则知一字之义,当贯群经,本六书[6],然后为定。

至若经之难明,尚有若干事:诵《尧典》数行,至"乃命羲和"[7],不知恒星七政所以运行[8],则掩卷不能卒业[9]。诵《周南》《召南》,自《关雎》而往,不知古音,徒强行以协韵[10],则龃龉失读[11]。诵古《礼经》[12],先《士冠礼》,不知古者宫室、衣服等制,则迷于其方[13],莫辨其用。不知古今地名沿革,则《禹贡》、《职方》失其处所[14]。不知少广旁要[15],则《考工》之器不能因文而推其制。不知鸟兽、虫鱼、草木之状类名号,则比兴之意乖[16]。而字学、故训、音声未始相离,声与音又经纬衡从宜辨。汉末孙叔然创立反语[17],厥后考经论韵悉用之。释氏之徒[18],从而习其法,因窃为己有,谓来自西域,儒者数典不能记忆也。中土测天用勾股,今西人易名三角八线[19],其三角即勾股,八线即缀术[20],然而三角之法穷,必以勾股御之,用知勾股者,法之尽备,名之至当夜。《管》、《吕》言五声十二律[21],宫位乎中,黄钟之宫,四寸五分,为起律之本,学者蔽于钟律失传之后,不追溯未失传之先,宜乎说之多龃也。凡经之难明,右若干事[22],儒者不宜忽置不讲[23]。仆欲究其本始,为之又十年,渐于有所会通,然后知圣人之道,如悬绳树槷[24],毫厘不可有差。

仆闻事于经学,盖有三难:淹博难,识断难,精审难。三者,仆诚不足以与于其间,其私自持,暨为书之大概,端在乎是。前人之博闻强识,如郑渔仲、杨用修诸君子[25],著书满家,淹博有之,精审未也。别有略是而谓大道可以径至者,如宋之陆[26],明之陈、王[27],废讲习讨论之学,假所谓"尊德性"以美其名,然舍夫"道问学",则恶可命之"尊德性"乎[28]?未得为中正可知。

群经六艺之未达,儒者所耻。仆用是戒其颓惰,据所察知,特惧忘失,笔之于书,识见稍定,敬进于前不晚。名贤幸谅。震白。

——《戴东原集》卷九

[1] 启:打开,展卷。

[2] 词:泛指语言。

[3] 节目:关键。

[4] 古圣人:指仓颉。

[5] 故训:又作"诂训",字义。

[6] 六书:指《说文解字》所载六种造字、用字的方法,分别为指事、象形、形声、会意、转注、假借。

[7] 羲和:羲氏和和氏的并称。《尚书·尧典》记载尧曾命令他们分驻四方,观察天象,制定历法。

[8] 七政:日、月和金、木、水、火、土五星。

[9] 卒业:看完全书。

[10] 协韵:古人阅读《诗经》等韵文的一种方法。由于古今语音演变,南北朝以后的人读周秦两汉韵文感到不押韵,于是临时改变押韵字的读音,以求韵脚和谐,称作协韵,又称叶韵。

[11] 龃龉:不协调,有错误。失读:无法得到正确的读音,甚至影响对文意理解。

[12] 《礼经》:即《仪礼》。

[13] 方:方位,指宫室的布局。

[14] 《禹贡》:《尚书·禹贡》,它把当时中国分为九州,记述各区域的山川分布、交通、物产状况以及贡赋等级等。《职方》:《周礼·职方氏》,其中记载周代设职方氏,掌管天下地图与四方职贡。二者是我国早期十分重要的地理文献。

[15] 少广:即今天数学中的开方法。旁要:即勾股。

[16] 比兴之意:《诗经》表达的两种方式。比,以彼物比此物。兴,先言他物,以引起所咏之辞。乖:有所差错。

[17] 孙叔然:即孙炎,叔然为其字。东汉大儒郑玄的弟子,著有《尔雅音义》(已佚),用反切注音,反切从此盛行。反语:即反切,用两个汉字来注另一个汉字的读音。两个字中,前者称反切上字,后者称反切下字。被切字的声母跟反切上字相同,被切字的韵母和声调跟反切下字相同,如"东,德红切"。

[18] 释氏:佛教。

[19]八线:三角函数的统称,包括正弦、余弦、正切、余切、正割、余割、正矢、余矢。

[20]缀术:古代天文测算法。

[21]《管》:《管子》。《吕》:《吕氏春秋》。五声:古代音乐中宫、商、角、徵、羽五种音调。十二律:古代乐律,分为阳律六:黄钟、大簇、姑洗、蕤宾、绎则、无射,阴律六:林钟、南吕、应钟、大吕、夹钟、中吕。

[22]右:古人行文从右至左,所谓"右"即今天"以上"之意。

[23]忽:忽略。置:闲置一旁。

[24]悬绳树槷:设立标尺,作为参考。槷(niè 聂),通"臬",古人立在地上用来测日影的表。

[25]郑渔仲、杨用修见潘耒《日知录序》注。

[26]陆:陆九渊。南宋人,提倡心学,主张"六经注我"。

[27]陈:陈献章。王:王阳明。二人继承陆九渊,都主张心学。

[28]"尊德性"、"道问学":都出自《礼记·中庸》。德性为道德性理,问学为学问知识。南宋朱熹曾指出"道问学"是"尊德性"的先决条件(《与王龟龄书》)。

# 目录之学

王鸣盛

〔解题〕题目系据正文拟定。王鸣盛(1722—1797),字凤喈,一字礼堂,号西庄,晚号西沚居士。江苏嘉定(今属上海)人。著有《十七史商榷》、《蛾术编》等。《十七史商榷》对《史记》以下十三部正史,加上《南史》、《北史》、《旧唐书》、《新唐书》、《旧五代史》、《新五代史》,实际是十九部正史进行校勘和考订,因宋人习惯称之为十七史,故而沿用旧称。此书虽然以对具体问题的考证为主,但偶尔也会涉及对治学方法的阐发。这里所选的两则便是。目录学,指研究书籍著作在学术史上的位置并给予分类、研究各本异同、刊印源流的学问。清代学者章学诚总结目录学的宗旨,概括为"辩章学术,考镜源流"(《校雠通义》)八个字,十分允当。它对于总结前人成果,指示学术门径,具有重要意义,历来被视为治学之锁钥。王鸣盛深知目录学的价值,因此强调它为"学中第一要紧事"。

目录之学,学中第一要紧事,必从此问途,方能得其门而入。然此事非苦学精究,质之良师[1],未易明也。

——《十七史商榷》卷一

凡读书最切要者,目录之学。目录明,方可读书;不明,终是乱读。

——《十七史商榷》卷七

[1] 质:问,请教。

# 涵泳体察

曾国藩

〔解题〕题目系据正文拟定。曾国藩（1811—1872），初名子城，字涤生，号伯涵，湖南湘乡人。道光十八年（1838）进士，官至两江、直隶总督、武英殿大学士。有《曾文正公全集》。本篇是他写给其子曾纪泽的一封信，在信中他谈到读书重在"虚心涵泳，切己体察"，不能囫囵吞枣，读过便忘，而要沉潜其中，不断揣摩体会，并结合实际经验，常读常新，这样才能融会贯通。

汝读《四书》无甚心得，由不能"虚心涵泳"，"切己体察"。朱子教人读书之法，此二语最为精当。[1]尔现读《离娄》[2]，即如《离娄》首章"上无道揆，下无法守"[3]，吾往年读之，亦无甚警惕。近岁在外办事，乃知上之人必揆诸道，下之人必守乎法。若人人以道揆自许，从心而不从法，则下凌上矣。"爱人不亲"章[4]，往年读之，不甚亲切。近岁阅历日久，乃知治人不治者，智不足也。此切己体察之一端也。

"涵泳"二字，最不易识，余尝以意测之曰：涵者，如春雨之润花，如清渠之溉稻。雨之润花，过小则难透，过大则离披[5]，适中则涵濡而滋液。清渠之溉稻，过小则枯槁，过多则伤涝，适中则涵养而浡兴[6]。泳者，如鱼之游水，如人之濯足。程子谓鱼跃于渊，活泼泼地。庄子言濠梁观鱼，安知非乐?此鱼水之快也。左太冲有"濯足万里流"之句[7],苏子瞻有夜卧濯足诗[8],有浴罢诗,亦人性乐水者之一快也。善读书者,须视书如水,而视此心如花、如稻、如鱼、如濯足,则涵泳二字,庶可得之于意言之表。尔读书易于解说文义,却不甚能深入,可就朱子"涵泳"、"体察"二语悉心求之。

——《谕纪泽》咸丰八年八月初三日

[1]"由不能"四句:朱熹门人曾总结有《朱子读书法》,共有六条:循序渐进、熟读精思、虚心涵泳、切己体察、着紧用力、居敬持志。

[2]《离娄》:《孟子》中的一篇。

[3]"上无道揆"二句:意谓在上的没有道德规范,在下的就没有法律制度。揆,度,规范。

[4]"爱人不亲"章:出自《孟子·离娄上》:"爱人不亲,反其仁;治人不治,反其智;礼人不答,反其敬。行有不得者皆反求诸己,其身正而天下归之。《诗》云:'永言配命,自求多福。'"其大意为:我喜欢别人,而他不亲近我,那得反省是不是自己的仁爱还不够;管理别人却没能治好,那得反省是不是自己的智慧还不够;礼貌待人,却得不到相应的回答,那得反省是不是自己还不够恭敬。任何行为如果没有获得预期的效果都要反躬自省,自己端正了,天下的人便会归向他。《诗经·大雅·文王》说:"永远配合天命,福气都得自己寻求。"

[5]离披:指让花朵零落。

[6]浡(bó脖)兴:指水稻苗壮旺盛。

[7]左太冲:即左思(250?—305),西晋著名的文学家,太冲为其字。濯足万里流:出自《咏史八首》其五。濯,洗。

[8]苏子瞻:即苏轼,子瞻为其字。

# 好学故事

# 孔子于学

司马迁

〔**解题**〕题目系据正文拟定。在明晓政治理想难以实现之后,孔子退而修书,整理前代经典,为后世留下了宝贵的精神资源。他所做的工作,被司马迁记述在《孔子世家》中。司马迁对孔子十分景仰,曾云:"诗有之:'高山仰止,景行行止。'虽不能至,然心乡往之。余读孔氏书,想见其为人。适鲁,观仲尼庙堂车服礼器,诸生以时习礼其家,余祗回留之不能去云。天下君王至于贤人众矣,当时则荣,没则已焉。孔子布衣,传十余世,学者宗之。自天子王侯,中国言六艺者折中于夫子,可谓至圣矣!"(《孔子世家》)今日阅读本文,亦可追慕孔子治学之精神。

孔子之时,周室微而礼乐废[1],《诗》、《书》缺。追迹三代之礼,序《书传》[2],上纪唐虞之际,下至秦缪,编次其事。曰:"夏礼吾能言之,杞不足征也[3]。殷礼吾能言之,宋不足征也[4]。足,则吾能征之矣。"观殷夏所损益,曰:"后虽百世可知也[5],以一文一质[6]。周监二代[7],郁郁乎文哉[8]。吾从周。"故《书传》、《礼记》自孔氏。

孔子语鲁大师[9]:"乐其可知也。始作翕如,纵之纯如,皦如,绎如也,以成[10]。""吾自卫反鲁[11],然后乐正,《雅》《颂》各得其所[12]。"古者《诗》三千余篇,及至孔子,去其重[13],取可施于礼义,上采契后稷,中述殷周之盛,至幽厉之缺,始于衽席[14],故曰"《关雎》之乱以为《风》始,《鹿鸣》为《小雅》始,《文王》为《大雅》始,《清庙》为《颂》始[15]"。三百五篇孔子皆弦歌之[16],以求合《韶》、《武》[17]、《雅》、《颂》之音。礼乐自此可得而述[18],以备王道,成六艺[19]。孔子晚而喜《易》,序《彖》、《系》、《象》、《说卦》、《文言》[20]。读《易》,韦编三绝[21]。曰:"假我数年[22],若是,我于《易》则彬彬矣[23]。"

——《史记·孔子世家》

[1] 微:衰微,衰落。

[2] 序《书传》:为《尚书》作序。

[3] 杞:杞国,是夏的后代。征:证明,验证。

[4] 宋:宋国,是殷商的后代。

[5] 知:预知。

[6] 一文一质:形容文质递相演变。

[7] 监:通"鉴",照视,借鉴。

[8] 郁郁:文盛貌,丰富多彩的样子。

[9] 大师:即太师,乐官明。

[10] "始作翕如"五句:意谓音乐开始演奏,盛大热烈,继续下去,和谐清晰,连续不绝,直到最终完成。翕(xī西)如,盛大貌。纵,继续。纯如,和谐。皦(jiǎo 绞)如,音节清晰。绎如,连续不绝。以成,最终完成。

[11] 自卫反鲁:从卫国回到鲁国,这发生在鲁哀公十一年冬。

[12] 《雅》《颂》各得其所:让《雅》归《雅》,《颂》归《颂》,各有适当的安置。《雅》和《颂》一方面是《诗经》内容分类的类名,一方面也是乐曲分类的类名。孔子所整理的究竟是诗歌文本还是乐曲,或者二者都包括在内,已经无法考知。

[13] 重:重复。

[14] 衽(rèn 任)席:卧席,引申为夫妇伦常。

[15] 乱:理,整理。《诗经》分为《风》、《雅》、《颂》三部分,《雅》又分《小雅》和《大雅》,文中所谓"《风》始"、"《小雅》始"等指该部分的第一首诗。其中《关雎》一篇,汉人多认为所咏为"后妃之德","风之始也,所以风天下而正夫妇也"(《诗序》),与上文"始于衽席"相对应。

[16] 三百五篇:即传世本《诗经》的总数。

[17] 《韶》:相传为舜之乐。《武》:相传为周武王之乐。

[18] 述:纪述。

[19] 六艺:周代贵族需要学习六种科目,分别为礼、乐、射、御、书、数。

[20] 《彖》、《系》、《象》、《说卦》、《文言》属于"十翼",是对《周易》的各种解释。

[21] 韦编三绝:编连竹简的皮绳断了很多次。韦,熟牛皮。

[22] 假:借。

[23] 彬彬:文质兼备的样子。

# 学无迟暮

刘 向

〔**解题**〕 题目系据正文拟定。《说苑》为西汉刘向所撰,分类记述春秋至汉代的逸闻轶事。师旷将学习与光明做比方,指出即使到了暮年,读书求学亦如秉烛夜游,光亮虽微,却能驱散蒙昧。

晋平公问于师旷曰[1]:"吾年七十,欲学,恐已暮矣。"师旷曰:"何不炳烛乎[2]?"平公曰:"安有为人臣而戏其君乎?"师旷曰:"盲臣安敢戏君乎?臣闻之:'少而好学,如日出之阳;壮而好学,如日中之光;老而好学,如炳烛之明。'炳烛之明,孰与昧行乎?"

——《说苑·建本》

[1] 师旷:晋国大夫,春秋时期著名的乐师。相传他生而无目,却博学多才,精通音乐。
[2] 炳烛:燃烛照明。

# 士别三日即更刮目相待

虞 溥

〔**解题**〕题目系据正文拟定。这是历史上的知名故事,讲的是吕蒙勤奋读书,从一介武夫进步为淹通之士的经过。

初,(孙)权谓(吕)蒙及蒋钦曰:"卿今并当涂掌事[1],宜学问以自开益[2]。"蒙曰:"在军中常苦多务,恐不容复读书。"权曰:"孤岂欲卿治经为博士邪[3]?但当令涉猎见往事耳。卿言多务,孰若孤?孤少时历《诗》、《书》、《礼记》、《左传》、《国语》,惟不读《易》。至统事以来[4],省三史、诸家、兵书[5],自以为大有所益。如卿二人,意性朗悟,学必得之,宁当不为乎?宜急读《孙子》、《六韬》、《左传》、《国语》及三史[6]。孔子言:'终日不食,终夜不寝以思,无益,不如学也[7]。'光武当兵马之务[8],手不释卷;孟德亦自谓老而好学[9],卿何独不自勉勖邪[10]?"

蒙始就学,笃志不倦,其所览见,旧儒不胜。后鲁肃上代周瑜[11],过蒙言议[12],常欲受屈[13]。肃拊蒙背曰[14]:"吾谓大弟但有武略耳,至于今者,学识英博,非复吴下阿蒙[15]。"蒙曰:"士别三日,即更刮目相待[16]。大兄今论,何一称穰侯乎[17]?兄今代公瑾[18],既难为继,且与关羽为邻。斯人长而好学,读《左传》略皆上口,梗亮有雄气,然性颇

177

自负,好陵人[19]。今与为对,当有单复以卿待之[20]。"密为肃陈三策,肃敬受之,秘而不宣。

权常叹曰:"人长而进益,如吕蒙、蒋钦,盖不可及也[21]。富贵荣显,更能折节好学,耽悦书传,轻财尚义,所行可迹[22],并作国士,不亦休乎[23]!"

——《三国志》裴松之注引《江表传》

[1] 卿:你,你们,对对方的尊称。当涂掌事:执掌大权,身负要务。涂,通"途",道路,要津。

[2] 学问:学习。开益:开阔眼界,增长见识。

[3] 博士:六朝设有博士,自秦汉相承,是学术上有专精,从事教授生徒的官职,经学、诸子、诗赋、术数、方技等门类都设有博士,其中以经学博士影响最大。

[4] 统事:指继承会稽太守,统领江东。统,总领。

[5] 省(xǐng 醒):察看。三史:魏晋时期称《史记》、《汉书》、《东观汉纪》为"三史"。

[6] 诸家:指诸子百家书。《孙子》:我国现存最早的兵书,传为春秋时孙武所撰。《六韬》:古代兵书,旧题周初姜太公吕望所著,为伪托,真实作者已不可考。

[7] "终日不食"四句:出自《论语·卫灵公》。

[8] 光武:东汉第一位皇帝刘秀,光武为其谥号。

[9] 孟德:曹操,孟德为其字。

[10] 勉勖(xù 序):勉励、激励。

[11] 鲁肃上代周瑜:汉建安十五年(210),周瑜病危,孙权任命鲁肃为奋武校尉,代替周瑜领兵。

[12] 过:拜访。

[13] 欲:将要。

[14] 拊(fǔ 抚):轻拍。

[15] 吴下:今江苏省苏州市。

［16］刮目相待:以新的眼光看待。

［17］一:竟然,表示意外。称:相同。穰(ráng瓤)侯:即战国时秦昭王的丞相魏冉,封于穰邑,故称穰侯。司马迁评价他:"穰侯,昭王亲舅也,而秦所以东益地、弱诸侯、尝称帝于天下、天下皆西乡稽首者,穰侯之功也。及其贵极富溢,一夫开说,身折势夺,而以忧死,况于羁旅之臣乎?"(《史记·穰侯列传》)

［18］公瑾:周瑜字。

［19］陵:同"凌",欺侮。

［20］单、复:兵家战术上的专称。卿:原作"鄉",当从《册府元龟》作"卿"。

［21］及:追赶上。

［22］可迹:值得效仿学习。

［23］休:美好。

# 愿朝阳之晖与时并明

刘义庆

〔解题〕题目系据正文拟定。《世说新语》,为南朝宋刘义庆撰。它收录了东汉末年到东晋末年共约二百年间的名人言行轶事一千一百余条,其中魏晋的内容占主要部分。全书为分类编写的,共分三十六门,如德行、方正、文学、任诞、赏誉等,每一门类表现魏晋士人品质或生活的一个方面,各门综合,勾勒出魏晋一代士人的精神风貌。

本则的主人公为高僧慧远。文中最精彩的是"桑榆之光,理无远照,但愿朝阳之晖,与时并明耳"一段,让人感觉到读书烛照生命的力量。

远公在庐山中[1],虽老,讲论不辍[2]。弟子中或有惰者,远公曰:"桑榆之光[3],理无远照[4],但愿朝阳之晖[5],与时并明耳。"执经登坐[6],讽咏朗畅[7],词色甚苦[8],高足之徒[9],皆肃然增敬。

——《世说新语·规箴》

[1] 远公:即慧远,东晋庐山东林寺高僧,建精舍于庐山,居三十余年,足不出山。庐山:在今江西省九江市南。

[2] 讲:讲解。论:论述。辍:停止。

[3] 桑榆之光:日落时阳光落在桑树和榆树末梢,古人多用此景指代

日暮,文中用来比喻人之暮年。

[4] 理:按理,依照常理。

[5] 朝阳之晖:早晨的阳光,比喻人的青年时期。

[6] 执:持,拿。经:佛经。坐:同"座"。

[7] 讽咏:诵咏朗读。朗畅:响亮而流畅。

[8] 词:言词。色:神色。苦:形容态度恳切。

[9] 高足:原指上等快马,这里指优秀的弟子。徒:门徒,学生。

# 古人勤学

颜之推

〔解题〕题目系据正文拟定。颜之推旁征博引,通过先贤好学勤学的典故,勉励子弟投身学习。

古人勤学,有握锥投斧[1],照雪聚萤[2],锄则带经[3],牧则编简[4],亦为勤笃。梁世彭城刘绮[5],交州刺史勃之孙,早孤家贫,灯烛难办,常买荻尺寸折之[6],然明夜读[7]。孝元初出会稽[8],精选寮宷[9],绮以才华,为国常侍兼记室,殊蒙礼遇,终于金紫光禄[10]。义阳朱詹[11],世居江陵[12],后出扬都[13],好学,家贫无资,累日不爨[14],乃时吞香纸以实腹。寒无毡被[15],抱犬而卧。犬亦饥虚,起行盗食,呼之不至,哀声动邻。犹不废业,卒成学士,官至镇南录事参军,为孝元所礼。此乃不可为之事,亦是勤学之一人。东莞臧逢世[16],年二十余,欲读班固《汉书》,苦假借不久,乃就姊夫刘缓乞丐客刺书翰纸末[17],手写一本,军府服其志尚,卒以《汉书》闻。

——《颜氏家训·勉学》

[1] 握锥:指战国苏秦读书时,常常手持尖锥,每有困意,便刺向自己大腿,提起精神继续读书。投斧:指西汉文党少时进山砍柴,向同行人说希

望离乡求学,愿以投斧为试,如果斧头挂在树上,则是可以出行,结果斧头果然挂在树上,于是他便去往长安求学。

[2] 照雪:指东晋孙康家贫,常常借着雪光读书。聚萤:指东晋车胤在夏夜捕捉萤火虫,让在囊中,用来照明读书。

[3] 锄则带经:指西汉倪宽下地干活时携带经书,一有空就开始读书。

[4] 牧则编简:指西汉路温舒牧羊时,摘下草泽中的蒲草作为简册,编连起来书写。

[5] 彭城:今江苏徐州。

[6] 尺寸折之:折成一段一段的。

[7] 然:同"燃"。

[8] 孝元:即南朝梁元帝萧绎,孝元为其谥号。

[9] 寮寀(cǎi 采):指僚属。

[10] 金紫光禄:指金紫光禄大夫。金紫,即金印紫绶。秦汉时相国、丞相皆金印紫绶。魏晋以后,左右光禄大夫、光禄大夫皆银印青绶,其重者诏加金章紫绶,谓之金紫光禄大夫。

[11] 义阳:今河南信阳。

[12] 江陵:今湖北荆州。

[13] 扬都:南北朝时建康的别称,即今江苏南京。

[14] 爨(cuàn 窜):生火做饭。

[15] 氈(zhān 沾):同"毡"。

[16] 东莞:今山东临沂东北。

[17] 乞丐:乞求。刺书:古人用于自我介绍或与人联系的名帖,载有姓名、职位等。

# 魏文帝甄后喜书

白居易

〔**解题**〕题目系据正文拟定。古代文献中关于女性读书求学的记载并不多,这是比较早的一条。"汝当习女功"代表了古人对女性的普遍认识,认字读书并不是她们的分内之事。但在这样的背景下,却总有女性冲破藩篱,认字读书,借此来扩大视野、充实生命。

魏文帝甄后九岁喜书视字[1],辄识数字,用诸兄弟笔砚。兄谓曰:"汝当习女功[2],用笔为学当作女博士耶?"后曰:"古者贤女未有不览前世成败,不知书何以见之?"

——《白氏六帖事类集》

[1] 魏文帝:曹丕(187—226),220年至226年在位。甄后(?—221):三国中山无极人。本为袁绍次子熙之妻。曹操破绍,曹丕入邺,见甄氏姿貌绝伦,纳之为妇,生魏明帝及东乡公主。谥为文昭皇后。
[2] 女功:指纺织、刺绣、缝纫等历来由女性完成的工作。

# 东斋记

欧阳修

[解题] 欧阳修(1007—1072),字永叔,号醉翁、六一居士。吉水(今属江西)人。北宋古文运动的代表人物,"唐宋八大家"之一。有《欧阳文忠集》、《新五代史》等著作传世。

东斋是他的朋友张谷的书斋。除了本篇短文,他还写了《张主簿东斋》一诗:"官舍掩寒扉,聊同隐者栖。溪流穿竹过,山鸟入城啼。宾主高谈胜,心冥外物齐。惟应朝枕梦,长厌隔邻鸡。"可见欧阳修对其读书隐居生活的赞许。张谷提出"以读书养病"之说,说那些精深宏阔的典籍可以静思虑,平心气,让人忘记疾病苦痛,生动地道出读书给人带来的精神愉悦。

官署之东有阁以燕休[1],或曰斋,谓夫闲居平心以养思虑,若于此而斋戒也,故曰斋。河南主簿张应之居县署[2],亦理小斋[3]。河南虽赤县[4],然征赋之民户才七八千,田利之入,率无一钟之亩[5]。人稀,土不膏腴,则少争讼。幸而岁不大凶,亦无逋租[6]。凡主簿之所职者甚简少,故未尝忧吏责[7],而得优游以嬉[8]。应之又素病羸,宜其有以闲居而平心者也。

应之虽病,然力自为学[9],常曰:"我之疾,气留而不行,血滞而流逆,故其病咳血。然每体之不康,则或取六经、百氏[10],若古人述作之文章诵之,爱其深博闳达、雄富伟丽之说,则必茫乎以思[11],畅乎以平[12],释然不知疾之在体。"因多取古书文字贮斋中,少休,则探以览焉。夫世之善医者,必多畜金石百草之物以毒其疾,须其瞑眩而后瘳[13]。应之独能安居是斋,以养思虑,又以圣人之道,和平其心而忘厥疾[14],真古之乐善者欤。

傍有小池,竹树环之,应之时时引客坐其间[15],饮酒言笑,终日不倦。而某尝从应之于此,因书于其壁。

——《欧阳修集编年笺注》卷六三

[1]燕休:闲居,休息。

[2]张应之:张谷,字应之。《欧阳修全集》卷二四有《尚书屯田员外郎张君墓表》。

[3]理:治理,整理。

[4]赤县:宋代的县分为赤、畿、次赤、雄、望、紧、上、中、中下、下十等。县治设在京城内者为赤县。

[5]钟:古代容量单位。

[6]逋(bū 哺)租:拖欠租税。

[7]吏责:对官员的考核及责罚。

[8]优游:闲暇自得。

[9]力:致力。

[10]百氏:诸子百家。

[11]茫乎以思:思索深苦。

[12]畅乎以平:平心顺气。

[13]须:等到。瘳(chōu 抽):治愈。

[14]厥:其。

[15]引:邀请。

# 平生所作文章多在三上

欧阳修

〔**解题**〕题目系据正文拟定。《归田录》是欧阳修晚年所撰的一部笔记体著作,主要记载朝廷轶闻,大到典章制度,小至人物趣事,文笔生动活泼。本选段中,欧阳修记叙钱惟演、宋绶和他自己的读书故事。三人异曲而同工,都是分秒必争,痴迷忘我。读之不禁莞尔,更心向往之。

钱思公虽生长富贵[1],而少所嗜好[2]。在西洛时[3],尝语僚属,言:"平生惟好读书,坐则读经史,卧则读小说[4],上厕则阅小辞[5],盖未尝顷刻释卷也。"谢希深亦言[6]:"宋公垂同在史院[7],每走厕必挟书以往,讽诵之声琅然闻于远近[8],亦笃学如此。"余因谓希深曰:"余平生所作文章,多在'三上',乃马上、枕上、厕上也。盖惟此尤可以属思尔[9]。"

——《归田录》卷二

[1] 钱思公:即钱惟演(962—1034),字希圣,吴越王钱俶之子。谥号为"思",因此也被称为思公。

[2] 少:鲜少。

[3] 西洛:洛阳。洛阳在北宋东京汴梁(今开封)以西,为北宋西京。仁宗天圣九年(1031)至明道二年(1033),钱惟演任西京留守。

[4] 小说:指街谈巷语、神话传说、志怪传奇等。

[ 5 ] 小辞:指曲子词。

[ 6 ] 谢希深:即谢绛(994—1039),字希深。

[ 7 ] 宋公垂:即宋绶(991—1040),字公垂。史院:即史馆,属翰林院。

[ 8 ] 琅然:形容读书声响亮。

[ 9 ] 属(zhǔ 煮)思:构思。

# 上欧阳内翰第一书(节选)

苏 洵

[解题] 苏洵(1009—1066),字明允,号老泉,眉州眉山人。北宋嘉祐年间,与其子苏轼、苏辙至京师,时任翰林学士的欧阳修得其文二十二篇,推荐给宰相韩琦,被任命为秘书省校书郎。著有《嘉祐集》二十卷、《谥法》三卷。苏洵为文奇崛雄拔,被后人奉为"唐宋八大家"之一。《嘉祐集》中共收录五篇他写给欧阳修的信,这是第一篇。文中谈到读书渐入佳境的体会,以及阅读对创作的影响。读书让人增广见闻,砥砺思考,文思自然而然地涌动开来,所谓"胸中之言日益多,不能自制,试出而书之"是也。

洵少年不学,生二十七岁,始知读书,从士君子游。年既已晚,而又不遂刻意厉行[1],以古人自期,而视与己同列者,皆不胜己,则遂以为可矣。其后困益甚[2],然后取古人之文而读之,始觉其出言用意,与己大异。时复内顾[3],自思其才,则又似夫不遂止于是而已者。由是尽烧曩时所为文数百篇[4],取《论语》、《孟子》、韩子及其他圣人、贤人之文[5],而兀然端坐[6],终日以读之者,七八年矣。方其始也,入其中而惶然,博观于其外而骇然以惊。及其久也,读之益精,而其胸中豁然以明,若人之言固当然者。然犹未敢自出其言也。时既久,胸中之言日益多,不能自制,试出而书之。已而再三读之,浑浑乎觉其来之易矣,然犹未敢以为是也。近所为《洪范论》、《史论》凡七篇,执事观其如何[7]?噫!区区而自言[8],不知者又将以为自誉,以求人之知己也。惟执事思其十年之心如是之不偶然也而察之。

——《嘉祐集》卷十一

[1] 刻意:专心一意,竭尽心力。厉行:严格执行。
[2] 困:困窘。
[3] 顾:反省。
[4] 曩(nǎng攮)时:过去。
[5] 韩子:即韩愈,唐代中期文学家、思想家。
[6] 兀然:笔直貌。
[7] 执事:对对方的敬称。
[8] 区区:志得意满貌。

# 李氏山房藏书记

苏 轼

〔解题〕本文叙述李常(字公择)藏书的经历,并借此强调读书的重要意义,其中隐含着对当时学风日渐颓下的担忧。

象犀珠玉怪珍之物,有悦于人之耳目而不适于用;金石、草木、丝麻、五谷、六材,有适于用,而用之则弊,取之则竭。悦于人之耳目而适于用,用之而不弊、取之而不竭,贤不肖之所得各因其才,仁智之所见各随其分,才分不同而求无不获者,惟书乎!

自孔子圣人,其学必始于观书。当是时,惟周之柱下史老聃为多书[1]。韩宣子适鲁[2],然后见《易·象》与鲁《春秋》[3]。季札聘于上国[4],然后得《诗》之风、雅、颂[5]。而楚独有左史倚相[6],能读三坟、五典、八索、九丘[7]。士之生于是时,得见六经者盖无几,其学可谓难矣。而皆习于礼乐,深于道德,非后世君子所及。自秦汉以来,作者益众,纸与字画日趋于简便,而书益多,士莫不有,然学者益以苟简,何哉?余犹及见老儒先生,自言其少时,欲求《史记》、《汉书》而不可得,幸而得之,皆手自书,日夜诵读,惟恐不及。近岁市人转相摹刻[8],诸子百家之书日传万纸。学者之于书,多且易致如此,其文词学术,当倍蓰于昔人[9]。而后生科举之士,皆束书不观,游谈无根,此又何也?

余友李公择,少时读书于庐山五老峰下白石庵之僧舍。公择既去,而山中之人思之,指其所居为李氏山房。藏书凡九千余卷。公择既已涉其流,探其源,采剥其华实[10],而咀嚼其膏味,以为己有,发于文词,见于行事,以闻名于当世矣。而书固自如也,未尝少损。将以遗来者,供其无穷之求,而各足其才分之所当得。是以不藏于家,而藏于其故所居之僧舍,此仁者之心也。

余既衰且病,无所用于世,惟得数年之闲,尽读其所未见之书。而庐山固所愿游而不得者,盖将老焉。尽发公择之藏,拾其余弃以自补,庶有益乎?而公择求余文以为记,乃为一言,使来者知昔之君子见书之难,而今之学者有书而不读为可惜也。

——《苏轼文集》卷十一

[1] 柱下史:周秦官名,类似于后代的侍力御史。老聃(dān 丹):老聃即老子,姓李,名耳,相传为周代掌管藏书的官员。

[2] 韩宣子:名起,谥号宣,史称韩宣子,为春秋时晋国卿大夫。

[3] "然后"句:此事记载于《左传·昭公二年》,在看过二书之后,韩宣子感叹道:"周礼尽在鲁矣,吾乃至今周公之德与周之所以王也。"

[4] 季札:吴国公子。聘:访问。上国:南方诸国称呼中原诸侯国。

[5] "然后"句:此事记载于《左传·襄公二十九年》。

[6] 左史:周代史官分左史、右史,左史记事,右史记言,一说左史记言,右史记事。倚相:倚氏,名相,春秋时楚国史官,精通历史。

[7] 三坟、五典、八索、九丘:为古代典籍,早已失传。

[8] 摹刻:指雕版印刷。

[9] 倍蓰(xǐ 喜):一倍和五倍。

[10] 华实:花朵和果实。

# 书不可不成诵

朱 熹

〔解题〕题目系据正文拟定。《三朝名臣言行录》为朱熹所编,记载北宋神宗、哲宗、徽宗三朝名臣言行事迹,共四十二人。这里选的是司马光的一段故事。笨鸟先飞,这是大家熟知的道理。然而司马光的这段故事告诉我们,笨鸟先飞不仅可以赶上伙伴,在勤奋努力的过程中还可能有意外的、更加深刻的收获。

司马温公幼时[1],患记问不若人[2]。群居讲习,众兄弟既成诵,游息矣[3];独下帷绝编[4],迨能倍诵为止[5]。用力多者收功远[6],其所精诵,乃终身不忘也。温公尝言:"书不可不成诵,或在马上,或中夜不寝时,咏其文,思其义,所得多矣。"

——《三朝名臣言行录》

[1] 司马温公:即司马光,卒后赠温国公。
[2] 患:担心。不若:不如。
[3] 游息:游玩休息。
[4] 下帷:放下帷帐,不闻世事。用西汉董仲舒的典故,见《赞学》篇注。绝编:用孔子读《易》的典故,形容读书勤勉,见《孔子于学》篇注。
[5] 迨:等到。倍:通"背"。
[6] 收功远:取得的效果更为深远。

# 王贻孙博闻

脱　脱

〔解题〕题目系据正文拟定。文中所载为一段轶事,围绕古代女性是否行跪拜礼这个问题展开。王贻孙的回答援引古书,探其源流,显示出他的博闻好知。

(王)溥好聚书[1],至万余卷,贻孙遍览之[2];又多藏法书名画[3]。太祖尝问赵普[4],拜礼何以男子跪而妇人否[5],普问礼官,不能对。贻孙曰:"古诗云'长跪问故夫'[6],是妇人亦跪也。唐太后朝妇人始拜而不跪[7]。"普问所出,对云:"大和中[8],有幽州从事张建章著《渤海国记》[9],备言其事。"普大称赏之。

——《宋史》卷二百四十九《王溥传》

[1] 王溥(pǔ 朴):字齐物(922—982),北宋开国宰相。聚书:藏书。
[2] 贻孙:即王贻孙,王溥之子,官至右司郎中。
[3] 法书:名家书法。
[4] 太祖:宋太祖赵匡胤。赵普(922—992):字则平,北宋开国功臣。
[5] 拜礼:拜谢、致敬之礼。
[6] 长跪问故夫:出自汉乐府《上山采蘼芜》。故夫,前夫。
[7] 唐太后朝:指武则天朝。
[8] 大和:唐文宗年号,公元 827 年至 835 年。

〔9〕幽州:辖境相当于今河北北部及辽宁等地,治所在今北京西南。从事:古代官职名,指地方长官的僚属。

# 送东阳马生序[1]

宋　濂

〔解题〕 宋濂(1310—1381),字景濂,号潜溪,浦江(今浙江义乌西北)人。明初,受朱元璋征聘,任江南儒学提举,官至翰林学士承旨知制诰。本文是他写给同乡后辈马君则的一篇赠序。在文中他追忆了自己求学的艰辛过程,并以现在的成功现身说法,激励后辈专心向学,勤学砥砺,有所成就。

余幼时即嗜学。家贫,无从致书以观[2],每假借于藏书之家,手自笔录,计日以还。天大寒,砚冰坚,手指不可屈伸,弗之怠。录毕,走送之[3],不敢稍逾约[4]。以是人多以书假余,余因得遍观群书。既加冠[5],益慕圣贤之道,又患无硕师、名人与游,尝趋百里外,从乡之先达执经叩问[6]。先达德隆望尊,门人弟子填其室,未尝稍降辞色[7]。余立侍左右,援疑质理[8],俯身倾耳以请。或遇其叱咄,色愈恭,礼愈至,不敢出一言以复。俟其欣悦,则又请焉。故余虽愚,卒获有所闻。

当余之从师也,负箧曳屣[9],行深山巨谷中,穷冬烈风,大雪深数尺,足肤皲裂而不知。至舍,四支僵劲不能动,媵人持汤沃灌[10],以衾拥覆,久而乃和。寓逆旅,主人日再食[11],无鲜肥滋味之享。同舍生皆被绮绣,戴朱缨宝饰之帽,腰白玉之环,左佩刀,右备容臭[12],烨然若神人;余则缊袍敝衣处其间[13],略无慕艳意。以中有足乐者,不知口体之奉不若人也[14]。盖余之勤且艰若此。

今虽耄老,未有所成,犹幸预君子之列,而承天子之宠光,缀公卿之后,日侍坐备顾问,四海亦谬称其氏名[15],况才之过于余者乎?

今诸生学于太学,县官日有廪稍之供[16],父母岁有裘葛之遗[17],无冻馁之患矣[18];坐大厦之下而诵《诗》、《书》,无奔走之劳矣;有司业、博士为之师[19],未有问而不告、求而不得者也;凡所宜有之书,皆集于此,不必若余之手录,假诸人而后见也。其业有不精,德有不成者,非天质之卑,则心不若余之专耳,岂他人之过哉!

东阳马生君则,在太学已二年,流辈甚称其贤。余朝京师,生以乡人子谒余,撰长书以为贽[20],辞甚畅达。与之论辩,言和而色夷[21]。自谓少时用心于学甚劳,是可谓善学者矣!其将归见其亲也,余故道为学之难以告之。谓余勉乡人以学者,余之志也;诋我夸际遇之盛而骄乡人者,岂知余者哉!

——《宋濂全集》卷三十一

[1] 东阳:今浙江东阳。马生:字君则,是当时南京国子监的学生。

[2] 致:弄到,获得。

[3] 走:跑。

[4] 逾约:超过约定的时间。

[5] 加冠:古代男子二十岁行冠礼,表示成人。

[6] 乡:同乡。先达:有道德学问的前辈。

[7] 降辞色:言语脸色稍微温和放松。

[8] 援疑质理:提出疑问,问明道理。

[9] 箧:书箱。屣(xí 席):鞋子。

[10] 媵(yìng硬):原指陪嫁的婢女,文中指旅馆的仆人。汤:热水。沃灌:浸洗浇灌。

[11] 主人:旅馆的老板。日再食:一天供应两顿饭。

[12] 容臭:香袋。

[13] 缊(yùn运)袍:旧絮袍子。敝衣:破旧衣服。

[14] 口体之奉:饮食和衣服的供给。

[15] 谬称其氏名:为作者自谦之词,指知道自己。

[16] 县官:文中指国家、官府。廪稍:国家给予的粮食。

[17] 裘葛:冬天穿的皮衣和夏天穿的葛衣。遗(wèi味):给予。

[18] 馁:饥饿。

[19] 司业、博士:均为国子监官职,担任老师。

[20] 贽:古代初次拜见尊长所送的礼物。

[21] 色夷:神色平和。

# 日知录序

潘　耒

〔解题〕潘耒（1646—1708），字次耕，清初学者。《日知录》是潘耒的老师顾炎武的代表作，共三十二卷，带有读书笔记的性质，涉及面极广，涵盖经义、吏治、财赋、史地、艺文等诸多方面，较为全面地反映了顾氏的学术、政治思想。该书的成就很高，是清初学术的代表作。本文追叙顾炎武读书求学事迹，评价其学术成就，称赞他为一代"通儒"。透过这篇文章，可以看到顾氏求知问学与其政治社会理想相互启发、相互促进的紧密结合，看到一个满怀经世致用抱负的学者形象，还可观察到清代初期一代学者的精神风貌。

有通儒之学，有俗儒之学。学者，将以明体适用也[1]。综贯百家，上下千载，详考其得失之故，而断之于心，笔之于书。朝章国典，民风土俗，元元本本[2]，无不洞悉。其术足以匡时[3]，其言足以救世，是谓通儒之学。若夫雕琢词章[4]，缀辑故实[5]，或高谈而不根[6]，或剿说而无当[7]，深浅不同，同为俗学而已矣。

自宋迄元，人尚实学，若郑渔仲、王伯厚、魏鹤山之流[8]，著述具在，皆博极古今，通达治体，曷尝有空疏无本之学哉[9]！明代人才辈出，而学问远不如古。自其少时，鼓箧读书[10]，规模次第[11]，已大失古人之意。名成年长，虽欲学而无及。间有豪隽之士[12]，不安于固陋[13]，而思崭然自见者[14]，又或采其华而弃其实，识其小而遗其大。若唐荆川、杨用修、王弇州、郑端简号称博通者[15]，可屈指数，然其人去古人有间矣[16]。

昆山顾宁人先生[17]，生长世族，少负绝异之资。潜心古学，九经诸史略能背诵。尤留心当世之故，实录奏报[18]，手自抄节，经世要务，一一讲求。当明末年，奋欲有所自树，而迄不得试[19]，穷约以老[20]，然忧天闵人之志[21]，未尝少衰。事关民生国命者，必穷源溯本，讨论其所以然。足迹半天下，所至交其贤豪长者，考其山川风俗，疾苦利病，如指诸掌[22]。精力绝人，无他嗜好，自少至老，未尝一日废书。出必载书籯以随[23]，旅店少休，披寻搜讨，常无倦色。有一疑义，反复参考，必归于至当。有一独见，援古证今，必畅其说而后止。当代文人才士甚多，然语学问，必敛衽推顾先生[24]。凡制度、典礼有不能明者，必质诸先生[25]；坠文、轶事有不知者，必征诸先生[26]。先生手画口诵，探原竟委[27]，人人各得其意而去。天下无贤不肖[28]，皆知先生为通儒也。

先生著书不一种，此《日知录》则其稽古有得[29]，随时札记，久而类次成书者。凡经义、史学、官方、吏治、财赋、典礼、舆地、艺文之属[30]，一一疏通其源流，考正其谬误。至于叹礼教之衰迟，伤风俗之颓败，则古称先[31]，规切时弊[32]，尤为深切著明。学博而识精，理到而辞达。是书也，意惟宋元名儒能为之，明三百年来殆未有也[33]。末少从先生游，尝手授是书。先生没[34]，复从其家求得手稿，校勘再三，缮写成帙，与先生之甥刑部尚书徐公健庵、大学士徐公立斋谋刻之而未果[35]，二公继没。末念是书不可以无传，携至闽中，年友汪悔斋赠以买山之资[36],举畀建阳丞葛受箕[37],鸠工刻之以行世[38]。

呜呼！先生非一世之人,此书非一世之书也。魏司马朗复井田之议[39],至易代而后行；元虞集京东水利之策[40],至异世而见用。立言不为一时录,中固已言之矣。异日有整顿民物之责者[41],读是书而憬然觉悟[42],采用其说,见诸施行,于世道人心,实非小补。如第以考据之精详[43],文辞之博辨,叹服而称述焉,则非先生所以著此书之意也。

康熙乙亥仲秋门人潘耒拜述[44]。

——《遂初堂集》卷六

[1] 明体：明白本体。适用：切合实用。
[2] 元元本本：从头到尾,从源头到演变。元,通"原"。
[3] 匡时：匡扶挽救时势。
[4] 雕琢词章：指刻意修饰文辞,纯粹追求形式。
[5] 缀辑故实：指因为猎奇或炫博而搜集编排典故。故实,典故。
[6] 不根：无根,没有根据,脱离实际。
[7] 剿(chāo 抄)说：抄袭他人的言说。
[8] 郑渔仲：郑樵(1104—1162),字渔仲。生活在两宋之际,学问渊博,注重实际考察。所著《通志》二百卷是一部从上古至隋唐的纪传体通史,其中二十略详考历代制度,为全书精华,最为后世所重。王伯厚：王应麟(1223—1296),字伯厚。南宋末年人。学问淹通,经史百家、天文地理、掌故制度无不谙熟,著有《诗考》、《诗地理考》、《汉艺文志考证》、《困学纪闻》、《玉海》、《玉堂类稿》等书。魏鹤山：魏了翁(1178—1237),号鹤山。南宋人,著有《九经要义》、《周易集义》、《周礼井田图说古今考》、《经史杂钞》、《鹤山集》等书。
[9] 曷尝：何曾。
[10] 鼓箧：箱子里装满书。箧,箱子。
[11] 次第：文中指等级、境界。

[12] 豪隽:亦作"豪俊",指才智杰出的人。

[13] 固陋:蔽塞、浅陋。

[14] 崭然:突出貌。自见(xiàn 陷),表现自己。

[15] 唐荆川:唐顺之(1507—1560),世称荆川先生。明代著名的文学家,兼通天文、历法、地理、音乐、数学。杨用修:杨慎(1488—1559),字用修。以涉猎广博、重视考证著称,著述达一百余种。王弇(yǎn 演)州:王世贞(1526—1590),号弇州山人。嘉靖间进士,主持文坛二十余年。著作极多,如《弇州山人四部稿》、《弇州山人四部续稿》、《弇山堂别集》等。郑端简:郑晓(1499—1566),字窒甫,卒谥端简。嘉靖间进士。熟知军事,抗击倭寇有功。精于经术,熟悉国家典故。著有《禹贡图说》、《吾学编》等。

[16] 去:距离。间(jiàn 建):差距。

[17] 顾宁人:顾炎武,字宁人。明末清初昆山亭林镇人,世称亭林先生。清初曾参加抗清活动。失败之后,游历华北,访问风俗,搜集材料。晚年定居山西华阴。康熙年间设博学鸿儒科,开《明史》馆以笼络硕儒,顾氏皆不就。其学问渊博,于经史百家、音韵训诂、典章制度、地理漕运莫不深于求索,开清代朴学风气。著作有《音学五书》、《肇域志》、《天下郡国利病书》、《亭林诗文集》等。

[18] 实录:为历代所修每任皇帝在位时期的编年大事记。奏报:臣下向皇帝进言奏事的文书。

[19] 迄:始终。

[20] 穷约:贫穷。

[21] 闵:同"悯"。

[22] 如指诸掌:形容对事情非常了解。

[23] 书簏(lù 录):书箱。

[24] 敛衽(rèn 认):整理一下衣袖,表示尊敬。

[25] 质:询问。

[26] 坠文:已经散佚失传的文献。轶事:不见于正式记载的史事。征:询问,咨询。

[27] 探源竟委:探求源流。原,同"源"。竟,穷究。

[28] 无贤不肖:无论是贤者还是不肖者。

〔29〕稽古:考古。

〔30〕经义:经书的义理。官方:任官时应该遵循的礼法。吏治:官员的作风和治理成绩。舆地:指地理。艺文:泛指各种典籍。之属:之类。

〔31〕则古称先:效法、称扬古代礼法和思想。

〔32〕规切:规劝谏正。

〔33〕殆:大概,表示推测。

〔34〕没:同"殁",过世。

〔35〕徐健庵:徐乾学(1631—1694)。徐立斋:徐元文(1634—1691)。健庵、立斋为二人之号。与弟秉义皆官高文名,号昆山三徐。

〔36〕年友:或指同年中进士的朋友,或指同辈的朋友。

〔37〕举畀(bì 必):全部交给。建阳:今福建建阳县,宋代之后以刻书业闻名。

〔38〕鸠工:召集工匠。

〔39〕司马朗(171—217):字伯达,东汉末人。曹操辟为司空掾,历任堂阳令、兖州刺史。曾建议恢复井田制,当时未能施行。

〔40〕虞集(1272—1348):字伯生,元代人。以诗文著称。泰定年间任翰林直学士兼国子祭酒,提出应将京东沿海土地任民开垦,筑堤以防海潮。当时未成。后来朝廷设立海口万户,为参考其说而来。

〔41〕异日:他日,日后。

〔42〕憬然:醒悟貌。

〔43〕第:仅仅、只。

〔44〕康熙乙亥:康熙三十年(1695)。仲秋:阴历八月。

# 庭 训

康熙帝

〔解题〕在中国历代皇帝中,康熙大约是最为勤学的一位,本文便是写照之一。除了文中提到儒家经典、宋代理学著作之外,康熙还以学习西方数学、物理、天文等现代科学知识而闻名。身居高位、日理万机却仍如此勤奋好学,真可作为今人之楷模。庭训,指对子孙的训诫。

朕自幼龄学步能言时,即奉圣祖母慈训,凡饮食、动履、言语,皆有矩度,虽平居独处,亦教以罔敢越轶[1]。少不然[2],即加督过,赖是以克有成[3]。八龄缵承大统[4],圣祖母作书训诫冲子曰[5]:"自古称为君难,苍生至众,天子以一身居临其上,生养抚育,无不引领而望[6]。必深思得众则得国之道,使四海之内成登康阜[7],绵历数于无疆惟休[8]。汝尚其宽裕、慈仁良、恭敬[9],慎乃威仪[10],谨尔出话,夙夜恪勤[11],以祗承乃祖考遗绪[12],俾予亦无疚厥心[13]。"朕仰戴斯言,大惧弗克遵兹丕训[14],惟曰:"庶其自强不息[15],以日新厥德。益思学问者,百事根本;不能学问,则渐即于非几[16]。"以故自少读书,深见夫为学之要[17],在于穷理致知,天德王道,本末该贯,存心养性,非此无以立体、齐治、均平[18],非此无以达用。于是孜孜焉日有课程,乐此忘疲。虽帝王之学不专事纂组章句[19],顾由博而约[20],往哲遗训,惟能网罗记载,搜讨艺文,斯足增长见闻,充益神智。朕机务之暇[21],讲肄诸经[22]。参稽《易》学[23],于《太极》《西铭》之义[24],《河图》《洛书》之旨[25],往往潜心玩味。以次历观史乘[26],考镜得失,旁及古文诗赋、诸子百家。《说命》言"念终始典于学"[27],《周颂》言"学有缉熙于光明"[28],朕所以朝斯夕斯至今弗辍者也。

——《圣祖仁皇帝御制文》二集卷四十

[1] 罔敢:不敢。越轶:超过、超出。
[2] 少:稍稍。
[3] 赖是:依靠这种严格的要求。克有成:才能有所成就。
[4] 八龄:八岁。缵(zuǎn 纂)承:继承。大统:皇位。
[5] 冲子:童子,指年幼的人,多为古代皇帝自称的谦辞。
[6] 引领而望:伸长脖子远望,形容殷切盼望。领,脖子。
[7] 成登康阜:指过上安乐富庶的生活。
[8] "绵历"句:让清朝的统治可以永远延续下去。无疆,无穷无尽。休,美好。
[9] 尚:崇尚、重视。
[10] 乃:你的。
[11] 夙夜:日夜、朝夕。恪(kè 客)勤:恭敬勤恳。
[12] 祗:恭敬。承:继承。祖考遗绪:祖先未完之功业。
[13] 俾予亦无疚厥心:让我也能无愧于心。
[14] 丕训:重大、重要的教训。
[15] 庶其:表示祈使、希望。
[16] 即:靠近、流于。非几:非理、邪僻。
[17] 夫:语气词。
[18] 立体:树立自身。齐治:齐家与治国。均平:平天下,使天下公允。
[19] 纂组:搜集编撰。章句:古人对经典的分章解说。

205

[20]顾:然而、但是。

[21]机务:指机要的军国大事。

[22]讲肄(yì亦):讲习,谈论学习。

[23]参稽:参酌稽考,思考探究。

[24]《太极》:应指宋代道士陈抟(872—989)所传《太极图》,他用太极来演绎解释《周易》。后来周敦颐又撰《太极图说》,进一步发挥阐释。《西铭》:北宋张载(1020—1077)所著。他从乾坤入手,阐述如何从个人之身向家庭、国家推广德能。

[25]《河图》、《洛书》:相传为《周易》的起源,但早已不传。后世不少学者借之发挥自己的学说。

[26]史乘(shèng圣):史书。

[27]念终始典于学:出自《尚书·说命》,意谓始终不要忘了从事学习。

[28]学有缉熙于光明:出自《诗经·周颂·昊天有成命》,意谓学习让人逐渐开阔广大至于光明。

# 约之以礼

# 君子之道

〔**解题**〕 题目系据正文拟定。鲁国是一个礼乐之邦,完整地保存了西周的文化传统。孔子自小就受到周代礼乐文化的熏陶。然而他所处的春秋末期却是一个礼崩乐坏、周代原有的宗法等级制度遭到严重破坏的时代,对此他抱有恢复"礼乐征伐自天子出"、实现社会大同的政治理想。在统治方法上,主张用礼乐来教化国家。在个人修养上,主张遵从周礼。

在《论语》一书中,孔子从各个侧面谈论"礼",或者说明礼包括哪些具体的行为,强调礼的实践性,比如"入则孝,出则悌","敏于事而慎于言";或者论说礼与仁的关系,比如"克己复礼为仁","绘事后素";或者说明礼节对与个人修养的重要性,比如"君子博学于文,约之以礼"。

子曰:"弟子[1],入则孝,出则悌[2],谨而信,泛爱众[3],而亲仁[4],行有余力,则以学文。"

子夏曰[5]:"贤贤易色[6];事父母[7],能竭其力;事君,能致其身[8];与朋友交,言而有信。虽曰未学,吾必谓之学矣。"

子曰:"君子食无求饱[9],居无求安,敏于事而慎于言,就有道而正焉[10],可谓好学也已。"

子贡曰[11]:"贫而无谄[12],富而无骄[13],何如?"子曰:"可也;未若贫而乐[14],富而好礼者也。"子贡曰:"《诗》云'如切如磋,如琢如磨'[15],其斯之谓与[16]?"子曰:"赐也,始可与言《诗》已矣,告诸往而知来者[17]。"

——《论语·学而》

子张学干禄[18]。子曰:"多闻阙疑[19],慎言其余[20],则寡尤[21];多见阙殆[22],慎行其余,则寡悔。言寡尤,行寡悔,禄在其中矣。"

——《论语·为政》

子夏问曰:"'巧笑倩兮,美目盼兮,素以为绚兮[23]',何谓也[24]?"子曰:"绘事后素[25]。"曰:"礼后乎[26]?"子曰:"起予者商也[27]!始可与言《诗》已矣。"

——《论语·八佾》

子谓子产[28],"有君子之道四焉:其行己也恭[29],其事上也敬[30],其养民也惠[31],其使民也义[32]。"

——《论语·公冶长》

子曰:"君子博学于文,约之以礼[33],亦可以弗畔矣[34]!"

——《论语·雍也》

子曰:"恭而无礼则劳[35],慎而无礼则葸[36],勇而无礼则乱,直而无礼则绞[37]。君子笃于亲[38],则民兴于仁[39];故旧不遗,则民不偷[40]。"

子曰:"兴于诗[41],立于礼,成于乐[42]。"

——《论语·泰伯》

颜渊问仁[43]。子曰:"克己复礼为仁[44]。一日克己复礼,天下归仁焉[45]。为仁由己[46],而由人乎哉?"颜渊曰:"请问其目[47]。"子曰:"非礼勿视,非礼勿听,非礼勿言,非礼勿动[48]。"颜渊曰:"回虽不敏,请事斯语矣[49]。"

仲弓问仁[50]。子曰:"出门如见大宾[51],使民如承大祭[52],己所不欲,勿施于人[53]。在邦无怨,在家无怨[54]。"仲弓曰:"雍虽不敏,请事斯语矣。"

——《论语·颜渊》

子贡问曰:"何如斯可谓之士矣?"子曰:"行己有耻[55],使于四方[56],不辱君命,可谓士矣。"

——《论语·子路》

[1]弟子:年纪小为弟为子的人。
[2]入:入父母的居所。出:出自己的居所。悌(tì替):对兄长敬爱顺从。
[3]泛:广泛。
[4]仁:此指仁人,仁厚有道德的人。
[5]子夏:孔子的学生,姓卜,名商,字子夏,"孔门十哲"之一,以文学(即文章学问)著称。
[6]贤贤:以贤为贤,重视品德贤良。易:代替。色:爱好美色。
[7]事:侍奉。
[8]致其身:献其身。致,给予,投入。
[9]君子:有道德的人。
[10]就:靠近。有道:有道德的人。正:匡正、端正。
[11]子贡:孔子学生。姓端木,名赐,字子贡。亦为"孔门十哲"之一,以言语著称。
[12]谄:谄媚、巴结。

211

［13］骄：骄傲自大。

［14］未若：不如，比不上。乐：乐于道。

［15］"如切如磋"二句：见于《诗经·卫风·淇奥》。切、磋、琢、磨是治理玉石的四种方法，分别为开料、糙锉、细雕、磨光。

［16］其：语气词，表示推测。斯之谓："谓斯"的倒装，说的是这个。与（yú鱼）：疑问助词。

［17］诸：之，指子夏。往：过去的事情，引申为已知的事。来：未来的事，引申为未知的事。

［18］子张：孔子学生，姓颛孙，名师，字子张。学干禄：学习求取俸禄的方法。干，求。禄，俸禄。

［19］阙疑：对怀疑的地方，予以保留。

［20］其余：其余足以自信的地方。

［21］尤：过错。

［22］殆：一说同"怠"，一说作"疑"解。

［23］"巧笑倩兮"二句：出自《诗经·卫风·硕人》。巧笑，美好的笑容。倩，美好。盼，眼睛黑白分明的样子。素，白色。绚，有文采。

［24］何谓："谓何"的倒装，说的是什么。

［25］绘事后素：先有白色底子，然后绘画。

［26］礼后乎：礼在之后吗？杨伯峻根据其他先秦文献，解释为礼乐在仁义之后（《论语译注》）。

［27］起：启发。

［28］谓：评价。子产：公孙侨，字子产，郑穆公的孙子，春秋时期郑国的贤相。

［29］行己：自己的言行举止。

［30］上：君上。

［31］养民：教养人民。惠：恩惠。

［32］使：役使。义：合于道义。

［33］约之以礼：用礼节约束君子。约，约束。

［34］弗：不。畔：通"叛"，背叛、违背。

［35］恭：容貌举止恭敬端庄。无礼：指不知礼。劳：劳累倦怠。

[36] 葸(xǐ喜):畏惧貌,这里指流于畏惧。

[37] 绞:急切。

[38] 笃:真诚深厚。亲:亲族。

[39] 兴于仁:兴起仁德。

[40] "故旧不遗"二句:在上位的人不遗弃他的老同事、老朋友,那老百姓就不致对人冷淡无情。遗,遗弃。偷,浇薄,不厚道。

[41] 兴:兴起,这里引申为振奋。

[42] 成:完成,指所学得以完成。

[43] 颜渊:名回,字子渊。"孔门十哲"之一,以德行著称。

[44] 克己:克制约束自己。复礼:回归礼,使自己的行为合乎礼。

[45] 归仁:称仁,即称许(你)为仁人。

[46] 由:凭借、依靠。

[47] 目:条目。

[48] 非礼:不合于礼。视:看。言:说。

[49] 事:实行。斯语:您的话。

[50] 仲弓:即冉雍,字仲弓。"孔门十哲"之一,以德行著称。

[51] 大宾:贵宾。

[52] 使民:役使百姓。承大祭:承担重要的祭祀典礼。

[53] "己所不欲"二句:意谓自己所不喜欢的,不要强加给他人。

[54] 在邦:指为国家做事时。

[55] 有耻:有羞耻之心。

[56] 使:出使。四方:其他诸侯国。

# 相 鼠

〔解题〕这是人民斥责卫国统治者荒昧无耻的诗。诗中用老鼠作为对比,讽刺无礼无仪的人连老鼠都不如,情辞激愤,尖锐辛辣,具有很强的感染力。

相鼠有皮[1],人而无仪[2]。人而无仪,不死何为[3]!
相鼠有齿,人而无止[4]。人而无止,不死何俟[5]!
相鼠有体[6],人而无礼。人而无礼,胡不遄死[7]!

——《诗经·鄘风》

[1] 相:看。
[2] 仪:威仪,端庄严肃的态度和行为。
[3] 何为:为何,为什么。
[4] 止:节止,控制欲望,让行为合乎礼仪。
[5] 俟:等待。
[6] 体:身体。
[7] 遄(chuán 船):快,赶紧。

# 晏子知礼

〔解题〕题目系据正文拟定。这是对晏子行为是否符合礼的一段讨论。礼包含了两个层面：首先，它对行为、制度的一系列规定，比如文中提到的"国君七个，遣车七乘；大夫五个，遣车五乘"，不同的阶层所能用的舆服仪制是不一样的，这是礼的外在形式；其次，它是一套抽象的逻辑，知耻、仁爱、孝悌等观念被它囊括在内，这是它的精神内核。按照外在形式来看，晏子所为显然是与礼相违背的；但从精神内核来看，晏子却是真正懂得礼的人。

曾子曰[1]："晏子可谓知礼也已，恭敬之有焉。"有若曰[2]："晏子一狐裘三十年，遣车一乘[3]，及墓而反。国君七个，遣车七乘；大夫五个，遣车五乘。晏子焉知礼？"曾子曰："国无道，君子耻盈礼焉[4]。国奢则示之以俭，国俭则示之以礼。"

——《礼记·檀弓》

［1］曾子：名参，字子舆，孔子弟子。
［2］有若：字子有，孔子弟子。
［3］遣车：送葬时载牲畜的用车。唐孔颖达《礼记正义》云"人臣赐车马者，乃得有遣车。遣车之差：大夫五，诸侯七，则天子九"，又云"个谓所包遣奠牲体制数也"。以此而言，晏子所为与当时礼仪不合，因此有若才有"晏子焉知礼"的疑问。
［4］盈：没有缺失，完成。

# 礼 之 在 人

〔解题〕题目系据正文拟定。礼对于人有多重要呢?本文告诉我们:礼就像竹子的皮,像松柏的芯;因为它们,竹子和松柏才得以在严冬凌寒挺立,而不是像其他植物一样凋零。礼是让人存立于世的力量。

礼器[1],是故大备[2]。大备,盛德也。礼,释回[3],增美质[4],措则正[5],施则行。其在人也,如竹箭之有筠也[6],如松柏之有心也。二者居天下之大端矣,故贯四时而不改柯易叶[7]。故君子有礼,则外谐而内无怨[8]。故物无不怀仁,鬼神飨德[9]。

——《礼记·礼器》

[1] 礼器:言礼使人成器。

[2] 是故:因此。备:美好。

[3] 释:去除。回:邪僻。

[4] 质:本性。

[5] 措则正:置礼在身则身正。措,安置。

[6] 箭:小竹。筠:坚韧的竹皮。

[7] 改柯易叶:形容枝叶凋零。柯,枝干。

[8] 外谐而内无怨:与人相处内外协服,于外和谐,于内无怨恨。

[9] 飨:鬼神享受供品。

# 中庸之道

[解题] 题目系据正文拟定。中庸，不偏不倚，无过无不及。它是儒家最高的道德标准。《论语·雍也》中孔子云："中庸之为德也，其至矣乎。"它也是古代礼仪追求的理想状态。文中"君子尊德性而道问学"一句道出了"知书"和"达礼"的关系。

天命之谓性，率性之谓道，修道之谓教[1]。道也者，不可须臾离也。可离，非道也。是故君子戒慎乎其所不睹[2]，恐惧乎其所不闻[3]。莫见乎隐，莫显乎微[4]，故君子慎其独也。

仁者人也[5]，亲亲为大[6]。义者宜也[7]，尊贤为大。亲亲之杀[8]，尊贤之等，礼所生也。

或生而知之，或学而知之，或困而知之，及其知一也[9]。或安而行之[10]，或利而行之[11]，或勉强而行之，及其成功一也。

子曰："好学近乎知，力行近乎仁，知耻近乎勇[12]。"知斯三者，则知所以修身。

博学之，审问之[13]，慎思之，明辨之，笃行之。有弗学，学之弗能，弗措也[14]。有弗问，问之弗知，弗措也。有弗思，思之弗得，弗措也。有弗辨，辨之弗明，弗措也。有弗行，行之弗笃，弗措也。人一能之，己百之[15]；人十能之，己千之。果能此道矣，虽愚必明，虽柔必强。

大哉圣人之道!洋洋乎[16]!发育万物,峻极于天。优优大哉[17]!礼仪三百,威仪三千[18],待其人然后行[19]。故曰苟不至德,至道不凝焉[20]。故君子尊德性而道问学[21],致广大而尽精微[22],极高明而道中庸[23]。温故而知新,敦厚以崇礼。是故居上不骄,为下不倍[24],国有道其言足以兴[25],国无道其默足以容[26]。《诗》曰:"既明且哲,以保其身。"[27]其此之谓与!

《诗》曰:"衣锦尚䌹[28]。"恶其文之著也[29]。故君子之道,闇然而日章[30],小人之道,的然而日亡[31]。君子之道,淡而不厌,简而文,温而理,知远之近,知风之自,知微之显,可与入德矣。

——《礼记·中庸》

[1]"天命之谓性"三句:意谓上天赋予人的叫作性,顺性而为叫作道,让人修习道叫作教。

[2]戒慎乎其所不睹:在别人看不见的时候也谨慎守道。

[3]恐惧乎其所不闻:在别人不知道的时候也害怕偏离道。

[4]"莫见乎隐"二句:于隐蔽细微之处也严谨遵道。

[5]仁者人也:意谓仁是人生来具有的。

[6]亲亲:亲爱亲人。

[7]义者宜也:意谓义是应该做的。

[8]亲亲之杀:指亲人有亲疏远近的区别。杀,减损,降杀。

[9]及其知一也:意为获得知识的原因虽然各有不同,但是获得知识却是一样的。

[10]安:心安理得。

[11]利:追求利益。

[12]"好学近乎仁"三句:喜欢学习接近智慧,努力实行接近仁爱,知道廉耻接近勇敢。

[13]审问:审慎地发问。

［14］措：放置，休废。

［15］"人一能之"二句：他人付出一分努力就能做到，而我付出百分努力。

［16］洋洋：盛大美好。

［17］优优：丰厚宽裕。

［18］"礼仪三百"二句：孔颖达疏云："礼仪三百，《周礼》有三百六十官，言三百者举其成数耳。威仪三千者，即仪礼行事之威仪，《仪礼》虽十七篇，其中事有三千。"

［19］其人：指贤人。

［20］苟不至德：假如没有极高的德行。凝：凝聚，完成。

［21］德性：人自然至诚之性。道问学：通过学习达到至诚之性。道，经由。问学，求学，学习。

［22］广大：即宽广博厚。

［23］极高明：极尽高明之道。道：遵循。中庸：不偏曰中，不变曰庸。儒家以中庸为最高的道德标准。

［24］倍：通"背"，背弃、背叛。

［25］兴：得到任用，出谋划策。

［26］默：沉默，韬光养晦。容：容身，保全自己。

［27］"既明且哲"二句：出自《诗经·大雅·烝民》。明，疏通。哲，知识渊博。以保其身，孔颖达《毛诗正义》解释云："以此明哲，择安去危而保全其身，不有祸败。"

［28］衣锦尚䌹（jiǒng窘）：出自《诗经·卫风·硕人》，今本《诗经》作"衣锦褧（jiǒng窘）衣"，与此文字略有出入。衣，穿着。锦，锦制的衣服。䌹（jiǒng窘），同"褧"，指用细麻纱制成的罩衫，穿在锦衣之外，以遮蔽灰尘。

［29］著：彰显。"衣锦尚䌹"本为描述庄姜华美雍容，本文借来说不愿意锦衣华丽彰显，因此，外罩䌹衣遮蔽，这就如同君子的道德一样。

［30］闇然：形容君子道德深远，乍观以为幽微难见。日章：日益章明。

［31］的（dì弟）然：形容小人之道浅显易见。

219

# 君子所以异于人者

〔解题〕题目系据正文拟定。君子与普通人的区别在于什么地方呢?在于居心。君子居心于仁、于礼,时刻用仁和礼要求自己、检视自己。这种向内的修行,使得君子不忧惧外界荣辱,而养成笃实的内在力量。

孟子曰:"君子所以异于人者,以其存心也[1]。君子以仁存心,以礼存心。仁者爱人,有礼者敬人。爱人者,人恒爱之。敬人者,人恒敬之。有人于此[2],其待我以横逆[3],则君子必自反也[4]:我必不仁也,必无礼也,此物奚宜至哉[5]?其自反而仁矣[6],自反而有礼矣,其横逆由是也[7],君子必自反也:我必不忠。自反而忠矣,其横逆由是也。君子曰:'此亦妄人也已矣。如是,则与禽兽奚择哉[8]?于禽兽又何难焉[9]?'是故君子有终身之忧,无一朝之患也。乃若所忧则有之:舜,人也;我,亦人也。舜为法于天下[10],可传于后世,我由未免为乡人也[11],是则可忧也。忧之如何?如舜而已矣[12]。若夫君子所患则亡矣[13]。非仁无为也,非礼无行也。如有一朝之患,则君子不患矣。"

——《孟子·离娄下》

[1] 以其存心:因为他居心(与众人不同)。
[2] 有人于此:(假设)这里有个人。

[3] 横(hèng 恒去声)逆:蛮横没礼貌。
[4] 自反:自我反省。
[5] 此物奚宜至哉:(不然,)这种事怎么会加到我身上呢? 物,事。
[6] 自反而仁矣:自我反省之后,自己确实是达到仁的境界。
[7] 其横逆由是:那种蛮横无理仍然不改。
[8] 择:区别。
[9] 难(nàn 南去声):责难,责备。
[10] 为法:成为模范、标准。
[11] 我由未免为乡人:我仍不免是个普通人。乡人,俗人。
[12] 如:效仿,学习。
[13] 若夫君子所患则亡矣:至于君子其他的担忧便没有了。

# 四　心

〔解题〕题目系据正文拟定。仁、义、礼、智是古代社会道德的重要内容。它们从何而来？孟子指出它们分别对应人的四种感情：恻隐之心、羞恶之心、恭敬之心、是非之心，这四种感情是人生来便有的天性，因此仁义礼智也是蕴含于天性中的道德，人们需要做的只是发现它、运用它。

孟子曰："乃若其情[1]，则可以为善矣，乃所谓善也。若夫为不善，非才之罪也[2]。恻隐之心[3]，人皆有之；羞恶之心[4]，人皆有之；恭敬之心，人皆有之；是非之心，人皆有之。恻隐之心，仁也；羞恶之心，义也；恭敬之心，礼也；是非之心，智也；仁义礼智，非有外铄我[5]，我固有之也，弗思耳矣。故曰：'求则得之，舍则失之。'[6]或相倍蓰而无算者[7]，不能尽其才者也。"

——《孟子·告子上》

[1] 乃若：至于。情：指天性、本性。

[2] 才：指天性、本性。

[3] 恻隐之心：即同情心。

[4] 羞恶之心：即廉耻心。

[5] 铄(shuò 烁)：损毁。

[6] "求则得之"二句：意谓一经探求便会得到，一旦舍弃便会失去。

[7] "或相倍蓰(xǐ 洗)"句：人们之间有相差一倍、五倍甚至无数倍的。

# 求其放心

〔**解题**〕题目系据正文拟定。孟子所说的"放心",和今天通常所说的"放心"不同,不是指安心,而是指丧失掉了的"心"。这个"心",是人的本心,是人与生俱来的仁爱善良之心。因此,孟子说,求学修身的根本,是找回丢失的本心。

孟子曰:"仁,人心也;义,人路也。舍其路而弗由[1],放其心而不知求[2],哀哉!人有鸡犬放,则知求之;有放心而不知求[3]。学问知道无他,求其放心而已矣。"

——《孟子·告子上》

[1] 由:经由,行走。
[2] 放:丢弃,失去。
[3] 放心:指丧失的仁爱本心。

# 仁义礼智根于心

〔**解题**〕题目系据正文拟定。在本篇中,孟子谈到内在的礼义修养会在人的容颜形体上显现出来,所以君子常常有着温润的气质。我们常说"腹有诗书气自华",便是同样的道理。

孟子曰:"君子所性[1],仁义礼智根于心,其生色也睟然[2],见于面[3],盎于背[4],施于四体[5],四体不言而喻。"

——《孟子·尽心上》

[1] 君子所性:君子的本性。
[2] 生色:散发出来的神色。睟(suì 碎)然:温润柔和貌。
[3] 见于面:表现在颜面上。
[4] 盎:充溢,引伸指显现。
[5] 施:散布,延及。四体:四肢。

# 礼　论(节选)

[**解题**]《礼论》是《荀子》中十分重要的一篇。此处所选为它的前几段,是对"礼"的起源、内容和作用的总括性论述。

礼起于何也? 曰:人生而有欲,欲而不得,则不能无求;求而无度量分界,则不能不争。争则乱,乱则穷。先王恶其乱也,故制礼义以分之[1],以养人之欲,给人之求[2]。使欲必不穷于物[3],物必不屈于欲[4],两者相持而长,是礼之所起也。

故礼者,养也。刍豢稻粱[5],五味调香[6],所以养口也;椒兰芬苾[7],所以养鼻也;雕琢刻镂,黼黻文章[8],所以养目也;钟鼓管磬,琴瑟竽笙,所以养耳也;疏房、檖貌、越席、床笫、几筵[9],所以养体也。故礼者,养也。

君子既得其养,又好其别。曷谓别? 曰:贵贱有等,长幼有差,贫富轻重,皆有称者也[10]。故天子大路越席[11],所以养体也;侧载睪芷[12],所以养鼻也;前有错衡[13],所以养目也;和鸾之声[14],步中《武》、《象》[15],趋中《韶》、《护》[16],所以养耳也;龙旗九斿[17],所以养信也;寝兕、持虎、蛟韅、丝末、弥龙[18],所以养威也;故大路之马必信至教顺,然后乘之,所以养安也。

孰知夫出死要节之所以养生也[19];孰知夫出费用之所以养财也;孰知夫恭敬辞让之所以养安也;孰知夫礼义文理之

225

所以养情也。故人苟生之为见[20],若者必死[21];苟利之为见,若者必害;苟怠惰偷懦之为安居,若者必危;苟情说之为乐[22],若者必灭。故人一之于礼义,则两得之矣;一之于情性,则两丧之矣。故儒者将使人两得之者也,墨者将使人两丧之者也[23],是儒墨之分也。

礼有三本:天地者,生之本也;先祖者,类之本也[24];君师者,治之本也[25]。无天地,恶生[26]?无先祖,恶出?无君师,恶治?三者偏亡,焉无安人[27]。故礼,上事天,下事地,尊先祖而隆君师,是礼之三本也。……

凡礼,始乎棁[28],成乎文,终乎悦校[29]。故至备[30],情文俱尽[31];其次,情文代胜[32];其下复情以归大一也[33]。天地以合[34],日月以明,四时以序,星辰以行,江河以流,万物以昌,好恶以节,喜怒以当,以为下则顺,以为上则明,万物变不乱[35],贰之则丧也[36]。礼岂不至矣哉!立隆以为极[37],而天下莫之能损益也。本末相顺[38],终始相应,至文以有别,至察以有说,天下从之者治,不从者乱,从之者安,不从者危,从之者存,不从者亡,小人不能测也。

礼之理诚深矣,"坚白"、"同异"之察[39],入焉而溺[40];其理诚大矣,擅作典制、辟陋之说,入焉而丧;其理诚高矣,暴慢、恣睢、轻俗,以为高之属,入焉而队[41]。故绳墨诚陈矣[42],则不可欺以曲直;衡诚县矣[43],则不可欺以轻重;规矩诚设矣,则不可欺以方圆;君子审于礼,则不可欺以诈伪。故绳者,直之至;衡者,平之至;规矩者,方圆之至;礼者,人道之极也。然而不法礼,不足礼,谓之无方之民[44];法礼,足礼,谓之有方之士。礼之中焉能思索[45],谓之能虑;礼之中焉能勿易[46],谓之能固[47]。能虑、能固,加好者焉,斯圣人矣。故天者,高之极也;地者,下之极也;无穷者,广之极也;

圣人者,道之极也。故学者,固学为圣人也,非特学无方之民也。

礼者,以财物为用,以贵贱为文,以多少为异,以隆杀为要[48]。文理繁[49],情用省[50],是礼之隆也。文理省,情用繁,是礼之杀也。文理、情用相为内外表里,并行而杂[51],是礼之中流也[52]。故君子上致其隆,下尽其杀,而中处其中。步骤、驰骋、厉骛,不外是矣,是君子之坛宇、宫廷也[53]。人有是,士君子也;外是,民也;于是其中焉,方皇周挟[54],曲得其次序[55],是圣人也。故厚者,礼之积也;大者,礼之广也;高者,礼之隆也;明者,礼之尽也[56]。诗曰:"礼仪卒度,笑语卒获。"[57]此之谓也。

——《荀子》

[1] 分:划分等级。

[2] 给:满足。

[3] 不穷于物:不因为财物缺乏而无法满足。

[4] 不屈于欲:不因为满足欲望而被消耗干净。屈(jué 决),枯竭。

[5] 刍豢(huàn 换):泛指肉食。

[6] 香:疑作"盍",通"和"。

[7] 椒:花椒。兰:一种香草。芬苾(bì 必):芬芳。

[8] 文章:花纹。

[9] 疏:通风明亮。檖(suì 遂),通"邃",幽深。貌(mào 茂):同"貌",庙。越席:蒲草编的席子。第(zǐ 子):竹编的床垫,此处指床。

[10] 称:相称、相符合。

[11] 大路:即"大辂",古代天子所乘的马车。

[12] 睪(zé 泽):同"泽",泽兰。芷:一种香草。

[13] 错衡:错有金银花纹的车前横木。

[14] 和鸾:古代的一种车铃。

[15] 武:周武王乐。象:武王舞。

［16］韶：舜乐。濩(huò获)：商汤乐。

［17］斿(yóu游)：旗子上的飘带。

［18］寝兕(sì四)：躺着的野牛。兕：战国以前尚多的一种独角野牛。持：通"特"，雄兽。蛟：蛟龙。韅(xiǎn显)：马腹带。末：通"幦"，古代车轼上的覆盖物。弥：车耳，车厢两旁人倚靠的地方。以上这些都是对车的装饰。

［19］"孰知"句：意谓谁知道为名节而死正是为了满足生存的欲望呢？要，求取。要节，求取名节。

［20］苟生：苟且偷生。

［21］若者：像这样的人。

［22］说：通"悦"，愉快、喜悦。

［23］墨者：墨家，战国时期的另一学派。创始人为墨翟，后人称之为"墨子"。他反对儒家，主张"兼爱"，即天下人应该相爱互利，不应该有亲疏贵贱的等级之别；反对儒家的礼乐制度，而提出"节用"之说。

［24］类：族类。

［25］治之本：治国之本。

［26］恶：何，如何。

［27］焉：则，那么。

［28］梲(tuō脱)：通"脱"，疏略。

［29］校：通"恔"，愉悦。

［30］至备：极为完备。

［31］情：礼意，礼的内核。文：礼的表现形态，威仪。尽：达到极致。

［32］代胜：交替胜出，或文胜于情，或情胜于文。

［33］复情：返回本性。大一：即"太一"，天地形成前的混沌元气。

［34］以：乃，于是。以下"以明"、"以序"、"以行"等"以"字皆如此。

［35］"以为下则顺"三句：杨倞注云："礼在下位使人顺，在上位则治万变而不乱。"

［36］贰：违背，背叛。丧：丧失，没有。

［37］"立隆"句：意谓建立完备的礼制作为最高准则。极，极准，最高准则。

[38] 顺:通"巡"。此句言本末相沿,与下"终始相应"互文。

[39] 坚白:公孙龙有"离坚白"之说,惠施有"合同异"之说。

[40] 溺:陷入、沉溺。

[41] 队:同"坠",堕落。

[42] 诚:真正、确实。

[43] 衡:秤杆。

[44] 方:法度。

[45] 礼之中:符合于礼。

[46] 易:改变。

[47] 固:坚定。

[48] "以财物为用"四句:杨倞解释云:"以贡献问遗之类为行礼之用也;以车服旗章为贵贱文饰也;多少异制,所以别上下也;礼或厚或薄,唯其所当为贵也。"隆,丰厚。杀,减降。要,要害。

[49] 文理:威仪。

[50] 情用:实用。

[51] 杂:交错。

[52] 中流:正流、正道。

[53] "步骤"三句:王天海解释云:"言君子言行之缓急、竞争、奋求,皆不在此外也。坛宇、宫廷,皆君子言行之范围也。"(《荀子校释》)

[54] 方皇:言广大,与"周挟"意近。

[55] 曲:全部。

[56] "故厚者"八句:杨倞解释云:"圣人所以能厚重者,由积礼也。能弘大者,由广礼也。崇高者,由隆礼也。明察者,由尽礼也。"

[57] "礼义卒度"二句:出自《诗经·小雅·楚茨》。卒度,完全符合法度。卒获,完全恰到好处。卒,完全。

# 丧亲之礼

〔解题〕 题目系据正文拟定。《孝经》十八章,为儒家经典,被列入"十三经"之中。相传为孔子为学生曾参讲说孝道,以明天子庶人五等之孝、事亲之法的记录。孝是子女对父母的亲情,是一种最为朴素自然的情感。在传统文化中,它还被提升到道德之本源的高度。如何孝顺父母,成为传统礼教、礼仪的重要内容。《丧亲》为《孝经》的最后一章,讨论孝子为父母守丧的哀戚之情。

子曰:孝子之丧亲也[1],哭不偯[2],礼无容[3],言不文[4],服美不安[5],闻乐不乐[6],食旨不甘[7],此哀戚之情也。三日而食,教民无以死伤生[8],毁不灭性[9],此圣人之政也。丧不过三年,示民有终也。为之棺椁衣衾而举之[10],陈其簠簋而哀戚之[11];擗踊哭泣[12],哀以送之,卜其宅兆而安措之[13];为之宗庙以鬼享之[14],春秋祭祀以时思之。生事爱敬,死事哀戚,生人之本尽矣,死生之义备矣,孝子之事亲终矣[15]。

——《孝经·丧亲》

[1] 亲:父母。

[2] 不偯(yǐ椅):形容哭至气竭。偯,余声曲折。

[3] 无容:触地无容。

[4] 文:文饰。

[5] 服美不安:穿着美丽的服饰心中不安,因此穿粗糙的缞麻。

[6] 乐:前"乐"字指音乐,后"乐"字意谓快乐。

[7] 旨:美味的食物。不甘:不觉味美。

[8] 无以死伤生:不要因为哀痛逝去的人而伤害活着的人。

[9] 毁:哀痛过度而伤害身体。性:生命。唐玄宗注云:"不食三日,哀毁过情,灭性而死,皆亏孝道,故圣人制礼施教,不令至于殒灭。"

[10] 棺椁:古代棺木有两重,内为棺,外为椁。衣:敛衣。衾:衾被。举:举尸入棺。

[11] 陈:陈列。簠(fǔ 抚)、簋(guǐ 鬼):古代祭祀燕享时用来盛粮食的器皿,形制略有不同。

[12] 擗踊:形容捶胸顿足、哀痛之极。擗(pì 辟),捶胸。踊,跳。

[13] 卜:通过占卜选择墓地。宅兆:墓穴茔域。

[14] 鬼:古代将死去的人视为鬼。享:供献祭品。

[15] "生事爱敬"五句:唐玄宗解释云:"爱敬、哀戚,孝行之始终也,备陈死生之义以尽孝子之情。"

231

# 孔子南游适楚

〔**解题**〕题目系据正文拟定。《韩诗外传》是一部记录古代故事和传说的书,成书于汉代。每个故事之后都会引用一句《诗经》为证。本文记述的是孔子及其弟子子贡,与楚国一位妇人谈话的故事。从中既可以看到这位妇人的机智得体,也可窥见当时的交往礼节。

孔子南游适楚,至于阿谷之隧[1],有处子佩璜而浣者[2]。孔子曰:"彼妇人其可与言矣乎?"抽觞以授子贡[3]:"善为之辞,以观其语。"子贡曰:"吾北鄙之人也[4],将南之楚[5]。逢天之暑,思心潭潭[6],愿乞一饮,以表我心。"妇人对曰:"阿谷之隧,隐曲之氾[7],其水载清载浊[8],流而趋海,欲饮则饮,何问于婢子!"受子贡觞,迎流而挹之[9],奂然而弃之[10],促流而挹之[11],奂然而溢之,坐置之沙上。曰:"礼固不亲授。"子贡以告。孔子曰:"丘知之矣。"抽琴去其轸[12],以授子贡曰:"善为之辞,以观其语。"

子贡曰:"向子之言[13],穆如清风,不悖我语,和畅我心。于此有琴而无轸,愿借子以调其音。"妇人对曰:"吾野鄙之人也,僻陋而无心,五音不知,安能调琴?"子贡以告。孔子曰:"丘知之矣。"抽絺绤五两以授子贡[14],曰:"善为之辞,以观其语。"

子贡曰:"吾北鄙之人也,将南之楚。于此有絺绤五两,吾不敢以当子身,敢置之水浦[15]。"妇人对曰:"客之行,差迟乖人[16],分其资财,弃之野鄙。吾年甚少,何敢受子?子不早去,今窃有狂夫守之者矣[17]。"

《诗》曰:"南有乔木,不可休思。汉有游女,不可求思。"[18]此之谓也。

——《韩诗外传》卷一

[1] 隧:道路。

[2] 璜(huáng 黄):半璧形的玉,可作为佩饰。

[3] 觞:酒杯。

[4] 鄙:边地。此处为谦称。

[5] 南:往南。之:去往。

[6] 潭潭:通"燂",火热、灼热的样子。

[7] 隐曲:幽深偏僻。汜(sì 四):水分叉流出后又流回主流者。

[8] 载清载浊:或清或浊。载,语助词。

[9] 挹(yì 意):舀、酌取。

[10] 奂然:满满一杯。

[11] 促流:顺着水流。

[12] 去:拿走。軫(zhěn 枕):琴瑟等弦乐器下方系弦的小柱,可转动来调整琴弦松紧。

[13] 向:刚才。

[14] 絺(chī 吃):细葛布。绤(xī 西):粗葛布。此处即指葛布。

[15] 浦:水边。

[16] 差迟:差错。乖:忤逆。

[17] 狂夫:狂妄的人,指女子的亲属。

[18] "南有乔木"四句:出自《诗经·周南·汉广》。乔木,高耸的树。休,休息。思,句末语助词。汉,汉水。游女,出游的女子。

# 《礼》之流传

班　固

〔解题〕 题目系据正文拟定。班固（32—92），字孟坚，东汉史学家。所撰《汉书》是一部记载西汉历史的纪传体史书，"二十五史"之一。其中《艺文志》一篇是我国现存最早的图书目录，是了解我国早期历史必须参考的文献。此处所选为叙述《礼经》流传过程的段落。

《易》曰："有夫妇、父子、君臣、上下，礼义有所错。"[1]而帝王质文世有损益[2]，至周曲为之防[3]，事为之制[4]，故曰："礼经三百[5]，威仪三千[6]。"及周之衰，诸侯将逾法度[7]，恶其害己[8]，皆灭去其籍[9]，自孔子时而不具[10]，至秦大坏。汉兴，鲁高堂生传《士礼》十七篇[11]。讫孝宣世[12]，后仓最明[13]。戴德、戴圣、庆普皆其弟子，三家立于学官[14]。《礼古经》者[15]，出于鲁淹中及孔氏[16]，与十七篇文相似[17]，多三十九篇。及《明堂阴阳》、《王史氏记》所见，多天子诸侯卿大夫之制，虽不能备，犹愈仓等推《士礼》而致于天子之说[18]。

——《汉书·艺文志》

[1]"有夫妇"二句：出自《周易·序卦》。错，通"措"，措置，施行。

［2］质文:质朴和文饰,这里是偏义复词,意指文饰礼仪。损益:增减变化。

［3］曲:周遍,细密。防:防备。

［4］事:凡事。制:形成制度。

［5］礼经三百:指《周礼》三百六十官,三百为约数。

［6］威仪三千:颜师古认为指"冠、婚、吉、凶,盖《仪礼》是也"。

［7］逾法度:超越凌驾礼制。

［8］其:指礼制。害:妨害、妨碍。

［9］灭去:毁弃。其籍:有关尊卑礼制的典籍。

［10］具:完备。

［11］高堂生:鲁国儒生高堂,字伯。汉代以来多称呼儒者为"生"。《士礼》,即《仪礼》,分为十七篇。

［12］孝宣世:即汉宣帝,汉代第七位皇帝,孝宣为其谥号。

［13］后仓:汉东海郯(今山东郯城)人,字近君,传授高堂生《士礼》。

［14］学官:学校。

［15］《礼古经》:用战国六国古文字所写的《礼经》。

［16］淹中:春秋鲁国里名。

［17］与十七:原作"学七十",此从宋刘敞说改。

［18］愈:超过,胜于。

# 奖训学徒诏

虞溥

〔解题〕题目系据正文拟定。虞溥,字允源,高平昌邑(今山东巨野南)人,西晋教育家。在出任鄱阳内史期间,他大兴学校,广招学徒,一时读书人纷纷响应。因此他撰写了这篇诰文以褒奖、训示学生。在文中他特别指出"学亦有质,孝悌忠信是也。君子内正其心,外修其行,行有余力,则以学文,文质彬彬,然后为德",把道德礼义的培养当作学习的基础。

文学诸生皆冠带之流[1],年盛志美,始涉学庭[2],讲修典训,此大成之业,立德之基也。夫圣人之道淡而寡味,故始学者不好也。及至朞月[3],所观弥博[4],所习弥多,日闻所不闻,日见所不见,然后心开意朗,敬业乐群,忽然不觉大化之陶己[5],至道之入神也。故学之染人,甚于丹青。丹青吾见其久而渝矣[6],未见久学而渝者也。

夫工人之染,先修其质[7],后事其色[8],质修色积,而染工毕矣。学亦有质,孝悌忠信是也。君子内正其心,外修其行,行有余力,则以学文,文质彬彬,然后为德。夫学者不患才不及,而患志不立,故曰:希骥之马[9];亦骥之乘[10];希颜之徒[11],亦颜之伦也[12]。又曰:锲而舍之,朽木不知[13];锲而不舍,金石可亏。斯非其效乎!

今诸生口诵圣人之典,体闲庠序之训[14],比及三年[15],可以小成。而令名宣流[16],雅誉日新,朋友钦而乐之[17],朝士敬而叹之。于是州府交命[18],择官而仕,不亦美乎!若乃含章舒藻[19],挥翰流离[20],称述世务[21],探赜究奇,使杨班韬笔[22],仲舒结舌[23],亦惟才所居,固无常人也。然积一勺以成江河,累微尘以崇峻极[24],匪志匪勤[25],理无由济也[26]。诸生若绝人间之务[27],心专亲学,累一以贯之,积渐以进之,则亦或迟或速,或先或后耳,何滞而不通,何远而不至邪!

——《晋书》卷八十二《虞溥传》

[1] 冠带:帽子和腰带,文中借指士族、官吏。

[2] 学庭:学校。

[3] 朞月:一整年。朞(jī基),同"期"。

[4] 弥:更加。

[5] 陶:培养。

[6] 渝:改变,褪色。

[7] 修其质:把要染的布准备好。

[8] 事其色:准备好染料。

[9] 希骥:希望成为千里马。骥(jì既),千里马。

[10] 乘:古代战车一乘四马,文中借指马。

[11] 颜:颜回。

[12] 伦:同类。

[13] 知:通"折",折断。

[14] 体:体会。闲:通"娴",熟悉、熟练。

[15] 比及:等到。

[16] 令:美好的。宣流:宣扬流传。

[17] 钦:钦佩、敬重。

[18] 命:任命,聘任。

[19] 章、藻:文采才学。含:包含。舒:舒展、发挥。

[20] 挥翰:挥笔,下笔。流离:光彩华丽的样子。

[21] 称述世务:论述世上的事情。

[22] 杨:杨(一作扬)雄。班:班固。二人以文章才学著称。韬:掩藏。

[23] 仲舒:董仲舒。

[24] 累微尘而崇峻极:积聚尘埃可成高山峻岭。

[25] 匪:不,非。志:志向、志气。

[26] 济:达成、成功。

[27] 绝:断绝、隔绝。

# 学者求益

颜之推

〔解题〕题目系据正文拟定。后末段选文中颜之推所描述的知书而不达礼的典型,应当引起所有读书人警惕。

夫学者所以求益耳[1]。见人读数十卷书,便自高大,凌忽长者[2],轻慢同列,人疾之如雠敌[3],恶之如鸱枭[4]。如此以学自损[5],不如无学也。

——《颜氏家训·勉学》

[1]"夫学者"句:学习是为了求得进步。学者,学习这件事情。益,进步、更好。所以,用来。

[2]凌:凌驾、欺凌。忽:忽略、轻忽。

[3]疾:怨恨。

[4]恶:厌恶。鸱(chī吃)、枭:古人心目中的两种恶鸟。

[5]自损:损害自己。

# 张玄素问礼

[解题] 题目系据正文拟定。王通(584—617),字仲淹,号文中子。《中说》是他的学生仿照《论语》之例,将其语录纂集而成。本段选文是王通对礼的阐述。

张玄素问礼[1],子曰[2]:"直尔心[3],俨尔形[4],动思恭[5],静思正[6]。"问道,子曰:"礼得而道存矣[7]。"玄素出,子曰:"有心乎礼也[8]。夫礼有窃之而成名者[9],况躬亲哉!"

——《中说·魏相篇》

[1] 张玄素(?—664):蒲州虞乡(今山西永济)人,隋末以清廉著称,是唐太宗时的著名谏臣。
[2] 子:文中子。
[3] 尔:你。直:真诚、诚恳,发自内心。
[4] 俨:整齐、肃穆。形:形态。
[5] 动思恭:有所行为时要想着恭敬。
[6] 静思正:静下来时要检讨匡正自己的行为。
[7] 礼得而道存:理解践行了"礼","道"也就有了。
[8] 有心乎礼也:这是心中有礼的人。
[9] 窃之:打着礼的旗号沽名钓誉。

# 礼　论

李　觏

**〔解题〕**李觏(1009—1059),字泰伯,号盱江先生,北宋重要的哲学家。他著有《礼论》七篇,这里选的是第一篇。本篇从"礼"的缘起这一角度入手,阐述它对于人类社会的意义。《荀子·大略》曾云:"礼以顺人心为本。"本篇对之加以发挥:"夫礼之初,顺人之性欲而为之节文者也。"又说:"饮食,衣服,宫室,器皿,夫妇,父子,长幼,君臣,上下,师友,宾客,死丧,祭祀,礼之本也。曰乐,曰政,曰刑,礼之支也。而刑者,又政之属矣。曰仁,曰义,曰智,曰信,礼之别名也。是七者,盖皆礼矣。"李觏认为礼是人类社会生活的产物,与生活的方方面面相联系,是对生活秩序和社会关系的规定。因此,它不是教条,而是活泼有力的精神存在。

或问:圣人之言礼,奚如是之大也[1]?曰:夫礼,人道之准[2],世教之主也[3]。圣人之所以治天下国家,修身正心,无他,一于礼而已矣[4]。

曰:尝闻之,礼、乐、刑、政,天下之大法也。仁、义、礼、智、信,天下之至行也[5]。八者并用,传之者久矣,而吾子一本于礼,无乃不可乎?曰:是皆礼也。饮食,衣服,宫室,器皿,夫妇,父子,长幼,君臣,上下,师友,宾客,死丧,祭祀,礼之本也[6]。曰乐,曰政,曰刑,礼之支也。而刑者,又政之属矣。曰仁,曰义,曰智,曰信,礼之别名也。是七者,盖皆礼矣。

敢问何谓也？曰：夫礼之初,顺人之性欲而为之节文者也[7]。人之始生,饥渴存乎内,寒暑交乎外。饥渴寒暑,生民之大患也。食草木之实、鸟兽之肉[8],茹其毛而饮其血[9],不足以养口腹也[10]。被发衣皮[11],不足以称肌体也[12]。圣王有作[13],于是因土地之宜,以殖百谷[14]；因水火之利,以为炮燔烹炙[15]。治其犬豕牛羊及酱酒醴酏[16],以为饮食；艺麻为布[17],缲丝为帛[18],以为衣服。夏居橧巢[19],则有颠坠之忧[20]；冬入营窟[21],则有阴寒重脰之疾[22],于是为之栋宇[23]。取材于山,取土于地,以为宫室。手足不能以独成事也[24],饮食不可以措诸地也[25],于是范金斲木[26],或为陶瓦,脂胶丹漆[27],以为器皿。夫妇不正,则男女无别；父子不亲,则人无所本；长幼不分,则强弱相犯。于是为之婚姻,以正夫妇；为之左右奉养,以亲父子；为之伯仲叔季,以分长幼。君臣不辨[28],则事无统[29]；上下不列[30],则群党争。于是为之朝觐会同[31],以辨君臣；为之公、卿、大夫、士、庶人,以列上下。人之心不学则懵也[32],于是为之庠序讲习,以立师友。人之道不接则离也[33],于是为之宴享苞苴[34],以交宾客。死者人之终也,不可以不厚也,于是为之衣衾棺椁[35],衰麻哭踊[36],以奉死丧。神者人之本也,不可以不事也,于是为之禘尝、郊社、山川、中溜[37],以修祭祀。丰杀有等[38],疏数有度[39]。贵有常奉[40],贱有常守[41]。贤者不敢过,不肖者不敢不及。此礼之大本也。饮食既得,衣服既备,宫室既成,器皿既利,夫妇既正,父子既亲,长幼既分,君臣既辨,上下既列,师友既立,宾客既交,死丧既厚,祭祀既修,而天下大和矣。

人之和必有发也[42],于是因其发而节之[43]。和久必怠也,于是率其怠而行之[44]。率之不从也,于是罚其不从以威之。是三者,礼之大用也,同出于礼而辅于礼者也。不别不异,不足以大行于世。是故节其和者,命之曰乐;行其怠者,命之曰政;威其不从者,命之曰刑。此礼之三支也。

在礼之中,有温厚而广爱者,有断决而从宜者[45],有疏达而能谋者[46],有固守而不变者。是四者,礼之大旨也,同出于礼而不可缺者也。于是乎又别而异之。温厚而广爱者,命之曰仁;断决而从宜者,命之曰义;疏达而能谋者,命之曰智;固守而不变者,命之曰信。此礼之四名也。

三支者,譬诸手足焉,同生于人而辅于人者也。手足不具[47],头腹岂可动哉?手足具而人身举,三支立而礼本行。四名者,譬诸筋骸之类焉[48],是亦同生于人而异其称者也。言乎人,则手足筋骸在其中矣;言乎礼,则乐、刑、政、仁、义、智、信在其中矣。故曰:夫礼,人道之准,世教之主也。圣人之所以治天下国家,修身正心,无他,一于礼而已矣。

——《李觏集》卷二

[1] 奚:何,为什么。

[2] 准:准则。

[3] 世教:世间礼教。主:要素、主体。

[4] 一于礼:全部在于礼。

[5] 至行:卓越至善的品行。

[6] 本:根本,本源。

[7] 性:性情。欲:欲望。节:节制。文:文饰。

[8] 实:果实。

[9] 茹其毛而饮其血:形容生吃。上古时期人们不知烹饪食物,捕捉到禽兽后多连毛带血吃。茹,吃。

[10] 养口腹:吃饱。

[11] 被:同"披",披散。衣:穿。

[12] 称肌体:满足肌体舒适的要求,比如保暖、散热。

[13] 有作:有所作为。

[14] 殖:种植。

[15] 炮(páo刨):用烂泥涂裹食物放在火中煨烤。燔(fán凡):用明火烧。烹:煮。炙:烧烤。

[16] 醴酏(yǐ仪):黍粥酿成的甜酒。

[17] 艺:种植。

[18] 缲(sāo梢):通"缫",煮蚕茧抽丝。

[19] 橧(zēng增)巢:用柴薪架成的住处。《礼记·礼运》:"昔者先王未有宫室,冬则居营窟,夏则居橧巢。"文中即用此典故。

[20] 颠坠:颠覆坠落。

[21] 营窟:通过掘地或累土而建成的洞穴。

[22] 重腿:腿肿。

[23] 为之栋宇:建造房屋。

[24] 独成事:只依靠双手完成这些事情。

[25] 措诸地:放在地上。

[26] 范金:制作金属的模范。斵(zhuó啄)木:砍劈木头。

[27] 脂胶:油脂胶漆等黏合剂。丹漆:红色的漆,涂在器具外表起到防水耐用的作用。

[28] 辨:分别。

[29] 统:纲纪、准则。

[30] 列:高低秩序。

[31] 朝觐:指古代诸侯朝见天子。会同:指诸侯之间相互会见或会盟。

[32] 懵:懵懂无知。

[33] 接:相接,相交往。离:疏离。

[34] 苞苴(jū居):本义包裹,此处指赠送礼物。

[35] 衣:敛衣。衾:敛被。棺椁:古代棺木多为双层,内为棺,外为椁。

[36] 衰:同"缞",用麻布制成的丧服。踊:跳。哭和踊都是古代居丧

244

的礼仪。

[37] 禘(dì 第)、尝、郊、社、山川、中溜:皆为古代祭祀的名称。禘:夏祭。尝:秋祭。二者为祭祀祖先。郊:祭天。社:祭地。山川:祭名山大川的神。中溜:祭屋室中央的后土之神。

[38] 丰杀:祭品的丰厚或减少。

[39] 疏数:每次祭祀相隔时间的长短。

[40] 奉:供奉。

[41] 守:坚守祭祀要求。

[42] 发:抒发,宣发。

[43] 节:约束、调节。

[44] 率:跟随。

[45] 从宜:采取适宜的做法。

[46] 疏达:豁达、通达。

[47] 具:具备,完整。

[48] 筋骸:筋骨体骸。

# 学者且须观礼

张 载

〔解题〕题目系据正文拟定。张载讨论"礼"的言论散布于他的多部著作当中,这里选择了七则。由之可见张载对"礼"的看法。首先,他重视"礼",认为"学者且须观礼,盖礼者滋养人德性",肯定观摩、练习礼可以改善气质性格的作用。这里的"礼",指表现在外的、具有客观形式的礼仪与礼节。其次,他提出"礼者理也"。礼是人类社会因道德观念和风俗习惯而形成的行为规范;理是天理,是普遍有效的自然法则,支配着宇宙、社会、人生。因此,礼统一于理。再次,他区分"礼"的本体与运用。并从本体出发,认为"礼器"可不拘泥于小节。同时,他还指出"礼"的关键是"敬"。这些想法被二程、朱熹等人继承和发展,可以说代表了宋代理学家对"礼"的一般看法。

礼器则藏诸身[1],用无不利。礼运云者[2],语其达也[3];礼器云者,语其成也[4]。达与成,体与用之道,合体与用,大人之事备矣[5]。礼器不泥于小者[6],则无非礼之礼,非义之义。盖大者器[7],则出入小者[8],莫非时中也[9]。子夏谓"大德不逾闲,小德出入可也"[10],斯之谓尔。

礼,器则大矣[11],修性而非小成者与[12]!运则化矣[13],达顺而乐亦至焉尔。

"敬,礼之舆也"[14],不敬则礼不行。

"万物皆备于我"[15],言万物皆有素于我也[16];"反身而诚"[17],谓行无不慊于心[18],则乐莫大焉。未能如玉[19],不足以成德[20];未能成德,不足以孚天下[21]。"修己以安人"[22],修己而不安人,不行乎妻子[23],况可忾于天下[24]。

——《正蒙·至当篇》

学者舍礼义,则饱食终日,无所猷为[25],与下民一致[26],所事不逾衣食之间、燕游之乐尔[27]。

——《正蒙·中正篇》

学者且须观礼,盖礼者滋养人德性,又使人有常业[28],守得定,又可学便可行,又可集得义[29]。养浩然之气须是集义[30],集义然后可以得浩然之气。严正刚大,必须得礼上下达[31]。义者,克己也[32]。

——《经学理窟》

礼文参校,是非去取,不待已自了当[33]。盖礼者理也[34],须是学穷理[35],礼则所以行其义,知理则能制礼[36],然则礼出于理之后[37]。今在上者未能穷[38],则在后者乌能尽[39]！今礼文残缺,须是先求得礼之意然后观礼,合此理者即是圣人之制,不合者即是诸儒添入,可以去取。今学者所以宜先观礼者类聚一处,他日得理,以意参校。

——《张子语录·语录下》

[1] 礼器:礼的外在形态。《礼记》有《礼器》一篇,郑玄解释此篇主旨

云:"名为礼器者,以其记礼使人成器之义矣。"其内容以记录古代礼仪制度为主。藏诸身,藏之于身,比喻了然于心,因时因事斟酌而用。

[2]礼运:为针对社会而言,指社会按照礼的规定运行。

[3]达:运行顺畅。

[4]"礼器云者"二句:意谓对个人而言,通过礼使人成器。成,成就高尚的品德。

[5]"达与成"四句:意谓贯彻社会的道德规范是本体,成就个人行为准则是本体的作用,能够把达与成、体与用统一起来,那么大人统治国家、管理人民的条件就具备了。

[6]"礼器"句:王夫之解释云:"礼器备而斟酌合乎于时位,无所泥矣;不备,则贵多有时而侈,贵寡有时而陋,贵高有时而亢,贵下有时而屈,自以为礼义,而非天理之节文,吾心之裁制矣。"可以参考。泥,拘泥。小者,狭隘的。

[7]大者器:符合大中之道、通晓礼运本体。

[8]出入小者:在具体的小节上稍有出入。

[9]莫非时中:莫不时时合适,即"用无不利"之义。

[10]"大德"二句:出自《论语·子张》。此句意谓人的重大节操不能逾越界限,作风上的小节稍稍放松一点是可以的。闲,防备、界限。

[11]器则大:备知礼器而用之,以达到大中之道。

[12]修性:修养性理品节。性,理在人心的投射。非小成:不满足于礼器的高下形数等外在形态。与,语助词,表示感叹。

[13]运:指礼运。化:教化民众,协调社会。

[14]敬礼之舆也:出自《左传·僖公十一年》。此句言"敬"好比礼所乘坐的车子,比喻尊敬、恭敬是礼得以运作推行的方式。舆,车。

[15]万物皆备于我:出自《孟子·尽心上》,意谓一切我都具备了。

[16]素:预先,预备。

[17]反身而诚:出自《孟子·尽心上》。意谓反躬自问,自己是忠诚踏实的。

[18]慊(qiè切):满意。

[19]如玉:像玉一样表里纯善无瑕。

[20] 成德:成就高尚的品德。

[21] 孚:取信,感动。

[22] 修己以安人:出自《论语·宪问》。意谓提高自身修养,使得人民安乐。

[23] 不行乎妻子:连自己的妻子和孩子都不能得到安乐。

[24] 忾(qì气):通"迄",到达。

[25] 无所猷为:无所作为。猷为,建立功业。

[26] 下民:普通百姓。

[27] 逾:超出、超越。

[28] 常业:长期的事业。

[29] 集得义:行事合乎道义,下文"集义"同。

[30] 浩然之气:正气,正大刚直之气。

[31] 礼上:对上恭敬。下达:对下通达。

[32] "义者"二句:所谓道义就是要克制私欲、严以律己。

[33] 礼文:礼书文献。参校:参照比较。不待:不用。了当:办理、处理。

[34] 礼者理也:意为礼法、礼仪、礼乐等是理的外在体现。"理"是张载学说中十分重要的一个概念,指天地间万事万物变化的规律。

[35] 须是:必须,定要。学穷理:通过学习来穷究理。

[36] 制:创制。

[37] 然则:既然这样,那么。

[38] 上者:即理。

[39] 后者:即礼。乌:何,怎么。

# 行 笃 敬

程 颢

〔**解题**〕题目系据正文拟定。程颢(1032—1085),字伯淳,世称明道先生。嘉祐年间进士,官至太子中允、监察御史里行。宋代理学的奠基人,和他的弟弟程颐并称"二程"。此处三则选自程颢的语录,从中可见他对"敬"的强调。

学者不必远求,近取诸身[1],只明人理[2],敬而已矣,便是约处[3]。《易》之《乾卦》言圣人之学,《坤卦》言贤人之学,惟言"敬以直内,义以方外,敬义立而德不孤"[4]。至于圣人,亦止如是,更无别途。穿凿系累[5],自非道理。故有道有理,天人一也[6],更不分别。浩然之气,乃吾气也,养而不害[7],则塞乎天地[8];一为私心所蔽,则欿然而馁[9],却甚小也。"思无邪"[10],"无不敬"[11],只此二句,循而行之[12],安得有差[13]?有差者,皆由不敬不正也。

——《二程集·河南程氏遗书》卷第二上《二先生语二上》

学只要鞭辟近里[14],著己而已[15],故"切问而近思",则"仁在其中矣"[16]。"言忠信,行笃敬,虽蛮貊之邦行矣。言不忠信,行不笃敬,虽州里行乎哉!立则见其参于前也,在舆则见其倚于衡也,夫然后行。"[17]只此是学[18]。质美者明得尽[19],查滓便浑化[20],却与天地同体。其次惟庄敬持养[21],及其至则一也[22]。

礼者,理也,文也[23]。理者,实也[24],本也;文者,华也,末也[25]。理是一物,义是一物[26]。义过则奢,实过则俭。奢自文所生,俭自实所出。

——《二程集·河南程氏遗书》卷第十一《明道先生语一·师训》

[1] 诸:之于。身:自身。

[2] 人理:做人的道理。

[3] 约处:简要之处。

[4] "敬以直内"三句:出自《周易·坤卦·文言》。直内,使内心正直。方外,规范外在的行为。敬义立而德不孤,意谓有了敬和义的辅助,德行就不孤立了。

[5] 系累:拘囿纠缠,强行附会。

[6] 天人一:天和人一体。

[7] 养:培养。害:损害。

[8] 塞:充塞,充满。

[9] 欿(kǎn 砍)然:不满足的样子。馁:气馁,失去勇气。

[10] 思无邪:出自《论语·为政》,意谓心无邪念,归于纯正。

[11] 无不敬:出自《礼记·曲礼》。

[12] 循:遵循。行:践行、实行。

[13] 安:哪里,表示反问。差:差错,过失。

[14] 鞭辟:鞭策、督促。近里:向里,注重自己的内心。

[15] 著己:关注自己,落实在自己身上。

[16] "切问而近思"二句:出自《论语·子张》:"子夏曰:博学而笃志,切问而近思,仁在其中矣。"切问,切实地提问。近思,多思考眼前的问题。

[17] "言忠信"九句:出自《论语·卫灵公》。笃敬,笃定诚敬,忠实专一。蛮貊(mò 莫)之邦,未开化的边远地区。行,行得通。州里,古代行政区

251

划,此处指很小的范围。其,指上文所言的"忠信"、"笃敬"。在舆,乘车时。衡,车前的横木。

[18] 只此是学:这就是学问。

[19] 质美者:资质好的人。明得尽:理解得透彻。

[20] 查:同"渣"。浑化:消融。

[21] 其次:资质稍差的人。庄敬持养:严肃谨慎地修养保持。

[22] 及其至则一也:最终也可以达到同样的境界。

[23] 文:礼仪制度等礼的外在形式。

[24] 实:果实,比喻礼的内核。

[25] 华:通"花",比喻复杂的外在形式。

[26] "理是一物"二句:意谓理和文相互区别。

# 养心莫大于礼义

程 颐

**[解题]** 题目系据正文拟定。程颐(1033—1107),字正叔,世称伊川先生。他主张用"礼"来涵养道德,但强调要抓住"礼"的内涵和本质。他说"大凡礼,必须有义","义"就是"礼"的内涵。"失其义,陈其数,祝史之事也",如果没有体会贯彻"义"这个内涵,那么"礼"只是唬人的仪式。抓住了内涵,就能理解"礼"的具体形式会因时因地而变化,即"圣人复出,必因今之衣服器用而为之节文"也。这是富有辩证精神的"礼"学观。

学莫大于致知[1],养心莫大于礼义[2]。古人所养处多,若声音以养其耳,舞蹈以养其血脉[3]。今人都无,只有个义理之养,人又不知求。

大凡礼,必须有义[4]。礼之所尊,尊其义也。失其义,陈其数[5],祝史之事也[6]。

——《二程集·河南程氏遗书》卷第十七《伊川先生语三》

涵养须用敬[7],进学则在致知[8]。

——《二程集·河南程氏遗书》卷第十八《伊川先生语四》

"非礼勿视,非礼勿听,非礼勿言,非礼勿动"[9],视听言动一于礼之谓仁[10],仁之与礼非有异也。孔子告仲弓曰:"出门如见大宾,使民如承大祭,己所不欲,勿施于人[11]。"夫君子能如是用心,能如是存心,则恶有不仁者乎?而其本可以一言而蔽之曰"思无邪"[12]。

学者不可以不诚[13],不诚无以为善,不诚无以为君子。修学不以诚,则学杂;为事不以诚,则事败;自谋不以诚[14],则是欺其心而自弃其忠;与人不以诚[15],则是丧其德而增人之怨。今小道异端[16],亦必诚而后得,而况欲为君子者乎?故曰:学者不可以不诚。虽然[17],诚者在知道本而诚之耳[18]。

礼之本,出于民之情,圣人因而道之耳[19]。礼之器,出于民之俗,圣人因而节文之耳[20]。圣人复出,必因今之衣服器用而为之节文。其所谓"贵本而亲用"者[21],亦在时王斟酌损益之耳[22]。

——《二程集·河南程氏遗书》卷第二十五《伊川先生语十一》

[1] 致知:获得知识。

[2] 养心:涵养心志。

[3] "若声音"二句:意谓比如听美妙的音乐来调养耳朵,通过舞蹈来调养血脉。音乐和舞蹈都是古代礼义的重要内容。

[4] 义:道义,礼的内涵。

[5] 陈:陈列。数:礼仪制度中对器物、行为等方面的区别和规定。

[6] 祝史:主持祭祀之官。

[7] 涵养:培养心志,修身养性。须用:一定要。敬:恭敬、谨慎。

[8] 进学:学业上有所进步。

[9] "非礼勿视"四句:出自《论语·颜渊》。

[10] 一于礼:全都符合礼义。

[11] "出门"四句:出自《论语·颜渊》。

〔12〕"而其本可以"句:意谓要做到仁德,根本在于"思无邪",也就是保持谨慎严肃之心。

〔13〕诚:真心,忠于内心。

〔14〕自谋:自我谋划,对待自己的事情。与下句"与人"相对。

〔15〕与人:与人交往。

〔16〕小道异端:礼乐政教以外的学说,如佛、道。

〔17〕虽然:虽然如此。

〔18〕"诚者"句:意谓首先得知晓道的根本,使心符合于道,然后再忠实于自己的内心,大抵即"正心诚意"之义。

〔19〕道:同"导"。

〔20〕节文:节制和文饰,即加以整饬修饰。

〔21〕贵本而亲用:出自《荀子·礼论》,意谓尊重礼仪的本源而又接近现实的使用情况。

〔22〕时王:当代君王。斟酌损益:根据实际情况,酌情增减。

# 礼 论

杨万里

〔解题〕 杨万里(1127—1206),字廷秀,号诚斋。南宋前期著名的文学家、理学家,著有《诚斋集》。本文开篇作者指出"道无所倚,有所践",后文便沿着这两条线索展开:无所倚,圣人因此把讲变化的《周易》置于各经之首,此书变化多端、艰深难辨,非圣贤难以稽考;有所践,因此圣人制定礼作为众人行为的规范,此法简明易行,普通人以此行事,便能符合道,体会道。可以说,礼就是道的外化,是道的实现方式。

论曰:道无所倚[1],有所践[2]。有所倚,则天下莫之稽[3];无所践,则天下莫之居[4]。莫之稽,道之渎也[5];莫之居,道之弃也。圣人以道而寄于经[6],以悟于后[7],乃至于渎与弃[8]。渎则道不神[9],弃则道不行。道不神且不行,则经也者,无乃虚其所以寄而杜其所以悟哉[10]?

夫惟经首于《易》而后道不渎[11],继《易》以礼而后道不弃,圣人之虑微矣[12]!盖天人之理,性命之源,仁义道德,吉凶悔吝[13],纷然齿于卦而形于象[14],卦之中又有卦,而象之外又有象焉。此所以为无所倚也[15]。无所倚,则无所穷。无所穷者,听天下之人各入其入,随至其至也[16]。是以天下仰其神而稽焉。虽然,道则神矣,不渎矣,天下于焉而稽之矣。

然天下之人，圣不数也[17]，贤亦不数也，而愚不肖则不疏也[18]。圣人之经，为圣贤而作也，不为愚不肖而作也。则有《易》已多矣[19]。否也，则以不疏之愚不肖，而举责之以不数之圣贤[20]，是却天下之进于圣贤[21]，而坚天下之心，使安于愚不肖也。是故圣人本之以不倚而进之以可践。

礼也者，所以示天下之可践也。圆不以规[22]，方不以矩。运斤而成风[23]，惟匠石可也[24]。欲举天下之工而皆匠石也[25]，皆不规不矩也[26]，则天下之工，有弃其斤斧而去耳。何则？无所可践也[27]。《易》者，圣人成风之斤也。礼者，圣人规矩之器也。匠石不以匠石而废规矩，故无匠石而有匠石。圣人不以圣人而废礼法，故无圣人而有圣人。盖道有所可践，而后天下有所可居[28]。《易》之言曰："神无方也，《易》无体也。"[29]彼且无方，则不可以方求；彼且无体，则不可以体见。不可以方求，则契其方者出乎方者也[30]。不可以体见，则得其体者遗乎体者也。欲天下之人皆出乎方契其方，遗乎体得其体。呜呼，难哉！是故有礼焉，如是而君臣父子，如是而冠昏丧祭，如是而交际辞受，如是而出处进退[31]，严乎洒扫之末[32]，以达乎精义入神。动容周旋之顷[33]，而礼皆至焉。其义縩然无所不可知[34]，而其地画然有所必可践[35]。愚不肖者，孰不可以勉而践，践而居哉？有可践，则天下得以不置其足于道之外；有可居，则天下得以置其身于道之内。使天下之人置其身于道之内，而不置其足于道之外，相敬相爱，相安相养，以至于今，礼之教也。

而老子曰[36]："失道德仁义而后礼。"又曰："礼者忠信之薄。"[37]嗟呼！去礼以求忠信，是去裘以求燠者之智也[38]。且礼亡，则道德仁义其犹有存欤？尝观老子之徒，有问乎聃者雁行避影而后进，而聃未轻告也[39]。已则一日不可无师弟子之礼，而

257

天下独可一日无君臣父子之礼耶！人有一朝三饭于家,而教其邻以辟谷之方者[40],此可信也哉？聃是已！

谨论。

——《诚斋集》卷八十四

[1] 道无所倚:意为道没有寄托在什么事物之上。倚,倚赖、寄托。

[2] 有所践:意为道需要践行。践,践行、实践。

[3] 天下:天下之人。稽:稽考、追寻。

[4] 居:居于所,安身立命。

[5] 道之渎:这是对道的轻慢。

[6] 以道而寄于经:把道寄托在经书中。

[7] 以悟于后:以此来启悟后人。

[8] "乃至"句:后人拘泥于经文以求道,终会导致轻慢道、丢弃道。

[9] 神:神圣。

[10] 无乃:语气词,岂不是。虚:虚设。杜:杜绝。

[11] 经首于《易》:将《周易》至于经典之首。

[12] 微:精深微妙。

[13] 悔吝:灾祸。

[14] "纷然"句:以上"天人之理"等各种各样的内容都包含在卦中,并通过卦象表现出来。齿,排列。象,卦象,指卦所象征的事物及其爻位等关系,古人常以此推测天理人事。

[15] "此所以"句:《周易》变化多端,因此无法定于一端,无法倚赖寄托。

[16] "各入其入"二句:意谓人们各具禀赋而进入"道"中,随着自己的体悟造化而到达各自的境界。

[17] 不数:数量不多。

[18] 愚不肖:愚笨不成材的人。不疏:不疏落,即密,数量不少。

[19] 多:有余,足够多了。

[20] "则以不疏"二句:意谓用对待圣贤的方式来要求世间众多的愚笨不成材的人。

[21] 却:退却,阻塞。

[22] 圆不以规:画圆形不用圆规。

[23] 运斤成风:挥斧而有风声,形容技术高超。斤,斧头。

[24] 匠石:能工巧匠。

[25] 举天下:全天下。

[26] 不规不矩:不用规和矩。

[27] 无所可践:规矩没有用武之地。

[28] "盖道"二句:谓道可得到践行贯彻,而后天下有地方可以安居。

[29] "神无方"二句:出自《周易·系辞》:"故神无方而易无体。"孔安国注:"方、体者系于形器者也。神则阴阳不测,易则唯变所适,不可以一方一体明。"神,精神、精义。易,变化。方,方法。体,形式。

[30] "契其方者"句:以合适的方法求索,又不为方法拘束,超乎其上。契,契合。

[31] "如是而"四句:意谓有了礼,于是君如君、臣如臣、父如父、子如子,于是冠礼、婚礼、丧礼与祭祀有了合适的制度和仪式,于是与他人、与他国的来往有了礼仪可以遵循,于是日常举止、为人进退皆合宜得当。

[32] 严:严格、严密。洒扫之末:打扫清洁这类微末细小的事情。

[33] 顷:短时间,片刻间。

[34] 燊然:明白、明亮貌。

[35] 画然:清楚分明貌。

[36] 老子:姓李名耳,字聃,春秋时著名的思想家,道家学派的创始人。下文称之为"聃"。

[37] "失道德"二句:出自《老子》第三十八章:"故失道而后德,失德而后仁,失仁而后义,失义而后礼。夫礼者,忠信之薄,而乱之首。"

[38] 燠(yù 欲):温暖。

[39] "老子之徒"三句:事见于《庄子·天道》:"士成绮雁行避影,履行遂进而问:'修身若何?'"问老子者,名士成绮。雁行,侧身而进。此句言士成绮自知失言,身心惭愧,于是雁行斜行,追随老子之后,不敢履蹑其迹,但仍进而问修身之法。

[40] 辟(bì 必)谷:不食五谷,道家的一种养生术。

259

# 博文为约礼功夫

〔**解题**〕题目系据正文拟定。"博文以文,约之以礼",出自《论语·子罕》,是颜渊对孔子教诲的总结。王阳明借用了它,以礼指"天理",即人天生的德性;以文指天理的外在表现。认为要通过各种各样的外在表现,来体验和保存天理。

爱问[1]:"先生以博文为约礼功夫,深思之,未能得,略请开示。"先生曰:"'礼'字即是'理'字。理之发见[2],可见者谓之文;文之隐微,不可见者谓之理;只是一物。约礼只是要此心纯是一个天理[3]。要此心纯是天理,须就理之发见处用功。如发见于事亲时,就在事亲上学存此天理;发见于事君时,就在事君上学存此天理;发见于处富贵贫贱时,就在处富贵贫贱上学存此天理;发见于处患难夷狄时,就在处患难夷狄上学存此天理[4]。至于作止语默[5],无处不然。随他发见处,即就那上面学个存天理。这便是博学之于文,便是约礼的功夫。博文即是惟精[6],约礼即是惟一[7]。"

——《传习录》卷一

[1] 爱:徐爱(1487—1518),字曰仁,号横山,浙江余姚人,王守仁最早的入室弟子之一。

[2] 发见:发挥表现。

[3] 纯:纯粹。

〔4〕"发见于处"四句:典出《中庸》。《中庸》云:"素富贵,行乎富贵。素贫贱,行乎贫贱。素夷狄,行乎夷狄。素患难,行乎患难。君子无入而不自得也。"患难,困厄。夷狄,其他民族。

〔5〕作止:行动或静处。语默:说话或沉默。

〔6〕博文即是惟精:博文就是为了求得精纯。

〔7〕约礼即是惟一:约礼就是为了专一依据义理。

# 礼乐不可斯须去身

陆世仪

〔**解题**〕题目系据正文拟定。本段选文大旨为礼乐也要"从娃娃抓起",在童蒙教育中加入古礼的讲授和演习,让他们从小浸润在礼乐的环境中,潜移默化,成就品德气质。

礼乐不可斯须去身[1]。古人教人,自幼便教他礼乐,所以德性气质易于成就。令人自读书外,一无所事,不知礼乐为何物,身子从幼便骄惰坏了。愚意自《节韵幼仪》外[2],更欲参酌古今之制,辑冠、婚、祭及乡饮、乡射诸礼为礼书(丧礼不可豫习,拟另辑为一卷,俾学者居丧时读之)。文庙乐舞及宴饮升歌诸仪为乐书[3],俾童子十数岁时[4],仍读四书兼习书数,暇日则序一处[5],教升歌习礼,如古人舞勺舞象之类[6],务使之郁郁彬彬[7],则涵养气质,熏托德性,或可不劳而致。

——《桴亭先生遗书·思辨录辑要》前集卷一

[1] 斯须:须臾。

[2]《节韵幼仪》:为陆世仪所编,根据《仪礼》中涉及儿童的礼仪,又参考近代礼节,斟酌选取而成,供教育儿童使用。全书或三字一句,或五字一句,末字押韵,便于记诵。

[3] 文庙:即孔庙,以祭祀孔子为主,配享历代诸儒。

[4] 俾(bǐ 鄙):让,使。

〔5〕序:以次序排列。

〔6〕舞勺:文舞。舞象:武舞。二者都是古代儿童学习的舞蹈。《礼记·内则》云:"十有三年,学乐,诵诗,舞勺。成童,舞象,学射御。"

〔7〕郁郁彬彬:文质兼具,端庄盛美。

# 少年习礼

张履祥

〔解题〕题目系据正文拟定。本文所选的三则都来自《初学备忘》的上卷,讲的是作为一位读书人所应该培养的品格、所应遵循的礼仪规范。这些都是"礼"在日常生活中的体现。

学者亲贤乐善,是第一事[1]。少年见刚毅正直、老成笃实之人。能爱之敬之,其人必贤;若疏之远之,其人必不肖。盖所爱敬者在此,则狂诞匪僻者[2],必在所远;若疏远者在此,则狂诞匪僻者必在所亲故也。高忠宪公尝言[3]:"以此验人,百不失一。"吾尝以此自省,亦以观人。

初学最紧要是"恭俭"二字。恭非貌为恭,以敬存心,则颜色语言步趋之际,节文自谨;在家庭敬父兄,在学舍敬师长,是恭之实事。俭非吝啬琐细,日常遇小物有不敢暴殄之意;凡居处饮食衣服,有不敢过求之意,是俭之实事。以是二者驯习不舍[4],则侈肆之念[5],渐渐不萌,久则渐渐消化,心思自能向正。上达之基[6],定于此矣。人之败德丧行,未有不根于侈肆者。

凡人既读书,须实做个读书人。有读书人之容貌,有读书人之言语,有读书人之行事,要之,以心术为本。《都人士》之诗所谓"其容不改,出言有章,行归于周,万民所望"[7],孟子所谓"惟君子能由是路,出入是门也"[8]。今日百事俱被秀才作坏,观其平生,不如不识字愚民远甚,真是无所不至也。自非洗心涤虑,慕效古人,窃恐流俗所移,将不能免。世故日深,礼义之心日丧,虽有美质,二三十岁以往,同归不肖而已,可为深戒也。

——《初学备忘》上

[1] 第一事:最重要的事。

[2] 狂诞:狂妄怪诞。匪僻:邪恶。

[3] 高忠宪公:高攀龙(1562—1626),无锡人,晚明著名的政治家、思想家,与顾宪成等人复建东林书院,成为东林党的领袖人物。官至都察院左都御史,卒后追谥忠宪。

[4] 驯习:熟习。不舍:不松懈。

[5] 侈:奢侈浪费。肆:放肆。

[6] 上达:君子修养德行,以求通达于仁义。

[7] "其容不改"四句:出自《诗经·小雅》。都人士,美人。容,容貌态度。章,有系统的辞藻。行,将。周,西周都城镐京。望,仰望。

[8] 惟君子能由是路:出自《孟子·万章下》:"夫义,路也;礼,门也。惟君子能由是路,出入是门也。"

# 诗礼治国

# 夔 典 乐

[解题] 题目系据正文拟定。音乐、文学自古以来便是我国礼仪教育的重要内容。在这篇早期文献中,我们既可以看到文学与音乐之间存在紧密的联系,所谓"诗言志,歌永言,声依永,律和声"是也。同时还能了解到音乐文学的教化作用,它能培养陶冶人的性格情操,让人往中正、平和、肃穆的理想状态靠拢。

帝曰[1]:"夔[2],命汝典乐[3],教胄子[4]。直而温[5],宽而栗[6],刚而无虐[7],简而无傲[8]。诗言志[9],歌永言[10],声依永[11],律和声[12]。八音克谐[13],无相夺伦[14],神人以和[15]。"

夔曰:"於乎[16]!击石拊石[17],百兽率舞。"

——《尚书·舜典》

[ 1 ] 帝:指舜。
[ 2 ] 夔:相传是尧舜时的乐官。
[ 3 ] 典乐:主管音乐。
[ 4 ] 胄子:古代帝王与贵族的长子,皆入国学,称为胄子。
[ 5 ] 直而温:正直而温和。
[ 6 ] 宽而栗:宽容而庄严。
[ 7 ] 刚而无虐:刚毅而不苛刻。
[ 8 ] 简而无傲:简易而不傲慢。
[ 9 ] 诗言志:诗是用来表达人的志意的。

〔10〕歌永言:意谓歌是诗的延长。永,长,指徐徐咏唱。

〔11〕声依永:意谓音乐的高低又和咏唱相配合。声,指五声,即宫、商、角、徵、羽。

〔12〕律和声:意谓律吕用来调和歌声。律吕,指古代确定乐律的十二种器具,律包括黄钟、太簇、姑洗、蕤宾、夷则、无射,吕包括大吕、应钟、南吕、林钟、仲吕、夹钟。

〔13〕八音:指八种不同材质的乐器发出声音。《周礼·春官·大师》:"八音,金、石、土、革、丝、木、匏、竹。"克谐:达到和谐。

〔14〕无相夺伦:不要失去次序。

〔15〕神人以和:意谓通过音乐,神和人可以交流思想感情而达到和谐状态。

〔16〕於(wū乌)乎:感叹词。

〔17〕石:指石磬。拊(fǔ抚):轻轻地击打。

# 治民以礼

〔**解题**〕题目系据正文拟定。《左传》,即《左氏春秋传》,相传是春秋末年鲁国史官左丘明根据鲁国国史《春秋》编成,因以命名。以编年体记事,起于鲁隐公元年(前722),终于鲁哀公二十七年(前468)。被后人尊为儒家经典,列入"十三经"之中。发生在鲁僖公二十八年(前632)的城濮之战是春秋时期一次非常重要的战争,它是晋、楚二国为争夺中原霸权而进行的第一次正面交锋。《左传》在僖公二十七年对晋、楚两国国内情形加以叙述,为后面的战争做铺垫。在其中,作者多次指出"礼"对治理百姓的意义。

楚子将围宋[1],使子文治兵于睽[2],终朝而毕[3],不戮一人[4]。子玉复治兵于蒍[5],终日而毕,鞭七人,贯三人耳[6]。国老皆贺子文[7],子文饮之酒[8]。蒍贾尚幼[9],后至,不贺。子文问之,对曰:"不知所贺。子之传政于子玉,曰:'以靖国也[10]。'靖诸内而败诸外[11],所获几何?子玉之败,子之举也。举以败国,将何贺焉?子玉刚而无礼[12],不可以治民。过三百乘[13],其不能以入矣[14]。苟入而贺[15],何后之有[16]?"

冬,楚子及诸侯围宋[17],宋公孙固如晋告急[18]。先轸曰[19]:"报施救患[20],取威定霸,于是乎在矣[21]。"狐偃曰[22]:"楚始得曹而新昏于卫[23],若伐曹、卫,楚必救之,则齐、宋免矣[24]。"于是乎搜于被庐[25],作三军[26],谋元帅。赵衰曰[27]:"郤縠可[28]。臣亟闻其言矣[29],说礼乐而敦《诗》、《书》[30]。《诗》、《书》,义之府也[31]。礼乐,德之则也。德义,利之本也。《夏书》曰:'赋纳以言,明试以功,车服以庸[32]。'君其试之[33]。"及使郤縠将中军,郤溱佐之[34];使狐偃将上军,让于狐毛,而佐之;命赵衰为卿[35],让于栾枝、先轸。使栾枝将下军,先轸佐之。荀林父御戎[36],魏犨为右[37]。

晋侯始入而教其民[38]。二年,欲用之。子犯曰:"民未知义,未安其居[39]。"于是乎出定襄王[40],入务利民[41],民怀生矣[42],将用之。子犯曰:"民未知信[43],未宣其用[44]。"于是乎伐原以示之信[45]。民易资者不求丰焉[46],明征其辞[47]。公曰:"可矣乎?"子犯曰:"民未知礼,未生其共[48]。"于是乎大搜以示之礼,作执秩以正其官[49],民听不惑[50],而后用之。出谷戍[51],释宋围,一战而霸,文之教也[52]。

——《左传·僖公二十七年》

[1] 楚子:楚成王。宋:宋国。

[2] 子文:名斗縠于菟,楚国前任令尹。睽(kuí 葵):楚地名,具体位置不详。

[3] 终朝:一上午。

[4] 戮:杀。此处指惩罚。

[5] 子玉:名得臣,此时已经接替子文出任楚国令尹。蒍(wěi 伟):楚国地名,具体位置不详。

[6] 贯耳:用箭刺穿耳朵,为当时军中刑法。

[7] 国老:退休的老臣。

[8] 饮(yìn 印)之酒:招待老臣们喝酒。

272

［9］蔿贾(gǔ古):字伯嬴,楚国大夫。

［10］靖国:安定国家。

［11］诸:"之于"的合音字。内、外:指国之内外。

［12］刚:刚愎自用。

［13］过三百乘:兵车超过三百乘。

［14］不能以入:不能全师回国。

［15］苟:如果。

［16］何后之有:(到时再祝贺)也不晚啊。

［17］诸侯:包括陈、蔡、郑、许等国。

［18］公孙固:宋国贵族。

［19］先轸(zhěn枕):又名原轸,晋国大夫。

［20］报:报答。施:施舍、馈赠,指晋文公重耳流亡于宋国时,宋襄公曾经赠给他八十匹马。

［21］于是乎在:在此一举。

［22］狐偃:字子犯,晋国大夫,晋文公的舅舅。

［23］昏:同"婚",结为婚姻。

［24］免:免于难,脱离危险。

［25］蒐:同"蒐",打猎,古代狩猎常常作为演习练武的一种方式。被(pī批)庐:晋国地名,具体位置不详。

［26］作:建立。

［27］赵衰:字子余,晋国大夫。

［28］郤縠(xī hú 希胡):晋国大夫。郤,姓氏,古同"郤"。

［29］亟(qì气):屡次。

［30］说:通"悦",喜爱、爱好。敦:崇尚。

［31］义:道义。府:府藏,仓库。

［32］"赋纳以言"三句:出自《尚书·益稷》,意谓选取人才要依据他的言论,公开试用要依据他办事的情况,赏赐车马要依据他的功绩。赋,通"敷",周遍,不论尊卑远近。纳,取。试,尝试。功,事,具体任务。庸,功绩。

［33］其:语气词,表示祈使。

［34］郤溱:晋国大夫。后文狐毛、栾枝、荀林父、魏犨(chōu抽)也皆为

273

晋国大夫。佐之:为副手。

[35] 为卿:为下军将。

[36] 御戎:驾驭兵车。

[37] 为右:为车右。春秋车战,每车三名甲士,除一员主将之外,一人驾车,一人为右。车右都是勇力之士,执戈御敌。

[38] 晋侯:晋文公。始入:指僖公二十四年重耳从秦国返回晋国。

[39] 居:居所。未安其居:形容百姓生活动荡。

[40] 出定襄王:指僖公二十四年,周襄王被弟弟王子带打败,逃亡到郑国。次年,晋文公出兵讨伐王子带,送襄王回国。

[41] 入:对国内。务:从事。利民:使百姓得利。

[42] 怀:眷恋。生:产业。怀生:指安居乐业。

[43] 信:信用。

[44] 宣:明白。

[45] 伐原:僖公二十五年(前635年),晋讨伐原城,命令军队带了三天的口粮。三天后,原仍未投降,晋文公下令撤退。这时晋派到原城的间谍报告,原就要投降了。因此众人提出应该推迟撤军。晋文公说:"信,国之宝也,民之庇也。得原失信,何以庇之?所亡滋多。"于是退兵三十里。

[46] 易资:交换财物,做买卖。不求丰:不过分求利。

[47] 明征其辞:明白约定,明码实价。

[48] 共:同"恭",恭敬之心。

[49] 作:设立。执秩:负责管理爵位俸禄的官员。正其官:监督纠正官员的作为。

[50] 听:听从命令。不惑:不疑惑,能辨是非。

[51] 出:赶走。谷戍:谷地的驻军。

[52] 文:指晋文公。

# 唯礼可以已之

[**解题**] 题目系据正文拟定。鲁昭公二十六年(前516),为齐景公三十七年。此时,国内贵族陈氏(又作田氏)势力强大,深受百姓爱戴,对景公的地位产生威胁。景公为此忧心忡忡。本文中他和晏婴的对话便发生在这样的背景之下。面对这种情形,晏子提出挽救之法——"唯礼可以已之",即用礼制、道德来教化和管理百姓,让大家各司其职、各行其分,最终恢复完备的等级制度。然而这一理念也没能挽救姜氏的衰落。齐景公死后,陈乞发动政变,立公子阳生,并自立为相。从此陈氏掌握齐国国政。公元前386年,周安王正式册命田和为齐侯。公元前379年,姜氏封邑入于田氏,姜姓齐国绝祀,田氏沿用"齐"为国号,"姜齐"变为"田齐",史称"田陈篡齐"。

齐侯与晏子坐于路寝[1]。公叹曰:"美哉室!其谁有此乎[2]!"晏子曰:"敢问何谓也?"公曰:"吾以为在德。"对曰:"如君之言,其陈氏乎[3]!陈氏虽无大德,而有施于民[4]。豆、区、釜、钟之数[5],其取之公也薄[6],其施之民也厚。公厚敛焉[7],陈氏厚施焉,民归之矣[8]。《诗》曰:'虽无德与女,式歌且舞[9]。'陈氏之施,民歌舞之矣。后世若少惰[10],陈氏而不亡[11],则国其国也已[12]。"公曰:"善哉!是可若何[13]?"对曰:"唯礼可以已之[14]。在礼,家施不及国[15],民不迁,农不移,工贾不变,士不滥[16],官不滔[17],大夫不收公利[18]。"公曰:"善哉,我不能矣。吾今而后知礼之可以为国也[19]。"对曰:"礼之可以为国也久矣,与天地并[20]。君令臣共[21],父慈子孝,兄爱弟敬,夫和妻柔,姑慈妇听[22],礼也。君令而不违,臣共而不贰[23];父慈而教,子孝而箴[24];兄爱而友,弟敬而顺;夫和而义,妻柔而正;姑慈而从[25],妇听而婉[26]:礼之善物也。"公曰:"善哉,寡人今而后闻此礼之上也[27]!"对曰:"先王所禀于天地以为其民也,是以先王上之。"

——《左传·昭公二十六年》

[1] 齐侯:齐景公。晏子:名婴,字仲,春秋时齐国大臣,政治才能卓越。路寝:天子、诸侯的正殿。

[2] 其谁有此乎:以后谁能拥有这间宫殿啊。齐景公自知齐国国祚或许不长,因而有此哀叹。

[3] 陈氏:陈完后裔。公元前672年,陈国政乱,公子完出奔齐国。齐桓公授予工正一职,陈完一族自此在齐国定居,繁衍壮大。

[4] 施:给予,引申为恩惠。

[5] 豆、区、釜、钟:当时量器。

[6] 取之公:指采邑收取赋税。

[7] 敛:敛聚,征收。

[8] 归:向往,归附。

[9] 虽无德与女:出自《诗经·小雅·车舝》。与,给予。女,你。式,发语词。

[10] 后世:指齐侯的后世。少:稍稍。

[11] 而:如果。

[12] 国其国:他的封地变成国家,即齐国将为陈氏所有。

[13] 是可若何:这可怎么办。

[14] 已:阻止。

[15] 家施不及国:意为家族的施舍不能扩大到国内。家,家族。

[16] 滥:失职。

[17] 滔:怠慢。

[18] 不收公利害:不从公家谋取利益。

[19] 为国:治理国家。

[20] 与天地并:与天地并存,有天地即有礼,形容礼之久远。

[21] 共:通"恭"。

[22] 姑:丈夫的母亲。妇:媳妇。听:听从,顺从。

[23] 贰:背叛。

[24] 箴:劝告。

[25] 从:听从劝告。

[26] 婉:委婉陈辞。

[27] 上:崇尚。

# 孔子应对田赋

〔**解题**〕题目系据正文拟定。春秋后期,鲁国贵族季孙氏凌驾国君之上,掌握鲁国的实权。孔子对此僭越之举颇为不满。哀公十一年,即公元前484年。季孙打算推行田赋,增加国家收入。孔子则提出"度于礼",暗含着对季孙的抨击。

季孙欲以田赋[1],使冉有访诸仲尼[2]。仲尼曰:"丘不识也。"三发[3],卒曰[4]:"子为国老[5],待子而行。若之何子之不言也[6]?"仲尼不对[7],而私于冉有曰[8]:"君子之行也[9],度于礼[10]:施取其厚[11],事举其中[12],敛从其薄[13]。如是[14],则以丘亦足矣[15]。若不度于礼,而贪冒无厌,则虽以田赋,将又不足[16]。且子季孙若欲行而法[17],则周公之典在。若欲苟而行,又何访焉?"弗听。

——《左传·哀公十一年》

[1] 季孙:鲁国大臣。以:用,实行。

[2] 冉有:孔子弟子,名求,字子有,时任季氏宰臣。访:询问。仲尼:即孔子,仲尼为其字,下文"丘"为其名。古人往往以名自称以表谦卑,而以字称呼对方以示尊敬。

[3] 发:发问。

[4] 卒:最后。

[5] 国老:国家的元老。

[6] 若之何:为什么。

[7] 不对:不公开回答。

[8] 私:私下说。

[9] 行:施行政事。

[10] 度于礼:根据礼来衡量。

[11] 施取其厚:施舍要力求丰厚。

[12] 事举其中:事情要做到适中。

[13] 敛从其薄:赋敛要尽量微薄。

[14] 如是:如果这样。

[15] 则以丘亦足矣:意思存在争议,或以"丘"为孔子自称,或以"丘"为土地单位,与"田"相对。钱穆《周官著作时代考》解释为"照我为看来也尽够了",沈玉成《左传译文》解释为"那么按丘征税也就足够了",可以参考。

[16] 将又不足:以后还是会不够的。

[17] 子季孙:对季孙的尊称。法:符合法度。

# 设为庠序学校

〔**解题**〕题目系据正文拟定。滕文公向孟子请教如何治国,本段便是孟子的建议之一。他提出应该设立学校,发展教育,教育的目的是使得人们懂得社会里的种种伦理秩序和道德。这些内容也正是儒家所说的"礼"。

设为庠序学校以教之[1]。庠者,养也[2]。校者,教也[3]。序者,射也[4]。夏曰校,殷曰序,周曰庠。学则三代共之,皆所以明人伦也。人伦明于上,小民亲于下。有王者起[5],必来取法,是为王者师也。

——《孟子·滕文公上》

[1] 庠、序、校:指地方学校。
[2] 养:教养。
[3] 教:教导。
[4] 射:同"绎",陈列,指通过陈列实物来教导。
[5] 王者:指贤明的君王。

# 儒　效（节选）

〔**解题**〕《儒效》旨在论儒术的功效作用，并兼及君子、小人之别。本选段将世人分为俗人、俗儒、雅儒、大儒四个阶层，他们能发挥的作用有善恶大小之别。区别四个阶层的依据则在对待先王法度，礼义之道，《诗》、《书》典籍的态度。

故有俗人者，有俗儒者，有雅儒者[1]，有大儒者。不学问，无正义，以富利为隆[2]，是俗人者也。逢衣浅带[3]，解果其冠[4]，略法先王而足乱世术[5]，缪学杂举，不知法后王而一制度，不知隆礼义而杀《诗》、《书》，其衣冠行伪已同于世俗矣[6]，然而不知恶者，其言议谈说已无以异于墨子矣[7]，然而明不能分别[8]；呼先王以欺愚者，而求衣食焉；得委积足以掩其口[9]，则扬扬如也[10]；随其长子[11]，事其便辟[12]，举其上客[13]，億然若终身之虏而不敢有他志[14]，是俗儒者也。

法后王，一制度[15]，隆礼义而杀《诗》、《书》，其言行已有大法矣[16]，然而明不能齐[17]；法教之所不及[18]、闻见之所未至，则知不能类也[19]；知之曰知之，不知曰不知，内不自以诬，外不自以欺，以是尊贤畏法而不敢怠傲，是雅儒者也。

法先王，统礼义[20]，一制度，以浅持博[21]，以今持古[22]，以一持万，苟仁义之类也，虽在鸟兽之中，若别白黑。倚物怪变，所未尝闻也，所未尝见也，卒然起一方，则举统类而应之,无所儗㤺[23],张法而度之,则晻然若合符节[24],是大儒者也。

故人主用俗人,则万乘之国亡;用俗儒,则万乘之国存;用雅儒,则千乘之国安。用大儒,则百里之地久,而后三年,天下为一,诸侯为臣;用万乘之国,则举错而定[25],一朝而伯[26]。

——《荀子》

[1] 雅:正。

[2] 隆:尊崇。

[3] 逢衣浅带:宽衣博带。

[4] 解果:通"懈堕",形容帽子松懈欲脱貌。

[5] 世术:世道。

[6] 行伪:同"行为"。

[7] 墨子:战国诸子之一,主张"兼爱"、"非攻",与儒学思想多有针锋相对之处。

[8] 明不能别:指其思想虽然明确,却不能相区别。

[9] 委积:积累。揜(yǎn 眼):同"掩"。掩其口,即糊口。

[10] 扬扬:得意貌。

[11] 长子:指朝中显赫者。

[12] 便辟:指国君身边亲信之人。

[13] 举:吹嘘。上客:指朝廷公卿。

[14] 偲然:同"偃然",安然自得。

[15] 一:整齐。

[16] 大法:基本规范。

[17] 齐:齐全。

[18] 法教:法度教化。

[19] 知不能类:指智力不能比类推广到法教之所不及、闻见之所未至。知,同"智"。

［20］统礼义:以礼义为纲领。

［21］以浅持博:即以少驭多。

［22］以今持古:即以先王之道驾驭当下之变。

［23］"倚物怪变"六句:杨倞《荀子注》解释为:"奇物央变卒然而起,人所难处者,大儒知其统类,故举而应之,无所疑滞惭怍也。"倚,同"奇"。儗(nǐ 你),读为"疑"。怎同"怍",惭愧。

［24］晻(àn 案):同"暗"。

［25］举错:同"举措",指举手投足间。

［26］伯:通"霸",称霸。

# 礼之八经

〔解题〕题目系据正文拟定。管子(前725—前645),即管仲,名夷吾,春秋著名的政治家尽心。辅佐齐桓公,使齐国国力大盛,成为春秋时第一个称霸中原的国家。他的思想集中体现在《管子》一书中。据学者考证,《管子》并非一人一时所作,兼有战国至汉的内容,反映的是"管仲学派"的思想和理论。其内容博大精深,以法家和道家思想为主,古人多将之归为法家。《五辅》提出治国有五种方法,分别为德、义、礼、法、权。此处为论述"礼"的内容。

民知义矣,而未知礼,然后饰八经以导之礼[1]。所谓八经者何?曰:上、下有义,贵、贱有分,长、幼有等,贫、富有度。凡此八者,礼之经也[2]。故上下无义则乱,贵贱无分则争,长幼无等则倍[3],贫富无度则失[4]。上下乱,贵贱争,长幼倍,贫富失,而国不乱者,未之尝闻也。是故圣王饬此八礼以导其民。八者各得其义,则为人君者中正而无私,为人臣者忠信而不党[5],为人父者慈惠以教,为人子者孝悌以肃,为人兄者宽裕以诲[6],为人弟者比顺以敬[7],为人夫者敦懞以固[8],为人妻者劝勉以贞。夫然则下不倍上,臣不杀君,贱不逾贵,少不凌长,远不间亲[9],新不间旧,小不加大,淫不破义。凡此八者,礼之经也。夫人必知礼然后恭敬,恭敬然后尊让,尊让然后少长贵贱不相逾越,少长贵贱不相逾越,故乱不生而患不作。故曰:礼不可不谨也。

——《管子·五辅》

[1] 饬:通"饬",整饬。导:教导。
[2] 经:纲领、原则。
[3] 倍:通"背",背叛、背离。
[4] 失:失去节制。
[5] 党:结党,拉帮结派。
[6] 裕:宽宏。
[7] 比:和顺。
[8] 愫:真诚。
[9] 间:离间。

# 礼之于正国也

[**解题**] 题目系据正文拟定。文章正面谈论了礼的意义。

礼之于正国也,犹衡之于轻重也,绳墨之于曲直也,规矩之于方圜也[1]。故衡诚县[2],不可欺以轻重;绳墨诚陈,不可欺以曲直;规矩诚设,不可欺以方圆;君子审礼,不可诬以奸诈。是故,隆礼由礼,谓之有方之士;不隆礼、不由礼,谓之无方之民。敬让之道也,故以奉宗庙则敬,以入朝廷则贵贱有位,以处室家则父子亲、兄弟和,以处乡里则长幼有序[3]。孔子曰:"安上治民,莫善于礼。"此之谓也。

——《礼记·经解》

[1] 圜:通"圆"。
[2] 县:同"悬",悬挂。
[3] 乡、里:古代居民组织单位,二十五户为一里,一万二千五百户为一乡。可引申为家乡,本文即用此意。

# 劝学行礼诏

隋文帝

〔**解题**〕《隋书》为唐高宗武德、太宗贞观年间由官方组织修撰而成。此诏大约颁布于隋文帝开皇三年(583)，提倡兴复传统礼乐。

建国重道，莫先于学，尊主庇民，莫先于礼。自魏氏不竞，周、齐抗衡[1]，分四海之民，斗二邦之力[2]，递为强弱，多历年所[3]。务权诈而薄儒雅[4]，重干戈而轻俎豆[5]，民不见德，唯争是闻。朝野以机巧为师，文吏用深刻为法[6]，风浇俗弊[7]，化之然也[8]。虽复建立庠序[9]，兼启黉塾[10]，业非时贵[11]，道亦不行。其间服膺儒术，盖有之矣，彼众我寡，未能移俗。然其维持名教，奖饰彝伦[12]，微相弘益[13]，赖斯而已。王者承天，休咎随化[14]，有礼则祥瑞必降，无礼则妖孽兴起。人禀五常[15]，性灵不一，有礼则阴阳合德，无礼则禽兽其心[16]。治国立身，非礼不可。朕受命于天，财成万物[17]，去华夷之乱，求风化之宜。戒奢崇俭，率先百辟[18]，轻徭薄赋[19]，冀以宽弘[20]。而积习生常[21]，未能惩革，闾阎士庶[22]，吉凶之礼，动悉乖方[23]，不依制度。执宪之职[24]，似塞耳而无闻，莅民之官[25]，犹蔽目而不察。宣扬朝化，其若是乎？古人之学，且耕且养。今者民丁非役之日[26],农亩时候之余[27],若敦以学业[28],劝以经礼[29],自可家慕大道[30],人希至德[31]。岂止知礼节,识廉耻,父慈子孝,兄恭弟顺者乎?始自京师,爰及州郡[32],宜祗朕意[33],劝学行礼。

——《隋书》卷四十七《柳调传》

[1]"魏氏不竞"二句:意指南北朝时期北方的政权更替。魏氏指拓跋氏所建立的魏国政权。公元386年,拓跋珪建立北魏。534年至535年,分裂为东魏和西魏。周、齐,即北周和北齐。550年,高洋废黜东魏孝静帝而称帝,国号齐,史称北齐。557年,宇文觉废西魏恭帝,自立为帝,国号周,史称北周。不竞,衰微,衰弱。竞,强劲。抗衡,(二国)对抗相持。

[2] 斗二邦之力:两国拼斗国力。二邦,北齐、北周。

[3] 年所:年次、年数。

[4] 务诈权:务行权谋欺诈。薄:鄙薄、轻视。

[5] "重干戈"句:言重视兵器而轻视礼器,重视军事而轻视礼仪。俎、豆,为古代礼器。

[6] 深刻:深峻刻薄。

[7] 风:风气、风俗。浇:浮薄。弊:败坏。

[8] 化之然也:这是教化的缘故。

[9] 庠序:官方设立的学校。

[10] 黉(hóng 宏)塾:民间设立的乡塾。

[11] 业:学业。时贵:时人所看重。

[12] 奖饰:夸奖、赞美。彝伦:常伦。

[13] 微:稍微、稍加。弘益:发扬推广。

[14] 休咎:吉凶。随化:依随造化。

[15] 禀:禀赋,禀受。五常:五种伦理道德,即父义、母慈、兄友、弟恭、子孝。

[16] 禽兽其心:其心如禽兽。

[17] 财成:治理好、理顺。财,通"裁",管制、管理。

[18] 率先百辟:身为百官表率。百辟,百官。

[19] 轻徭:减轻徭役。薄赋:降低赋税。

[20] 冀以宽弘:希望形成宽广宏大的局面。

[21] 积习生常:积久生成习气。

[22] 闾阎(lǘ yán 吕延):里巷,引申为民间。士:士人。庶:庶民。

[23] 动悉乖方:动辄违反规矩。悉,全部。

[24] 执宪:执行法令。职:官。

[25] 莅:临近。

[26] 非役之日:没有劳役的日子。

[27] 农亩时候之余:农田耕作的闲暇。

[28] 敦:敦促。

[29] 劝:鼓励。经礼:读经读礼。

[30] 家:每家。慕:向往。

[31] 希:崇尚、向往。

[32] 爰及:推广到。

[33] 祗(zhī之):敬,敬重。

# 谏太子承乾书

张玄素

〔**解题**〕题目系据正文拟定。李承乾(619—645),字高明,太宗长子,曾被立为太子。张玄素,唐太宗朝著名的谏官,曾任东宫少詹事兼右庶子,辅佐太子。此篇即为这一期间所写。大意为劝承乾修身养德,学习古代圣贤宽仁之道。

臣闻皇天无亲[1],惟德是辅[2],苟违天道[3],人神同弃。然古三驱之礼[4],非欲教杀[5],将为百姓除害,故汤罗一面[6],天下归仁。今苑内娱猎[7],虽名异游畋[8],若行之无恒[9],终亏雅度[10]。且傅说曰[11]:"学不师古,匪说攸闻[12]。"然则弘道在于学古,学古必资师训[13]。既奉恩诏,令孔颖达侍讲[14],望数存顾问[15],以补万一[16]。仍博选有名行学士[17],兼朝夕侍奉。览圣人之遗教,察既往之行事[18],日知其所不足,月无忘其所能[19]。此则尽善尽美,夏启、周诵[20],焉足言哉!夫为人上者,未有不求其善,但以性不胜情[21],耽惑成乱[22]。耽惑既甚,忠言遂塞,所以臣下苟顺[23],君道渐亏。古人有言:"勿以小恶而不去[24],小善而不为[25]。"故知祸福之来,皆起于渐[26]。殿下地居储贰[27],当须广树嘉猷[28]。既有好畋之淫,何以主斯匕鬯[29]?慎终如始,犹惧渐衰,始尚不慎,终将安保[30]！

——《贞观政要》卷四

［1］皇天：上天。无亲：不亲近任何人。

［2］惟德是辅：只是辅助有德行的人。

［3］苟：如果。

［4］三驱之礼：古代王者田猎一般只围三面，而让开一面，让猎物有逃脱的可能，以示好生之德。

［5］教杀：教百姓杀生。

［6］汤：商的开国君主。根据《史记》记载，商汤出猎时，见四面张网，担心禽兽被赶尽杀绝，于是下令撤去三面的网，并祷告说："想往左就往左，想往右就往右，不听话的就进入罗网。"就因为这种仁慈，商汤赢得天下人的支持。

［7］苑：古代养禽兽的园林。娱猎：打猎玩乐。

［8］游畋(tián田)：指野外打猎。

［9］无恒：无常，此处指没有节制。

［10］亏：亏损、损害。雅度：儒雅的风度，应有的体统。

［11］傅说(yuè月)：殷商朝的贤相。

［12］"学不师古"二句：见于《尚书·说命》。此句意谓学习而不师法古代圣贤，（我）还不曾听说过。匪，同"非"，没有。攸，助词。

［13］资：凭借、依靠。师训：老师的训导。

［14］孔颖达：字冲远，唐初著名的经学家，参与修撰《隋书》，又疏解《周易》、《尚书》、《毛诗》、《礼记》、《春秋左传》，撰成《五经正义》，对后世影响深远。侍讲：为皇帝及皇家子弟讲学。

［15］数存顾问：常常来咨询。

［16］以补万一：万一有所不足可以（借此）弥补。

［17］博选：广泛挑选。

［18］察：省察、自省。既往之行事：（自己）过去的言行。

［19］其所能：自己学会的东西。

［20］夏启、周诵：历史上有名的贤君。夏启为大禹之子，相传为夏朝第

291

二任君主。周诵,即周成王姬诵,为周武王之子,为周代第二位君主。

[21] 性不胜情:立志难以战胜情感。性,理性。情,情感。

[22] 耽:耽溺、沉湎。惑:困惑、迷惑。成:造成。

[23] 苟顺:苟且顺从。

[24] 去:去除。

[25] 为:做,践行。

[26] 渐:慢慢地,一点一点地。

[27] 储贰:储副,太子。

[28] 广:广泛。树:树立,建立。嘉猷:治国的好规划,此处指好的德行。

[29] 匕:羹匙。鬯(chàng 唱):郁金香和黍酿造的酒。二者皆为古代宗庙祭祀的用品,此处用来代指国家政务。

[30] "慎终如始"四句:意谓谨慎从事,至终如始,尚且担心会慢慢懈怠下来;如果一开始就不慎重了,又怎么能保持到最终呢!

# 尊儒重道

吴　兢

〔**解题**〕题目系据正文拟定。本文记载了唐代贞观年间尊崇儒学的一些措施：确定孔子、颜回为先圣、先师，设立祭祀；兴建各级学校，广招生员；表彰南北朝博学之士；以先秦以来大儒二十一人配享孔庙。

贞观二年，诏停以周公为先圣，始立孔子庙堂于国学[1]，稽式旧典[2]，以仲尼为先圣，颜子为先师[3]，而边豆干戚之容[4]，始备于兹矣。是岁大征天下儒士，赐帛给传[5]，令诣京师，擢以不次[6]，布在廊庙者甚众[7]。学生通一大经已上[8]，咸得署吏。国学增筑学舍四百余间，国子、太学、四门、广文亦增置生员[9]，其书、算各置博士、学生[10]，以备众艺。自玄武门屯营飞骑，亦给博士，授以经业。有能通经者，听预贡举。太宗又数幸国学，令祭酒、司业、博士讲论[11]，毕，各赐以束帛。四方儒生负书而至者，盖以千数。俄而吐蕃及高昌、高丽、新罗等诸夷酋长[12]，亦遣子弟请入于学。于是国学之内，鼓箧升讲筵者[13]，几至万人，儒学之盛，古昔未有也。

贞观十四年诏曰："梁皇侃、褚仲都，周熊安生、沈重，陈沈文阿、周弘正、张讥，隋何妥、刘炫等[14]，并前代名儒，经术可纪。加以所在学徒,多行其讲疏,宜加优异,以劝后生。可访其子孙见在者,录姓名奏闻。"二十一年又诏曰:"左丘明、卜子夏、公羊高、穀梁赤、伏胜、高堂生、戴圣、毛苌、孔安国、刘向、郑众、杜子春、马融、卢植、郑玄、服虔、何休、王肃、王弼、杜预、范宁等二十有一人[15],并用其书,垂于国胄[16]。既行其道,理合褒崇[17],自今有事于太学,可并配享尼父庙堂[18]。"其尊儒重道如此。

——《贞观政要》卷七

[1] 国学:国子监,唐代最高学府。

[2] 稽式:取法、效仿。

[3] 颜子:颜回。

[4] 笾:当作"笾",指古代祭祀和宴会时用来盛放果品的竹器。豆:祭祀时用来盛放物品的器具。干:盾。戚:斧。二者本为古代兵器,后来用于祭祀歌舞的道具。容:仪表、仪式。此句言丰富的祭祀仪式。

[5] 给传:提供车马食宿。传,驿传、驿站。

[6] 擢以不次:破格录用。擢,提拔。

[7] 布在廊庙者:安排在朝廷做官的人。

[8] 大经:唐代推行科举制,把儒家经典按字数多少分为大、中、小三类。《礼记》、《左传》为大经;《诗经》、《周礼》、《仪礼》为中经;《周易》、《尚书》、《公羊传》、《穀梁传》为小经。已:通"以"。

[9] 国子:国子学,教三品以上官员的子孙。太学:教五品以上官员的子孙。四门:四门学,教七品以上官员的子弟和庶人子弟当上俊士生的。广文:广文馆,教国子监中修进士业者。

[10] 书:书学,教文字训诂学和书法学,入学者为八品官员以下子弟和非官子弟。算:算学,教数学,入学者身份与书学相同。博士:国子、太学、四门、广文、书、算诸学的主讲老师为博士。

[11] 祭酒:国子监的长官。司业:国子监的副长官。

[12] 高昌:西域古国,在今新疆吐鲁番。高丽:高句丽,当时建立在我

国东北地区和朝鲜半岛北部的政权。新罗:当时建立在朝鲜半岛南部的政权。

[13]鼓箧:击鼓开箧,古时入学的一种仪式。讲筵:讲学的处所。

[14]皇侃:南朝梁人,精于《三礼》、《孝经》、《论语》,有《论语义疏》传世。褚仲都:以治《周易》著称。熊安生:字植之,通五经,精《三礼》。沈重:字子厚,《周书》称其"学业该博,为当世儒宗,至于阴阳、图纬、道经、释典靡不毕综,又多所撰述,咸得其指要"。沈文阿:字国卫,治《三礼》、《三传》。周弘正:字思行,梁元帝称之"于义理清转无穷,亦一时之名士也",撰有《周易讲疏》、《论语疏》、《庄子疏》、《老子疏》、《孝经疏》、《两卷集》。张讥:字直言,通于《周易》、《尚书》、《毛诗》、《孝经》、《论语》诸经,笃好玄言,多有撰述。何妥:字栖凤,精于乐律,受隋文帝之命考定钟律,恢复古乐。刘炫:字光伯,天资过人,开皇年间先后参与修史、修定五礼等工作,所著诸经义疏,被当世士人奉为师宗。以上九人均为南北朝时期著名的经学家。

[15]左丘明:春秋时鲁国史官,相传《春秋左氏传》出自其手。卜子夏:即卜商,字子夏,孔子弟子,相传《春秋》、《诗经》都由他传授下来。公羊高:战国时齐人,相传为《春秋公羊传》的作者。穀梁赤:战国时鲁人,相传为《春秋穀梁传》的作者。伏胜:曾为秦朝博士,汉初发壁中所藏《尚书》,传授弟子,汉文帝征求能治《尚书》者,以年老不能行,晁错前往受之,西汉治今文《尚书》者皆出自伏胜。高堂生:名伯,汉初传《士礼》十七篇,西汉治礼者皆源于他。戴圣:字次君,世称"小戴",与其叔父"大戴"戴德同学《礼》于后苍,选集战国至汉初孔门诸人所记各种有关礼仪的论著,编成《小戴礼记》,即今本《礼记》。毛苌:西汉赵(今邯郸)人,世称"小毛公",继承其师"大毛公"毛亨所传《诗经》,即"毛诗",今本《诗经》由此而来。孔安国:字子国,孔子后人,汉武帝时,鲁恭王坏孔府旧宅,于壁中得《尚书》、《论语》、《孝经》等,皆蝌蚪文字,孔安国将之改写为汉代通行的隶书,并为之作传。刘向:字子政,曾奉命整理西汉皇家藏书,撰成《别录》,是我国第一部分类目录,对后世影响深远,可惜早已散佚,仅有零篇传世。郑众:东汉人,字仲师,世称郑司农,精于《左传》,曾注此书,颇为赅博详审,为世人所重。杜子春:西汉末从刘歆学习《周礼》,东汉初在他的传授下《周礼》之学得以流传开来。马融:字季长,长于古文经学,为当时通儒,教授弟子常至千人,卢植、郑玄都是

他的学生。卢植:字子干,曾与马日䃅、蔡邕等人一起在东观校勘儒家经典,著有《尚书章句》、《三礼解诂》等书,曹操评价他为"学为儒宗,士执楷模,国之桢干"。郑玄:字康成,东汉末年经学大师,以古文经学为主,兼才今文经说,遍注儒家经典,《十三经注疏》中《毛诗》、《仪礼》、《周礼》、《礼记》四经即采用了他的注。服虔:字子慎,著有《春秋左氏解谊》、《春秋左氏音》、《通俗文》等。何休:字邵公,精于《春秋》,撰《春秋公羊传解诂》。王肃:字子雍,曹魏人,遍注群经,与郑玄学说针锋相对。王弼:字辅嗣,魏晋玄学的代表人物,尤精于《周易》,撰《周易注》、《周易略例》、《老子注》、《老子指略》等。杜预:字元凯,西晋人,深于《左传》,撰《春秋左氏经传集解》、《春秋释例》。范宁:东晋人,撰《春秋穀梁传集解》。以上二十一人为先秦至东晋著名的学者、经学家。

[16] 垂:流传。国胄:帝王及贵族的子弟。

[17] 褒崇:褒扬、尊崇。

[18] 有事于太学:太学举行祭祀典礼。配享:一起被祭祀。尼父:即孔子。

# 救学者之失

白居易

〔**解题**〕白居易（772—846），字乐天，晚号香山居士。贞元十六年进士，历任秘书省校书郎、江州司马、中书舍人，杭州、苏州刺史，太子宾客，太子少傅等职，以刑部尚书致仕。任何事物发展到某个阶段，都可能流于琐碎、流于形式，读书求学也是如此。文中所云"何则学《诗》、《书》者拘于文而不通其旨，习礼乐者滞于数而不达其情"正是写照。白居易撰写此文，意在挽救此弊，提出返归经典义旨。如"读《书》者，以五代典谟为旨，不专于章句诂训之文也。习礼者，以上下长幼为节，不专于俎豆之数、裼袭之容也"。这种反省在任何时代都是有必要的。

问：学者，教之根，理之本。国家设庠序以崇儒术，张礼乐而厚国风[1]，师资肃以尊严[2]，文物焕其明备[3]。何则学《诗》、《书》者拘于文而不通其旨，习礼乐者滞于数[4]而不达其情？故安上之礼未行[5]，化人之学将落[6]。今欲使工祝知先王之道[7]，生徒究圣人之心，诗书不失于愚诬，礼乐无闻于盈减，积之为言行，播之为风化。何为何作，得至于斯？臣闻：化人动众，学为先焉，安上尊君，礼为本焉。故古之王者，未有不先于学，本于礼，而能建国君人[8]，经天纬地者也[9]。国家删定六经之义，裁成五礼之文，是为学者之先知，生人之大惠也。故命太常以典礼乐[10],立太学以教诗书,将使乎四术并举而行,万人相从而化。然臣观大学生徒,诵诗书之文,而不知诗书之旨。太常工祝,执礼乐之器,而不识礼乐之情。遗其旨,则作忠兴孝之义不彰,失其情,则合敬同爱之诚不著。所谓去本而从末,弃精而得粗。至使陛下语学有将落之忧,顾礼有未行之叹者,此由官失其业,师非其人,故但有修习之名,而无训导之实也。伏望审官师之能否,辨教学之是非,俾讲《诗》者[11],以六义风赋为宗[12],不专于鸟兽草木之名也[13]。读《书》者,以五代典谟为旨[14],不专于章句诂训之文也[15]。习礼者,以上下长幼为节[16],不专于俎豆之数、裼袭之容也[17]。学乐者,以中和友孝为德,不专于节奏之变、缀兆之度也[18]。夫然,则诗书无愚诬之失,礼乐无盈减之差,积而行立者,乃升之于朝廷,习而事成者,乃用之于宗庙。是故温柔敦厚之教,疏通知远之训,畅于中而发于外矣。庄敬威严之貌,易直子谅之心[19],行于上而流于下矣。则觐之者,莫不承顺,闻之者,莫不率从,管乎人情[20],出乎理道,欲人不化,上不安,其可得乎?

——《白居易集》卷六十五

[1] 张:设置。厚:敦厚。国风:国内风俗、风教。

[2] 师资肃以尊严:用师道尊严来整肃、端正师生关系。

[3] 文物:礼乐典章制度。焕:焕发。明备:明确完备。

[4] 数:礼乐中具体的数字等级区别,比如音律,比如礼仪器物的数量。

[5] 安上:使君上安心。

[6] 化人:教化民众。落:落空。

[7] 祝:祠庙中主持祭礼的人。

[8] 君人:为人之君,管理人民。

[9]经天纬地:织物横的线为纬,竖的线为经,为天地设立经纬,以此比喻规划天地,纵横天下。

[10]太常:古代掌管礼乐郊庙社稷事宜的官职。

[11]俾:使得。

[12]六义:即"《诗经》六义",为风、雅、颂、赋、比、兴,前三者为《诗经》诗歌的类型,后三者为诗歌的表现方式。风赋:讽赋,指诗歌的作用为讽诵劝诫。六义和风赋都事关《诗经》主旨。宗:最重要的。

[13]鸟兽草木之名,典出《论语·阳货》:"子曰:小子何莫学夫《诗》? ……多识鸟兽草木之名。"《诗经》中涉及丰富的动物、植物,可以借此了解它们。

[14]五代典谟:指《尚书》中所反映的古代典章法则。

[15]章句:分析古文的章节和句读。诂训:解释字词。二者为汉代以来经师解经之法。

[16]节:礼节。此言以上下有别、长幼有序为礼节的内涵。

[17]俎、豆:古代祭祀燕享时盛放食物的两种礼器,古人常用来泛指礼器。裼(xī希):古代君王着皮裘,多在外多一层外衣,这层外衣便称作裼。裼袭则是两种不同的穿着方法,袒开外衣而不尽裘为裼,尽覆而不使裘见于外为袭。

[18]缀兆:乐队的行列方式。度:分寸。《荀子·乐论》:"执其干戚,习其俯仰屈伸,而容貌得庄焉;行其缀兆,要其节奏,而行列得正焉,进退得齐也。"

[19]易直:平易质直。子谅:慈爱诚信。

[20]管乎人情:人情以礼乐为管道得以宣泄释放。

# 论风俗札子

司马光

[**解题**] 司马光(1019—1086),字君实,号迂叟,世称涑水先生。历仕仁宗、英宗、神宗、哲宗四朝,官至尚书左仆射兼门下侍郎。所著《资治通鉴》,是我国第一部编年体通史,影响深远。此外还著有《稽古录》、《涑水记闻》、《温国文正司马公文集》。是北宋重要的政治家、史学家、文学家。《论风俗札子》作于熙宁二年(1069),司马光时任资政殿学士、提举嵩山崇福宫。文章开篇即阐明"选士"、"立教"、"择术"是影响风俗的根源,不可不正。当时学风"好为高奇之论,喜诵老庄之言",而将儒家经典束之高阁。他对此颇为忧心,认为"非国家教人之正"。于是,在文中建议朝廷下诏劝诫公卿大夫、晓示考生,凡在考试中"有僻经妄说,其言涉老庄者",不管文辞多么高妙,也不予以录取,以此重正风俗。

臣闻国之致治[1],在于审官[2];官之得人,在于选士;士之向道[3],在于立教[4];教之归,正在于择术。是知选士者,治乱之枢机,风俗之根原也。窃见近岁公卿大夫好为高奇之论,喜诵老庄之言,流及科场亦相习尚[5]。新进后生,未知臧否[6],口传耳剽,翕然成风[7]。至有读《易》未识卦爻,已谓"十翼"非孔子之言[8];读《礼》未知篇数[9],已谓《周官》为战国之书[10];读《诗》未尽《周南》、《召南》[11],已谓毛郑为章句之学[12];读《春秋》未知十二公[13],已谓三《传》可束之高阁[14]。循守注疏者[15],谓之腐儒;穿凿臆说者,谓之精义。且性者,子贡之所不及[16];命者,孔子之所罕言[17]。今之举人[18],发言秉笔[19],先论性命,乃至流荡忘返,遂入老庄。纵虚无之谈,骋荒唐之辞[20],以此欺惑考官,猎取名第[21]。禄利所在,众心所趋,如水赴壑[22],不可禁遏。彼老庄弃仁义而绝礼学,非尧舜而薄周孔,死生不以为忧,存亡不以为患,乃匹夫独行之私言,非国家教人之正术也。魏之何晏、晋之王衍[23],相与祖述其道[24],宅心事外[25]。选举者以此为贤,仕宦者以此为业,遂使纪纲大坏,胡夷并兴,生民涂炭,神州陆沉[26]。今若于选士之际用此为术,臣惧向去任官之士[27],皆何晏、王衍之徒,则政事安得不隳[28],风俗安得不坏,正始、永嘉之弊将复见于今矣[29]。伏望朝廷特下诏书,以此戒厉内外公卿大夫[30],仍指挥礼部贡院,豫先晓示进士[31],将来程试若有僻经妄说[32],其言涉老庄者,虽复文辞高妙,亦行黜落。庶几不至疑误后学[33],败乱风俗。取进止[34]。十二月三十日翰林学士兼侍读学士右谏议大夫知制诰充史馆修撰臣司马光札子。

——《温国文正公集》卷四十五

[1] 致治:治理得当。

[2] 审官:甄别官员得失。

[3] 向道:遵守圣人之道。

[4] 立教:设立教化。

[5] 科场:科举考试。习尚:习惯和崇尚。

[6] 臧否:褒贬、评定。

[7] 翕(xī 希)然:众人一致的样子。

[8] 《周易》分《易经》、《易传》两部分。《易经》包含六十四卦和三百

301

八十四爻,并对它们依次加以解释。卦,本为乾、坤、震、巽、坎、离、艮、兑八卦,八卦相演而成六十四卦。爻为组成卦的线条,有阴阳之分,一横道"—"为阳爻,横道中断"- -"为阴爻。卦和爻是《周易》最基础的组成部分。《易传》,即文中所谓"十翼",是对《易经》的解释申发,包括《彖》上下、《象》上下、《系辞》上下、《说卦》、《序卦》、《杂卦》,共十篇,取"翼"辅助之义,而合称"十翼",相传为孔子所作。

[9]《礼》:即"三礼",指《周礼》、《仪礼》、《礼记》三部儒家经典。未知篇数:指《仪礼》篇数之歧。传世《仪礼》为十七篇,而《汉书·艺文志》著录:"《礼古经》五十六卷,《经》七十篇",前者为古文,后者为今文。所谓《礼古经》,出于鲁淹中,也有人说出自孔府壁中;"《经》七十篇"即传世《仪礼》,"七十"为"十七"的误倒。也就是说,古文《仪礼》比今文多出三十九篇。

[10]《周官》:即《周礼》。在群经中,《周礼》出现得最晚,且无传授脉络可寻,发现经过也说法不一,因此它的成书时代及性质成为著名的学术公案。最早由西汉末刘歆提出此书为周公所作,这是现代以前最为通行的观点,东汉学者郑玄、唐代《周礼疏》著者贾公彦、宋代王安石等人都秉持此说。文中"为战国之书"的观点,始于东汉何休,认为它是"六国阴谋之书",这一说法在当今学界最有影响。除此之外,还有作于西周说、作于春秋说、作于周秦说、作于汉初说以及刘歆伪造说等不同意见。

[11]《诗》:即《诗经》。《诗经》分风、雅、颂三部分;风,又称"国风",《诗经》中共有十五国风;《周南》、《召南》就是国风最前面的两组。文中所谓"未尽《周南》、《召南》"意为《诗经》还没读几篇,对诗歌的体裁、题材、表达方式都还不了解。

[12]毛:战国时鲁国人毛亨,撰有《毛诗故训传》,又称"毛传"。郑,即东汉学者郑玄,曾笺注毛诗,称作"郑笺"。毛传、郑笺是汉代以来最经典、也流行最广的两部训释《诗经》的著作。章句之学,对原文分段分章、加以句读,串讲大意的做法。

[13]《春秋》:春秋鲁国的编年体史书,记载了从前722年到前481年共242年中周朝和各诸侯国之间重大的历史事件。记述系于鲁国纪年,前后涵盖十二位国君,即隐公、桓公、庄公、闵公、僖公、文公、宣公、成公、襄公、昭公、定公、哀公。

[14] 三《传》:指《左传》、《公羊传》、《榖梁传》,传统认为它们是对《春秋》的解释之作。

[15] 注疏:汉唐以来流行的对儒家经典的注解和疏义,以唐代官方所定《五经正义》及《周礼疏》、《仪礼疏》、《公羊疏》、《榖梁疏》为代表。

[16] "性者"二句:典出《论语·公冶长》:"子贡曰:夫子之文章,可得而闻也。夫子之言性与天道,不可得而闻也已矣。"性,人的天性。及,不及闻,不曾听闻。

[17] "命者"二句:典出《论语·子罕》:"子罕言利,与命,与仁。"罕言,很少说起。

[18] 举人:在宋代指被地方推举赴京参加科举考试的人。

[19] 秉:执,拿。

[20] 纵:放纵。骋:驰骋。

[21] 名第:科举考试中式的名次。

[22] 壑(hè 贺):坑谷、深沟。

[23] 何晏:字平叔,三国魏人。著名玄学家,崇尚清谈。王衍:字夷甫,西晋人,曾官太尉。尊崇老庄,善于玄谈。西晋末年他与司马越把持朝政,对后来西晋的覆亡负有很大责任。

[24] 祖述:效仿遵循前人学说。

[25] 宅心事外:置心于尘世之外,远离世事。

[26] "胡夷并兴"三句:指的是西晋政权被北方匈奴刘渊推翻,东晋偏安江南,北方被少数民族占据的史事。神州陆沉,即大陆陷落沉沦,比喻领土被他人侵占。

[27] 向去:今后,以后。

[28] 隳(huī 灰):毁坏。

[29] 正始、永嘉之弊:指三国魏正始年间和西晋永嘉年间的政治动荡。司马懿为魏国重臣,先后辅佐文帝曹丕、明帝曹叡;曹芳继位,司马懿遭到排挤;正始十年(249),司马懿趁曹芳离开洛阳去高平陵(今洛阳汝阳县境内)扫墓,起兵政变,控制京都;自此曹魏军政大权落入司马氏之手,为日后司马炎代魏立晋奠定根基,史称"正始之变"、"高平陵事变"。西晋中后期发生八王之乱,加之天灾连年,北方少数民族趁机入侵。永嘉年间,匈奴贵族刘

渊、刘聪多次进犯;最终于永嘉五年(311),攻入京都洛阳,俘虏晋怀帝;导致西晋灭亡,汉族政权迁居江南,之后南北分裂,战争不断,持续了近两百年,史称"永嘉之乱"。

[30] 戒厉:告诫劝勉。

[31] 豫先:预先。进士:此处指参加进士科考试,也就是科举考试的考生。

[32] 程试:科举考试的试卷。

[33] 庶几:也许可以,表示希望。

[34] 取进止:古代奏疏末所用的常用语,意为听候旨意,以决行止。

# 明 良 论

龚自珍

〔**解题**〕 龚自珍(1792—1841),字璱人,号定盦。清代中后期著名的文学家。《明良论》是他写的一组具有代表性的政治论文,作于嘉庆十九年(1814),当时他才二十三岁。明良,指明君和良臣。龚氏以此为题,深刻剖析君臣关系与朝廷风气,揭示当时科举、吏治方面的种种弊端,呼吁改革。一共四篇,这里选的是第二篇。在文中,他从"知耻"这个古老而简单的道德入手,揭露当时官吏的腐败无能,强调官员的道德整顿;并要求以礼节规范道德,"非礼非节无以全耻"。

士皆知有耻,则国家永无耻矣。士不知耻,为国之大耻。历览近代之士,自其敷奏之日[1],始进之年[2],而耻已存者寡矣。官益久,则气愈偷[3]。望愈崇[4],则谄愈固[5]。地益近[6],则媚亦益工[7]。至身为三公[8],为六卿[9],非不崇高也,而其于古者大臣巍然岸然师傅自处之风[10],匪但目未睹[11],耳未闻,梦寐亦未之及。臣节之盛[12],扫地久矣。非由他,由于无以作朝廷之气故也[13]。

何以作之气?曰:以教之耻为先。《礼·中庸》篇曰:"敬大臣则不眩。"[14]郭隗说燕王曰[15]:"帝者与师处,王者与友处,伯者与臣处[16],亡者与役处[17]。凭几其杖[18],顾盼指使[19],则徒隶之人至[20]。恣睢奋击[21],咰籍叱咄[22],则厮役之人至[23]。"贾谊谏汉文帝曰[24]:"主上之遇大臣如遇犬马[25],彼将犬马自为也[26]。如遇官徒[27],彼将官徒自为也。"凡兹三训,炳若日星[28],皆圣哲之危言[29],古今之至诚也。尝见明初逸史,明太祖训臣之语曰:"汝曹辄称尧、舜王[30],主苟非圣[31],何敢谀为圣?主已圣矣,臣愿已遂矣,当加之吁咈[32],自居皋、契之义[33]。朝见而尧舜之,夕见而尧舜之,为尧舜者,岂不厌于听闻乎?"又曰:"幸而朕非尧舜耳。朕为尧舜,乌有汝曹之皋、夔、稷、契哉[34]?其不为共工、驩兜[35],为尧、舜之所流放者几希!"此真英主之言也。坐而论道[36],谓之三公。唐宋盛时,大臣讲官,不辍赐坐、赐茶之举[37],从容乎便殿之下[38],因得讲古道,儒硕兴起[39]。即据季也[40],朝见长跪、夕见长跪之余,无此事矣。不止此制何为而辍,而殿陛之仪渐相悬以相绝也[41]?

农工之人、肩荷背负之子则无耻[42],则辱其身而已;富而无耻者,辱其家而已;士无耻,则名之曰辱国;卿大夫无耻,名之曰辱社稷。由庶人贵而为士,由士贵而为小官、为大官,则由始辱其身家,以延及于辱社稷也者,厥灾下达上,象似火[43]!大臣无耻,凡百士大夫法则之[44],以及士庶人法则之,则是有三等辱社稷者[45],而令合天下之人,举辱国以辱其家[46]、辱其身,混混沄沄[47],而无所底,厥咎上达下[48],象似水!上若下胥水火之中,则何以国[49]?

窃窥今政要之官[50],知车马服饰、言词捷给而已[51],外此非所知也。清暇之官,知作书法、赓诗而已[52],外此非所问也。堂陛之言[53],探喜怒以为之节,蒙色笑[54],获燕闲之赏[55],则扬扬然以喜[56],出夸其门生、妻子。小不霁[57],则头抢地而出[58],别求夫可以受眷之法[59]。彼其心岂真敬畏哉？问以"大臣应如是乎"，则其可耻之言曰："我辈只能如是而已。"至其居心又可得而言：务车马捷给者，不甚读书，曰："我早晚值公所[60]，已贤矣，已劳矣。"作书、赋诗者，稍读书，莫知大义[61]，以为苟安其位一日[62]，则一日荣；疾病归田里，又以科名长其子孙[63]，志愿毕矣，且愿其子孙世世以退缩为老成，国事我家何知焉？嗟乎哉！如是而封疆万万之一有缓急[64]，则纷纷鸠燕逝而已[65]，伏栋下求俱压焉者鲜矣[66]。昨者，上谕至引卧薪尝胆事自况比[67]，其闻之而肃然动于中欤[68]？抑弗敢知[69]。其竟憺然无所动于中欤[70]？抑更弗敢知。然尝遍览人臣之家，有缓急之举，主人忧之，至戚忧之，仆妾之不可去者忧之；至其家求寄食焉之寓公[71]，旅进而旅豢焉之仆从[72]，伺诸人喜怒之狎客[73]，试召而诘之[74]，则岂有主人分一夕之愁苦者哉？

故曰：厉之以礼出乎上，报之以节出乎下[75]。非礼无以劝节，非礼非节无以全耻。古名世才起[76]，不易吾言矣。

——《龚自珍全集》

[1] 敷奏：陈奏，向皇帝陈述己见，文中指殿试的对策及朝考的奏疏。

[2] 始进：进入仕途，开始做官。

[3] 偷：苟且。

[4] 望：声望。

[5] 谄：对上谄媚。

[6] 地益近：指离皇帝越近。

[7] 媚：谄媚。工：精巧。

[8] 三公：清代以太师、太傅、太保为三公，为皇帝身边最高的辅弼之官。

[9] 六卿：清代多指吏、户、礼、兵、刑、工六部尚书。

[10] 巍然：高大雄伟貌。岸然：崇高貌。师傅自处：以辅佐皇帝、匡扶

社稷的态度自居。

[11] 匪:同"非",没有。

[12] 臣节:为臣的节操。盛:美盛杰出。扫地:指臣节丧失。

[13] 作:振作。朝廷之气:朝廷官员应有的气节。

[14] 敬大臣:敬重大臣。眩(xuàn炫):迷惑,昏庸。

[15] 郭隗(wěi伟):战国时燕国人。说(shuì税):游说,劝说。郭隗所言出自《战国策·燕策》,其意在说明待人的方式不同,吸引到的人才也会不同,而这将最终影响自己的前途。

[16] 伯者:成就霸业者。伯,通"霸"。

[17] 亡者:逃亡的人。役:仆役。

[18] 凭几其杖:依靠几案,拄着拐杖,形容安然不动的样子。

[19] 顾盼指使:以目指使他人。

[20] 徒隶:囚徒服役的人。

[21] 恣睢(zī suī 姿虽):任意而为。奋击:大力击打。

[22] 呴(hǒu吼)籍叱咄(chì duō斥多):大声责骂。

[23] 厮役:做杂事劳役的奴隶。

[24] 贾谊:西汉人,著名的文学家、政论家。其所言见于《新书·阶级》及《汉书·贾谊传》。

[25] 主上:君王。遇:对待。犬马:狗和马,指小人。

[26] 犬马自为:自视为犬马,不知廉耻。

[27] 官徒:在官府服役之徒。

[28] 炳:光明。

[29] 危言:直言、诤言。

[30] 汝曹:你们。辄:动不动,总是。称尧舜王:称赞君王是如同尧舜一样圣明的帝王。

[31] 苟:如果。

[32] 吁咈(xū fú 须浮):本为语气词,文中指不以为然的态度。

[33] 皋:即皋陶。相传皋陶和契都是舜时的贤臣。

[34] 乌有:哪有。夔(kuí葵):舜时的乐官。稷:即后稷,舜时的农官。二人亦为贤臣。

[35] 共工、骦(huān欢)兜:相传为尧的大臣,但与三苗、鲧并称"四凶",后来被舜流放。

[36] 坐而论道:辅佐君王,这是三公的职责所在。论道,议论治国大道。

[37] 辍:停止、废除。赐坐、赐茶:为皇帝尊敬大臣的举动。

[38] 从容:形容在皇帝面前不慌不忙、淡定舒缓。便殿:即别殿,皇帝休息之处。

[39] 儒硕:学问渊博的大儒。

[40] 据季:疑作"其季",指末世。

[41] 殿陛之仪:君臣间的礼节。悬:隔离。绝:断绝。

[42] 肩荷背负:背负重物,指做苦力的贫贱者。则:如果。

[43] "厥灾下达上"二句:意谓灾难由下发生而影响到上边,就像火一样。厥,于是。

[44] 法则:效仿。

[45] 三等:三次。

[46] 举:全,都。

[47] 混混沄(yún云)沄:水流汹涌的样子。

[48] 咎:灾祸。

[49] "上若下"二句:意为从上到下都无耻,如同出于水火之中,那还靠什么来维持国家。若,及。胥,全,都。

[50] 政要之官:位居高位、掌握大权的官员。

[51] 车马服饰:古代官员贵族所用车马服饰都为皇帝赏赐,且有等级之别,以此泛指待遇和地位。言词捷给:言词敏捷,指对上逢迎。

[52] 赓(gēng更)诗:诗歌唱和。

[53] 堂陛之言:在朝堂上说话。

[54] 蒙:承蒙。色笑:皇帝笑颜悦色。

[55] 燕闲:休闲。

[56] 扬然:满足得意的样子。

[57] 小:稍稍。不霁:比喻皇帝脸色阴沉。

[58] 头抢地:磕头。

［59］受眷:受宠爱。

［60］直公所:在官府办公。

［61］大义:读书之要义,文中指以天下为己任之意。

［62］苟安:苟且偷安。

［63］以科名长其子孙:按照科举仕进的常例培养子孙。

［64］缓急:指危急的情况。

［65］纷纷鸠燕逝而已:他们都会纷纷作鸟雀散。

［66］伏栋下求俱压者:比喻与国家共患难的人。尟(xiǎn 显):同"鲜",少。

［67］上谕:皇帝告谕臣民之文。据考,此为嘉庆帝针对京郊天理教起义的告谕,作于嘉庆十八年九月,见于《清实录·仁宗实录》。

［68］肃然:严肃认真貌。

［69］抑弗敢知:不敢妄加揣测。

［70］憺然:淡定貌。

［71］寓公:寄寓者,即幕僚、门客。

［72］旅进而旅豢:随众被用而被豢养者。

［73］狎(xiá 侠)客:陪伴权贵显达游玩的人。

［74］诘:追问。

［75］"厉之以礼"二句:意谓处上者用礼来劝勉辅佐自己的人,那么这些人就会用节气操守来回报他。厉,同"励",鼓励。

［76］古名世才起:即使古代杰出的人才重新出现。

知行合一

# 君 德

〔**解题**〕题目系据正文拟定。君子潜心求学,修身养德,而这些最终都要落实在行为当中,才能有所作为、泽被天下。

君子学以聚之[1],问以辨之[2],宽以居之[3],仁以行之。《易》曰:"飞龙在田,利见大人[4]。"君德也。

——《周易·乾》

[1] 聚:聚集,广泛涉猎,聚于己身。
[2] 问以辨之:向更渊博的人请教,来分辨是非。
[3] 宽:宽厚洪量。居:居处。
[4] "飞龙在田"二句:乾卦九二的爻辞。见,出现。田,地上。大人,德位兼具之人。初九爻辞云"潜龙勿用",说龙在潜伏中无所作为。至九二,龙不再潜伏,出现在地面上,到了有所作为、发挥作用的时候了;德才兼具的大人出世,他的恩惠将泽被天下。

# 吾十有五而志于学

〔**解题**〕题目系据正文拟定。本章为孔子自述一生经历,从中可见他知行相结合,臻于纯熟的过程。

子曰:吾十有五而志于学[1],三十而立[2],四十而不惑[3],五十而知天命[4],六十而耳顺[5],七十而从心所欲,不逾矩[6]。

——《论语·为政》

[1] 有:同"又"。十有五:即十五。志于:有志于。
[2] 立:站立,站得住。这里指立于礼,懂得礼仪,对事情有把握。
[3] 不惑:不被迷惑,不困惑。
[4] 知天命:明白天命不可抗拒而听天由命。
[5] 耳顺:善于听人之言。
[6] "七十"二句:到了七十岁,便随心所欲,任何念头不越出规矩。(从杨伯峻说)。

# 子以四教

〔**解题**〕题目系据正文拟定。孔子以文、行、忠、信四项教导学生,文指文化修养,忠、信是品德,行则是一举一动、所作所为。

子以四教[1]:文、行、忠、信[2]。

——《论语·述而》

[1] 四:四种内容。
[2] 文:文献。行:举止,社会行为。忠:忠心。信:信用。

# 大学之道

[**解题**] 题目系据正文拟定。《大学》是《礼记》中很重要的一篇,尤其是南宋朱熹把它列为"四书"之一(另外三种为《论语》、《孟子》、《礼记·中庸》)之后,它成为读书人的必读篇目,对宋明以来读书人的精神风貌产生了深刻的影响。大学,与"小学"相对。小学为孩童之学,主要内容为文字训诂;大学则是成人之学、大人之学。《大学》的内容就是在讲成人之学的教育目标。它提出儒家教育的"三纲八条"。三纲,即明明德、亲民、止于至善这三条纲领。八条是实现三纲的途径,分别为格物、致知、诚意、正心、修身、齐家、治国、平天下。八条中,又以修身最为根本。此处所选的是《大学》的前三章。

大学之道[1],在明明德[2],在亲民[3],在止于至善[4]。知止而后有定[5],定而后能静[6],静而后能安,安而后能虑[7],虑而后能得[8]。物有本末,事有终始,知所先后,则近道矣。

古之欲明明德于天下者[9],先治其国;欲治其国者,先齐其家[10];欲齐其家者,先修其身;欲修其身者,先正其心;欲正其心者,先诚其意[11];欲诚其意者,先致其知[12];致知在格物[13]。物格而后知至,知至而后意诚,意诚而后心正,心正而后身修,身修而后家齐,家齐而后国治,国治而后天下平。

自天子以至于庶人,壹是皆以修身为本[14]。其本乱而末治者[15],否矣[16]。其所厚者薄[17],而其所薄者厚[18],未之有也。此谓知本,此谓知之至也。

《诗》云:"瞻彼淇澳,菉竹猗猗。有斐君子,如切如磋,如琢如磨。瑟兮僩兮,赫兮喧兮。有斐君子,终不可谖兮。"[19]"如切如磋"者,道学也[20]。"如琢如磨"者,自修也。"瑟兮僩兮"者,恂慄也[21]。"赫兮喧兮"者,威仪也。"有斐君子,终不可谖兮"者,道盛德至善[22],民之不能忘也。

——《礼记·大学》

[1] 大学:与"小学"相对而言,指大人之学。道:原则、宗旨。
[2] 明明德:前一个"明"是动词,显明。明德:高尚的品德。
[3] 亲:朱熹认为当作"新",革新、去恶从善之意。
[4] 止:达到。
[5] 止:名词,达到的境界,即上文所云"至善"。定:志有定向。
[6] 静:心静而不妄动。
[7] 虑:处事周详。
[8] 得:收获,得到至善的境界。
[9] 明明德于天下:使天下之人都能够彰显其明德。
[10] 齐:整齐、整顿。
[11] 诚其意:诚实于自己的意志。诚,诚实。
[12] 致知:获得知识。致,推至。知,知识。
[13] 格物:推求探究事物原理。格,穷究。
[14] 壹:全、都。
[15] 本:根本,即修身。末:末端,指修身之后的齐家、治国、平天下。乱:败坏。治:治理得好。
[16] 否:不可能。
[17] 所厚者:指自身。
[18] 所薄者:自身之外的家、国、天下,与自身关系稍远,故称"薄"。
[19] "瞻彼淇澳"几句:出自《诗经·卫风·淇奥》。《淇奥》是一首赞

美卫国一位有才华的君子的诗。瞻,看。淇,淇水。奥,同"澳",指水岸深曲之处。菉竹,一说绿竹,一说为草。斐,诗中用来形容人有风采。切、磋、琢、磨,均为加工器具的工艺,常用来比喻钻研学问、陶冶品行的精益求精。瑟,同"璱",矜持庄严貌。僩(xiàn 线):威武貌。赫,光明貌。喧(xuān 宣),宽广貌。谊(xuān 宣),忘记。

[20]"如切如磋"二句:意谓"如切如磋"说的是研讨学问。以下几句结构类似。

[21]恂慄(xún lì 寻立):指严肃恭谨的态度。

[22]道盛德至善:指道德至善至美。

# 学之所知,施无不达

颜之推

〔**解题**〕题目系据正文拟定。本篇开宗明义,云:"夫所以读书学问,本欲开心明目,利于行耳。"但颜之推所见读书人却"但能言之,不能行之"。他对此大加抨击,以此告诫子孙,知行结合,缺一不可。

夫所以读书学问,本欲开心明目[1],利于行耳。未知养亲者,欲其观古人之先意承颜[2],怡声下气[3],不惮劬劳[4],以致甘腴[5],惕然惭惧[6],起而行之也;未知事君者,欲其观古人之守职无侵[7],见危授命[8],不忘诚谏[9],以利社稷,恻然自念[10],思欲效之也;素骄奢者[11],欲其观古人之恭俭节用,卑以自牧[12],礼为教本,敬者身基[13],瞿然自失[14],敛容抑志也[15];素鄙吝者[16],欲其观古人之贵义轻财,少私寡欲,忌盈恶满,赒穷恤匮[17],赧然悔耻[18],积而能散也[19];素暴悍者,欲其观古人之小心黜己[20],齿弊舌存[21],含垢藏疾[22],尊贤容众[23],茶然沮丧[24],若不胜衣也[25];素怯懦者,欲其观古人之达生委命[26],强毅正直,立言必信,求福不回[27],勃然奋厉[28],不可恐慑也[29]:历兹以往[30],百行皆然[31]。纵不能淳[32],去泰去甚[33]。学之所知,施无不达[34]。世人读书者,但能言之,不能行之,忠孝无闻,仁义不足;加以断一条讼[35],不必得其理;宰千户县[36],不必理其民[37];问其造屋,不必知楣横而梲竖也[38];问其为田,不必知稷早而黍迟也;吟啸谈谑[39],讽咏辞赋,事既优闲,材增迂诞[40],军国经纶[41],略无施用:故为武人俗吏所共嗤诋[42],良由是乎[43]!

——《颜氏家训·勉学》

[1] 开心:打开心志。

[2] 先意承颜:先揣摩父母的心意,体贴父母的意志。

[3] 怡声:说话声音和悦。下气:形容态度恭顺。

[4] 惮:怕。劬(qú渠)劳:辛劳、劳累。

[5] 以致:为(父母)准备。甘腝(ruǎn软):美味熟软的食物。

[6] 惕然惭惧:感觉到惭愧和忧惧。惕(tì替)然,警惕戒惧貌。

[7] 侵:侵凌犯上。

[8] 危:危难。授命:奉献生命。

[9] 诚:本当为"忠",避隋文帝父"忠"字讳而改。

[10] 恻然:忧伤悲痛的样子。自念:自省。

[11] 素:素来,平日里。

[12] 卑:谦卑。牧,约束。

[13] 身基:立身的根基,与上文"教本"相对。基,基础。

[14] 瞿然:惊惧惶恐的样子。

[15] 敛:收敛。抑:抑制、约束。

[16] 鄙吝:浅俗而计较得失。

[17] 赒(zhōu州)穷恤匮:接济穷苦,抚恤匮乏。

[18] 赧(nǎn南上声)然:脸红惭愧的样子。

[19] 积:积累财富。散:散出,施舍出去。

[20] 黜:贬抑、约束。

[21] 齿弊舌存:《淮南子·原道》有云"齿坚于舌,而先之弊",这是因为牙齿坚固,相互摩擦,以至于损坏,而舌头却因为柔软,而得以晚存。文中

320

用这一比喻来说明"暴悍"之弊。弊,坏。

[22] 含垢藏疾:指包容污垢、瑕疵。

[23] 尊贤容众:尊敬贤能,容纳众人。

[24] 苶(nié 聂阳平)然:疲倦的样子。

[25] 若不胜衣:形容形貌谦卑退让的样子。胜,承担、负荷。

[26] 达生:通达生命的意义而不惧怕。委命:将一切委托给天命,听从天命安排。

[27] 不回:指不违背祖先之道。

[28] 勃然奋厉:振奋而勇敢。

[29] 不可恐慑:不被恐吓威慑。

[30] 历兹以往:这样一一数下去。

[31] 百行:多方面的品行。

[32] 淳:通"纯",纯粹、纯正。

[33] 去泰去甚:行事不极端,恰如其分。泰、甚,过分、过度。

[34] 施:施行,用于实践。达:成功,有成效。

[35] 条讼:逐条诉讼。

[36] 宰:管理、治理。千户县:只有一千户人家的县,即规模最小的县。

[37] 理:治理。

[38] 楣:门楣。棳(zhuó 卓):梁上的短柱。

[39] 啸:撮口发出长而高的声音,魏晋六朝的士大夫多爱此举。

[40] 迂诞:迂阔荒诞。

[41] 军国:军务与国政。经纶:处理、治理。

[42] 武人:习武从军之人。俗吏:指处理具体而琐碎事务的小官。嗤诋:嗤笑诋毁。

[43] 良:确实。

# 答朱载言书（节选）

李 翱

〔解题〕 李翱（772—841），字习之。唐德宗贞元年间进士。师从韩愈，是中唐古文运动的重要参与者。唐代著名的文学家、思想家。《答朱载言书》是李翱的代表作，集中反映了他的文学思想。此处所选的是最后一部分，意在阐述推行古文运动、向古文师法的深意。"文以载道"，古人的精神通过文章表达出来，也通过它传于后世。学习古文，不仅是师法篇章结构、语气修辞，同时也是揣摩古人意志，予以效法。所谓"学其言，不可以不行其行；行其行，不可以不重其道；重其道，不可以不循其礼"，是也。比如，李翱便透过《论语》，深刻体会到古人称名、称字的区别，体会到其中蕴含的"相接有等、轻重有仪"的"礼"的精神。

吾所以不协于时而学古文者[1]，悦古人之行也。悦古人之行者，爱古人之道也。故学其言，不可以不行其行[2]；行其行，不可以不重其道；重其道，不可以不循其礼[3]。古之人相接有等[4]，轻重有仪[5]，列于经传[6]，皆可详引。如师之于门人则名之，于朋友则字而不名，称之于师，则虽朋友亦名之[7]。子曰"吾与回言"[8]，又曰"参乎，吾道一以贯之"[9]，又曰"若由也不得其死然"[10]，是师之名门人验也[11]。夫子于郑兄事子产[12]，于齐兄事晏婴平仲[13]，

《传》曰"子谓子产有君子之道四焉"[14],又曰"晏平仲善与人交"[15],子夏曰"言游过矣",子张曰"子夏云何",曾子曰"堂堂乎张也"[16],是朋友字而不名验也[17]。子贡曰"赐也何敢望回",又曰"师与商也孰贤",子游曰"有澹台灭明者行不由径"[18],是称于师虽朋友亦名验也。孟子曰:"天下之达尊三,德、爵、年,恶得有其一以慢其二哉。"[19]足下之书曰"韦君词、杨君潜"[20],足下之德与二君未知先后也,而足下齿幼而位卑,而皆名之[21]。《传》曰:"吾见其与先生并行,非求益者,欲速成也。"[22]窃惧足下不思,乃陷于此。韦践之与翱书,亟叙足下之善[23],故敢尽辞,以复足下之厚意,计必不以为犯[24]。某顿首。

——《李文公集》卷六

[1] 协于时:跟随时下风尚,汉魏以来骈文流行,文辞浮丽。古文:先秦两汉的散文,此概念由唐代韩愈、柳宗元等人提出,意在恢复这类散文所代表的内容充实、长短自由、朴质流畅的传统。

[2] 行其行:学习、践行他们的品行。

[3] 循其礼:遵循他们的礼仪。

[4] 相接:待人接物。有等:有等级区分,各有节度。

[5] 轻重有仪:对轻重不同的人、事、物各有准则。

[6] 经传:指儒家经典。

[7] "师之于"四句:意谓老师对门人可直呼其名,对朋友则只称其字而不直呼其名,在老师面前提及朋友可直称其名。这是在说明古人称名、称字的不同场合,称字为表示尊敬。

[8] 吾与回言:出自《论语·为政》,意谓我和颜回说。

[9] "参乎"二句:出自《论语·里仁》。吾道一以贯之,意谓我的道理是有一个根本的事理贯彻始终的。

[10] "若由也"句:出自《论语·先进》。若由,像仲由这样。不得其死然,不得好死。

〔11〕验:验证、例证。上文中的回、参、由都是孔子学生的名。

〔12〕子产:春秋时郑国大夫,名侨。

〔13〕晏平仲:春秋时齐国大夫,名婴。

〔14〕"子谓子产"句:出自《论语·公冶长》。

〔15〕晏平仲善与人交:出自《论语·公冶长》。

〔16〕"言游过"三句:引文出自《论语·子张》。过,过错,错了。堂堂乎,派头很大的样子。

〔17〕"是朋友"句:以上引文中,子产、平仲、游、子夏、张皆为称字例。子夏,姓卜名商。游,姓言名偃,字子游。张,姓颛孙名师,字子张。三人为孔子弟子。

〔18〕"赐也"三句:引文分别见于《论语》的《公冶长》、《先进》、《雍也》。赐,姓端木名赐,字子贡。回,颜回。师,颛孙师。商,卜商。澹台灭明,也是孔子弟子,姓澹台名灭明,字子羽。何敢望回,怎么敢和颜回相比。行不由径,不走旁门小路。

〔19〕"天下"三句:见于《孟子·公孙丑下》。达尊,最为尊贵。德,品德。爵,爵位。年,年龄。恶(wū乌),何。有其一,指爵位。慢,轻慢、轻视。慢其二,轻视年高德重的人。

〔20〕"足下"句:为批评对方直呼他人之名。韦君词,韦词,字践之。杨君潜,杨潜,字不详。

〔21〕"足下之德"三句:意谓你的品德与他们二人不相上下。与他们相比,你年龄小,地位低,却直接称呼二人的名。

〔22〕"吾见其"三句:见于《论语·宪问》。意为:有一个儿童来向孔子传话,坐座位和走路都不礼貌,孔子于是对别人说:"我看到他坐在成年人的座位上,又看到他和长辈并肩而行,他不是要求上进的人,而是个急于求成的人。"先生,长辈。求益,追求上进。欲速成,急于求成。

〔23〕亟(qì泣)叙:屡次提到。

〔24〕计:估计、揣度。犯:冒犯。顿首:叩头下拜。书信表达用语,常用在结尾,表示致敬。

# 学者言入乎耳

程　颐

〔**解题**〕题目系据正文拟定。程颐这条语录语言浅近,道理却说得透彻。

学者言入乎耳[1],必须著乎心[2],见乎行事[3]。如只听他人言,却似说他人事,己无所与也[4]。

——《二程集·河南程氏遗书卷》第十八《伊川先生语四》

[1] 言:言论,指知识和道理。入乎耳:听得进。
[2] 著乎心:铭记于心、了然于心。
[3] 见:同"现",显露。见乎行事:把所学付诸行动。
[4] 如:如果。无所与:(对学问)没有什么好处。

# 与丁提刑书(节选)

胡 宏

〔解题〕 胡宏(1102—1161),字仁仲,号五峰。南宋初年著名的思想家。他提出"学者所以为治也",明确提出教育学习的目的是为了治理天下,是要将所学用于实践之中。

论为学者,贵于穷万物之义[1]。论为治者[2],贵于识百职之体[3]。孔子曰:"学之不讲,是吾忧也。"[4]夫圣人何忧?学者,所以学为治也[5]。讲之熟,则义理明。义理明,则心志定。心志定,则当其职[6],而行其事无不中节[7],可以济人利物矣。反是,则其害岂可胜言!圣人心在天下,岂得不以为忧?

——《五峰集》卷二

[1] 穷:穷究。万物之义:万事万物的内涵。
[2] 为治者:治理社会的人。
[3] 百职:各种职务。
[4] "学之不讲"二句:出自《论语·述而》。讲,讲习,讨论研习。
[5] 所以学为治也:学问是为了治理国家、治理社会。
[6] 当其职:称职,能承担职务。
[7] 中节:符合礼义法度。

# 知之与行

朱 熹

〔**解题**〕题目系据正文拟定。在朱熹的哲学体系中,"知"与"行"的问题是很重要的一部分。对此,朱熹秉持"知先行后"的观点,也就是说,"人必须首先了解什么是道德的人、道德的行为、道德的原则,才能使自己在行为上合乎道德原则,履行道德行为,成为道德的人","否则,人的道德实践就是一种缺乏理论指导的盲目行为"。(陈来《宋明理学》)"格物致知"、求学穷理是"知"的过程;"持敬"、"克己复礼"、"涵养"则是"行"的具体表现。先知而后行,知书而达礼,才能成为真正的圣贤。此处摘录的四条是这种思想的反映。

论知之与行,曰:"方其知之而行未及之[1],则知尚浅。既亲历其域,则知之益明[2],非前日之意味。"

圣贤说知,便说行。《大学》说"如切如磋,道学也",便说"如琢如磨,自修也"[3]。《中庸》说"学、问、思、辨",便说"笃行"[4]。颜子说"博我以文",谓致知、格物;"约我以礼",谓克己复礼[5]。

致知、力行,用功不可偏。偏过一边,则一边受病。如程子云:"涵养须用敬,进学则在致知。"[6]分明自作两脚说,但只要分先后轻重。论先后,当以致知为先;论轻重,当以力行为重。

致知、敬、克己,此三事,以一家譬之:敬是守门户之人,克己则是拒盗,致知却是去推察自家与外来底事。伊川言:"涵养须用敬,进学则在致知。"不言克己。盖敬胜百邪,便自有克,如诚则便不消言闲邪之意[7]。犹善守门户,则与拒盗便是一等事[8],不消更言别有拒盗底。若以涵养对克己言之,则各作一事亦可。涵养,则譬如将息[9];克己,则譬如服药去病。盖将息不到,然后服药。将息则自无病,何消服药。能纯于敬,则自无邪僻,何用克己。若有邪僻,只是敬心不纯,只可责敬[10]。故敬则无己可克,乃敬之效。若初学,则须是功夫都到,无所不用其极。

——《朱子语类》卷九

[1] 行未及之:行动、实践没跟上。

[2] 益明:更加清楚、更加深入。

[3] "《大学》"二句:见于《尔雅·释训》,为解释《诗经·卫风·淇奥》之辞。《淇奥》云"有匪君子,如切如磋,如琢如磨"。《尔雅》解释"如切如磋",认为是在比喻"道学"。道学即治学。解释"如琢如磨",认为是在比喻"自修"。自修即自我修养。切、磋、琢、磨,为古代治玉之法,古人用来形容治学修身需要精心打磨、点滴磨砺。朱熹征引也是这个用意。文中注出处为《大学》,今本《大学》无此句,当为朱熹偶误。

[4] 《中庸》"句:意谓《中庸》论修身,在博学、审问、慎思、明辨之后,不忘强调"笃行",这是对"行"的重视。所引文字从《中庸》"博学之,审问之,慎思之,明辨之,笃行之"化用而来。

[5] "颜子说"四句:《论语·子罕》:"颜渊喟然叹曰:……夫子循循然善诱人,博我以文,约我以礼,欲罢不能。"博我以文,用文献丰富我的知识,与朱熹所谓"格物致知"意近,为"知"。约我以礼,用礼仪来约束我,与朱熹重视的"克己复礼"一致,为"行"。

[6] 程子:即程颐,伊川人,也称伊川先生。"涵养"二句:见于《河南

程氏遗书》卷第十八。
　　［7］不消言:不用说、不必说。闲邪:防止邪恶。
　　［8］一等事:同一件事。
　　［9］将息:休息,保养。
　　［10］责敬:要求做到敬。

# 励 学 文

孙奇逢

[解题] 孙奇逢(1584—1675),字启泰,号钟元,世称夏峰先生。明末清初理学大家。励学,也就是勉励学习。这是一篇谈论如何求学的文章。可以看到,孙奇逢很看重日常的修行,提出要每日自省,举业与德业共进。

无穷身世,有用精神,日图晏安,积成暴弃;时为警省,渐入精微。古人吃饭著衣,便是尽性至命;吾人谈天论地,总非行己立身。日用之功,惟静心可入;学问之道,非胜气能参[1]。读有字书,要省无字理。"学而时习",习何事与?"逝者如斯",斯何物也?天地之大犹有憾,夫妇之愚可造端[2]。三月不违[3],愈见不足;日月之至,尽有可观。富贵利达人[4],一转念即豪杰[5];矩行法言士[6],聊失足成凡民[7]。赋性原同,因习而远;降才虽异[8],情发岂殊?夜气犹存,当默省牿亡我者何事[9]?鸡鸣而起,急追寻舜、跖分者何为[10]?但求于心,要在责志。功有深浅,理无精粗。诵诗读书,举业不妨德业[11];学诗学礼,独闻亦是共闻。父兄师友之间,反躬无愧[12];起居食息之际,乐趣靡穷。仰望同人[13],告教小子[14]。

——《夏峰先生集》卷十

〔1〕胜气:强盛的气势。参:参悟、参透。

〔2〕"夫妇"句:意谓即使是资质愚钝的寻常男女,也可以从头开始求索学问之道。造端,开始、开端。

〔3〕不违:不违背道理,即修身求学。

〔4〕利达:显达。

〔5〕豪杰:轻利疏财、任侠好义之人。

〔6〕矩行:行事规矩。法言:言论合乎礼法。

〔7〕聊:稍微。

〔8〕降才:天资禀赋。

〔9〕"夜气"二句:本《孟子·告子上》:"虽存乎人者,岂无仁义之心哉?……其日夜之所息,平旦之气,其好恶与人相近也者几希,则其旦昼之所为,有梏亡之矣。梏之反覆,则其夜气不足以存。夜气不足以存,则其违禽兽不远矣。"省(xǐng醒),反省,反思。牿(gù顾)亡,同"梏亡",遏制而至于消亡。

〔10〕"鸡鸣"二句:本《孟子·尽心上》:"鸡鸣而起,孳孳为善者,舜之徒也;鸡鸣而起,孳孳为利者,跖之徒也。欲知舜与跖之分,无他,利与善之间也。"

〔11〕举业:为应科举考试而准备的功课,明清时代专指八股文。德业:德行。

〔12〕反躬:回过头来反省自己,即自我检查。

〔13〕同人:志同道合的人。

〔14〕告教:告喻,教诲。

# 学　解

陈　确

[解题]　陈确（1604—1677），字乾初。明末清初思想家。《学解》一文是陈确针对当时的情形，而对"学"进行的重新阐释。可分为两个层次：首先，针对时人"但知以读书为学"的做法，指出君子之学在读书在外还要躬行仁义；其次，时人以"半日静坐半日读书为为学之法"，陈确不以为然，而认为日用中凡事皆是学问、皆是修行，求学求道须臾不可离。

　　学未始废读书，而不止读书；读书未始非学，而未可谓学。读书而不知学，与博弈何异？而今之士者，但知以读书为学，深可痛也。举子之学[1]，则攻时艺[2]；博士之学，则穷经史，搜百家言；君子之学，则躬仁义。仁义修，虽聋瞽不失为君子[3]。不修，虽破万卷，不失为小人。士果志学，则必疑，疑必问，曾刍荛之勿遗[4]，而况煌煌古训乎[5]！何当以不能读书为虑哉！非然者，不读书，懵；多读书，犹懵，恶可以言学？
　　善夫朱子之释学曰："效也，觉也。"又曰："习其事也。"其言学审矣。凡书之言学者，皆可以推之矣。往读乡前辈黄贞父"终日不食"节文[6]，以力行诠"学"字："思不如学"，犹云"知不如行"。以此见前辈虽工时文，不苟附会。求之今人，虽学道者或未解此，不已异乎！

至相传要诀,以半日静坐半日读书为为学之法,然乎,否与？孟子之"必有事"[7],《中庸》之"须臾勿离"[8],读书耶？静坐耶？禅和子受施主供养[9],终日无一事,尝半日打坐参禅,半日诵经看语录[10],便了却一生。使吾儒效之,则不成样矣。学人所处,子臣弟友,不一其职[11];所遇,贫富顺逆,不一其境,而贫苦者恒居什七。日用工夫,各有攸宜[12],而欲限定半日静坐,半日读书,无论非为学之要,即衡量事理,亦未云通。大舜耕田号泣[13],加以陶渔廪井之事靡勿躬亲[14],读书静坐,谅所未遑[15],而千古推为学宗。况吾侪小人,何敢优游废日耶[16]！

吾愿学者素位而行[17],毋弛正己自得之功,暇则读书讲义,倦或散步行歌,以当静坐。要之,皆无失素位中事。意者有事勿忘之学,庶其无大缪于此乎[18]！

——《乾初先生遗集·瞽言》

[1] 举子:科举考试的应试者。

[2] 时艺:又称"时文",即八股文。

[3] 瞽（gǔ 鼓）:盲人。

[4] 曾（zēng 增）:乃。刍荛（ráo 饶）:指浅陋的见解。

[5] 煌煌:明亮光彩貌。训:教导、教诲。

[6] 黄贞父:黄汝亨（1558—1626）,贞父为其字。钱塘人,晚明著名的小品文作家。

[7] 必有事:出自《孟子·公孙丑上》:"必有事焉,而勿正,心勿忘,勿助长也。"意谓一定要培养义,但不要有特定的目的;要时时刻刻地记住它,但是不能违背规律地帮助它生长。

[8] 须臾:片刻。

[9] 禅和子:即和尚。

[10] 语录:即言论的记录或摘录。唐代以后,僧徒记录师长言论,多用

口语,称为语录,一时蔚为大观,成为佛教文献的重要组成部分。

［11］ 职:职责。

［12］ 攸宜:所宜。

［13］ 耕田号泣:典出《尚书·大禹谟》:"帝初于历山,往于田,日号泣于旻天、于父母。"

［14］ 陶:烧陶制陶。渔:打鱼。廪:搭建仓库。井:挖井。

［15］ 谅:推想。未遑:来不及,顾不上。

［16］ 优游:悠闲自得。

［17］ 素位而行:根据现在所处的地位,做该做的事情。

［18］ 庶:差不多。

# 关　键　词

## [诗教]

　　诗教,即以"诗"为教。西周春秋时期,学习《诗经》作为贵族教育的重要内容,其目的主要在于提高文化修养,为聘问应对增色。而孔子将其意义进一步扩展,云:"诗可以兴,可以观,可以群,可以怨。迩之事父,远之事君;多识鸟兽草木之名。"(《论语·阳货》)又云:"兴于诗,立于礼,成于乐。"(《论语·泰伯》)"入其国,其教可知也。其为人也,温柔敦厚,《诗》教也。"(《礼记·经解》)归纳起来,包含几个方面:其一,通过《诗经》可以增广见闻,了解社会。这属于文化知识上的修养。其二,学习《诗经》可以陶冶性情,达到"温柔敦厚"、循礼成乐。这是道德上的修养。其三,通过《诗经》提倡"哀而不伤,乐而不淫"的平和中正的审美观。这是审美上的修养。孔子的"诗教观"对后世影响深远,尤其是在文学创作领域。它要求创作关心社会,注重发挥作品移风易俗的功能,艺术上则追求含蓄蕴藉。因此,对于后世来说,"诗教"并不仅仅局限于《诗经》一书,它实则反映出文学创作与道德教化之间的互动关系。

## [礼教]

　　礼教,即以"礼"为教。此语最早见于《礼记·经解》,云:"孔子曰:入其国,其教可知也。其为人也……恭俭庄敬,《礼》教也。"《礼》指《礼经》(又称《士礼》),是春秋战国时期一部礼制的汇编。《礼》教便是学习、演习古代礼仪技能,并由此了解"礼"的精神,培养恭俭庄敬的人格。孔子对礼相当重视,认为无论是对为人处事、还是对治国安邦而言,礼都是最为核心的内容。他曾说:"恭而无礼则劳,慎而无礼则葸,勇而无礼则乱,直而无礼则绞。"(《论语·泰伯》)又说:"丘闻之,民之所由生,礼为大。非礼,无以节事天地之神也;非礼,无以辨君臣上下长幼之位也;非礼,无以别男女夫子兄弟之亲,婚姻疏数之交也。"(《礼记·哀公问》)对《礼》教的提倡,是儒家思想的重要内容。到了后世,礼教的内容屡有变化。一方面,学习对象从先秦《礼》经拓展到本朝本代所推行的礼仪制度。另一方面,重心从人格培养,转移到对等级秩序的强调,宋元之后更以"三纲"(按,即"君为臣纲,父为子纲,夫为妻纲")为核心内容,日益暴露出其腐朽落后的一面。

[格物致知]

格物致知是我国古代认识论中的重要概念。其源出《礼记·大学》,云:"欲诚其意者,先致其知。致知在格物,格而后知。"格物,指穷究事物的道理。通过格物,才能获取知识。而对事物的认识,又是诚意、正心、修身的基础。在儒家看来,求知与修身立德是相统一的。这一思想对后世影响深远,尤其是宋代以后,出现了许多讨论。比如程朱学派将知识与天理相联系,强调天理本来就存在心中,但可能因受到物欲的影响而丧失,因此要通过"格物"的方法达到致知,重新获得真知、获得天理。为此,朱熹用"即物穷理"来解释格物,强调穷理必须在事物上求,不能脱离事物。而即物穷理的主要途径是多读书、观察事物、思考其道理。又如明清之际王夫之则将"格物"和"致知"解释为感性认识与理性认识的辨证关系。再如清代颜元则强调"格物"指实践活动,即通过实践活动方能获得真知。受宋元以来格物致知思想的影响,明末西方自然哲学传入中国后,徐光启等人便以"格物致知之学"称之,简称"格致学"。清末,近代科学传入,人们又以"格致学"指代"自然科学"或"科学",一直到20世纪初日本译名"科学"才逐步取代"格致学"。

[**理学**]

理学,又称道学。它产生于北宋,经南宋和元代的充分发展,在明代达到流行的高峰,因此又常常被称为宋明理学。传统经学重视以"五经"为代表的经典文献、重视政治,而理学则将《论语》、《孟子》和《礼记》中的《大学》、《中庸》二篇集结为"四书",对其中的心性论、功夫论加以阐扬和发展,注重人生修养,强调人生真理。理学在北宋奠基于周敦颐、张载,建立于程颢、程颐及其弟子,至南宋朱熹而集大成。他们的侧重点也略有不同。周、张用太极或太虚的气一元论,坚持宇宙的实在,结合易传的宇宙论模式,建立起抗衡佛老的本体宇宙论。二程针对传统经学对训诂疏义的强调,提出"道学",而把"道"的追求置于首位。他们用"天者理也"、"性即理也"、"格物即穷理"重新解释经典的内涵。朱熹继承了北宋道学的发展,把理学发展为以"理气"、"心性"、"格致"问题为中心的"致广大而极精微"的全面体系。在发展过程中,理学内部产生争议,形成两大派,即程颐、朱熹为代表的程朱"理学"和陆九渊、王守仁为代表的陆王"心学"。理学前后持续近八百年,对中国社会的方方面面,诸如政治、伦理、宗教、科技等,产生了极为深刻的影响。